AF723652

Elbschlosskeller

Daniel Schmidt

Elbschlosskeller

Kein Roman

Mit Peter Käfferlein und Olaf Köhne

EDEL BOOKS

Für meine Schwester
Jana-Joy
und meinen Patenonkel
Kai-Uwe

Vier Stufen

Im Elbschlosskeller landen die Gestrandeten, die Erledigten, die Einsamen. Wir lassen jeden rein. Das sieht man, das riecht man auch. Ich bin 34 Jahre alt, Wirt mit Leib und Seele und mit dem Elbschlosskeller groß geworden. Ich erzähle meine Geschichte und die des Elbschlosskellers, einer Institution für verlorene Seelen. Keiner ist davor gefeit, hier zu landen.

Oft genug habe ich gesehen, wie das Schicksal genau dort zugeschlagen hat, wo man es am wenigsten erwartet hätte. Tiefer runter als in den Elbschlosskeller geht es nicht, und doch geht es irgendwie weiter, manchmal auch aufwärts, nicht immer, aber es kommt vor. Bei uns kann jeder so sein, wie er ist. Wir sind eine Familie. Mal ist es leise, mal laut. Mal beängstigend, mal dreckig, mal wunderschön. Alle, die gesellschaftlich geächtet sind, gehen hier ein und aus: Obdachlose, Prostituierte, Süchtige, Kaputte. Und dann gibt es auch die anderen: Millionäre, Sozialpädagogen, Lehrer, Hausfrauen. Aber die sozialen Unterschiede lösen sich Im Elbschlosskeller auf. Hier sind alle Menschen gleich.

Vier Stufen führen runter in den Elbschlosskeller. Vier Stufen und du bist in einer anderen Welt. Jedes Mal, wenn ich da hinuntergehe, passiert etwas mit mir. Der Elbschlosskeller ist alles und nichts für mich. Heimat – ja, das trifft es. Mit jedem, der da unten hockt, fühle ich mich irgendwie verbunden. Damit meine ich unsere Stammgäste, nicht die Horden, die jedes Wochenende in St. Pauli einfallen und sich in die Seitenstraßen der Reeperbahn ergießen. Ich rede von denen, die auf dem Kiez leben und jeden Tag im Elbschlosskeller sitzen. Viele sind arbeitslos, sie kommen schon tagsüber. Andere trinken bei uns nach Feierabend ein Bier. Oder mehr. Sobald ich die Schwelle übertrete, überfallen mich die Leute. War ich ein paar Tage nicht da, heißt es: „Mensch, Daniel, du musst hier wieder mehr stehen", und damit haben sie recht. Ich sehe mich manchmal als weißes Licht in all dem Dunkel. Das soll nicht arrogant klingen. Damit meine ich die Glut in meinem Herzen. Manchmal sitzen Leute vor mir im Elbschlosskeller, die sind kalt, deren Glut ist erloschen. Aber ich trage so viel davon in mir, dass ich denke, ich kann ihr Feuer mit meiner Glut wieder entfachen. Indem ich ihnen meine Energie und mein Mitgefühl gebe. Als ich mit 18 hinter der Theke anfing, hieß es immer noch: „Lothar, Lothar!" Damit war mein Vater gemeint. Jahrzehntelang war er der Zampano im Elbschlosskeller. Er hat den Laden zu dem gemacht, was er heute ist.

Die Menschen im Elbschlosskeller, von denen ich erzählen werde, brauchen einen hinterm Tresen wie mich. Viele von ihnen haben nichts. Sie waren mal wer und sind jetzt nichts mehr. Oder wie es der schöne Klaus, ein legendärer Lude aus den Achtzigern, mal gesagt hat: „Früher war ich eine große Nummer, heute nur noch eine Nummer." Die, die abgestürzt sind, die Verlierer des Lebens, die hinauskatapultiert wurden, ins Abseits, auf die Verliererseite – sie kommen nicht nur in den Keller, um ihr Bier zu trinken. Klar gehört das dazu, aber was sie vor allem suchen, ist Geborgenheit.

Sie wollen sagen können: „Ich trinke mein Bier zu Hause, bei einem, der meine Geschichte kennt. Einer, der selbst eine Geschichte hat." Ich biete ihnen dieses Zuhause, ich bin gerne ihre Familie. Es sind die Emotionen der Menschen, die mich diese vier Stufen nach unten ziehen.

Seit fast 70 Jahren gibt es den Elbschlosskeller schon. Hamburger Berg Nummer 38, schräg gegenüber vom Goldenen Handschuh. Das ist eine Menge Kiez-Geschichte. Wir sind eine der ältesten Kneipen Hamburgs. Und nicht nur das: Seit der Eröffnung im Jahr 1952 hat der Keller sieben Tage die Woche geöffnet, rund um die Uhr. Immer. Mit einer Ausnahme, das war 2016, als der Laden über mehrere Tage jeweils für einige Stunden geschlossen hatte. Grund war eine ernste Familienangelegenheit.

Im Grunde sah der Keller damals schon so aus wie heute. Anfangs gab es noch weiße Tischdeckchen und Teelichter, bis mein Vater kam und aus dem Laden eine Partyhölle machte. Ansonsten wurde kaum etwas verändert. Derselbe Tresen, dieselbe Holzvertäfelung.

Die Rückenspeckpatina an den Wänden, die gab's damals noch nicht. Diese Wände erzählen viel. So viele Spritzer Flüssigkeit, so viel Lebensenergie, die hier abgeladen wurden. Du kommst rein und kommst nicht mehr weg, versackst. Manchmal sind hier Fremde von außerhalb, Leute mit ganz normalen Jobs, und die bleiben drei Tage lang, obwohl sie sich zunächst fragten, wo sie hier nur gelandet sind. Und dann kommen sie immer wieder. Es ist ein bisschen wie schwarze Magie. Der Hamburger Berg, unsere Straße und seine Kneipen, ist eine Art Bermudadreieck, in das es dich reinzieht wie in einen Strudel. Und der Elbschlosskeller ist das schwarze Loch, in dem man verschwindet. Eines Tages stand ein gutaussehender junger Mann an meiner Theke. Er hatte was im Kopf, stand mit beiden Beinen im Leben, hatte einen guten Job, eine eigene Wohnung, er war anders als die meisten unserer Stammkunden, das fiel mir gleich auf. Er kam wieder. Und wieder. Er sieht immer noch gut aus, aber inzwischen ist er obdachlos. Irgendwas ist schiefgelaufen. Ich fragte ihn, warum er zu uns komme, und er meinte, der Elbschlosskeller sei ein Ort, an dem er für voll genommen werde: „Ich habe mich in meinem Leben noch nie so frei gefühlt." Keine Pflichten mehr, in den Tag hinein leben, nicht an morgen denken müssen. Das sei zwar kein Zustand auf Dauer, irgendwann wolle er wieder einen Job, eine Wohnung, aber jetzt nicht, jetzt genieße er seine Situation und lasse sich einfach treiben.

Elbschlosskeller 2017

Elbschlosskeller in den Siebziger Jahren

In meinem eigenen Leben war es oft genauso. Wenn mich etwas richtig zurückgeworfen hat, ist daraus etwas Neues entstanden. Die schönste Blume wächst im tiefsten Schlamm, sagt man. Wie Phoenix aus der Asche. Als meine kleine Schwester starb, verpasste mir die Trauer einen so krassen Energieschub, dass ich sechs Tage die Woche zum Thaiboxen gehen musste. Ich hatte damals die beste Fitness meines Lebens. Ich war vom Kopf her stark und klar wie nie zuvor, begann eine Lehre, direkt nach Janas Tod, schrieb Bestnoten in der Berufsschule, zog wieder zu meiner Mutter, unser Verhältnis besserte sich. Ich wohnte spartanisch, verzichtete auf vieles, was mir bis dahin wichtig erschienen war. Ich besaß zwei Paar Schuhe, zwei Hosen, zwei T-Shirts, ging jeden Abend zur gleichen Uhrzeit ins Bett und stand früh am Morgen auf, funktionierte wie ein Uhrwerk. Körper, Geist und Seele waren eine Einheit. Damals war ich 26. Und Ähnliches sehe ich im Elbschlosskeller, dieses

Von-oben-nach-unten und Von-unten-nach-oben, Genie und Wahnsinn, Hass und Liebe, hell und dunkel – das eine bedingt das andere, so unterschiedlich und trotzdem gleich. All das erlebst du im Keller. Es ist der tiefste Abgrund, aber hier zeigen sich auch die schönsten Dinge. Liebe, Glück. Hier finden Menschen zusammen, manche haben bei uns sogar geheiratet. Die, die nichts besitzen, teilen ihr Weniges. Ich habe Menschen kennengelernt, die, obwohl sie keinen Schuh am Fuß, keinen Cent in der Tasche hatten – ihr letztes Hemd für einen anderen gaben. Du siehst ihnen an, dass sie tagelang nichts gegessen haben. Irgendwie kriegen sie schließlich das Geld für ein Dreieckssandwich von Penny zusammen, dann kommt jemand, der ähnlich fertig ist, und dem geben sie die Hälfte ab. Solche herzergreifenden Momente erlebe ich tagtäglich. Viele, die zu uns kommen, sind so tief unten. Alles wurde ihnen genommen, die Klamotten, die Wohnung, die Familie, die Würde, sie waren im Knast, wurden missachtet, misshandelt. Nicht wenige von denen waren aber auch mal ganz oben. Firmeninhaber mit Familien, wie sie im Bilderbuch stehen, eine einzige Idylle. Und dann stranden sie im Elbschlosskeller.

Es gibt diese Tage, an denen 30 Gestalten vor dir sitzen. Die schmutzig sind, die nicht gut riechen, gespenstisch aussehen, sich über Blödsinn unterhalten und rumstreiten. Und auf einmal ist da ein Moment von Nächstenliebe, ein Gefühl, das jemand ausstrahlt und das von den anderen empfunden wird. Plötzlich sitzen sie zusammen, teilen ihr Bier und sind glücklich wie am Weihnachtstisch. Sie eint ein Gefühl, das sie von früher kennen und nach dem sie sich zurücksehnen.

Die Geschichte des Elbschlosskellers ist untrennbar mit der Geschichte meiner Familie verbunden. Als ich ein Kind war, sagte meine Mutter: „Wenn dein Vater mal ein Buch über den Elbschlosskeller schreibt, das wird ein Bestseller." Ohne zu wissen, was ein Bestseller ist und was es bedeutet, ein Buch zu schreiben, sagte ich: „Mama, ich schreibe eins, wenn ich groß bin." Meine Mutter lächelte und meinte: „Ja, du schaffst das, aber nur, wenn du auch daran glaubst." So war sie immer. Ein optimistischer Mensch, sehr lebensbejahend. Bis sie krank wurde und ihre Psychosen einsetzten. Aber damals hatte sie ein besonderes Funkeln in ihren Augen und strahlte eine Energie aus, die mich glücklich machte.

Von klein auf war mir klar, dass es bei uns zu Hause anders zuging als in anderen Familien. Ganz deutlich spürte ich das, wenn ich Schulfreunde besuchte. Wir wohnten in einem schönen Hamburger Vorort, aber das Rotlichtviertel von St. Pauli, die Reeperbahn, wo meine Eltern ihr Geld verdienten, war nicht zu leugnen. Wir fielen auf. Allen voran mein Vater. Er war eine echte Erscheinung. Von seiner Optik, den Klamotten, der Frisur, von seinem ganzen Gehabe her. Ich war fünf Jahre alt, als er sich einen Opel Lotus zulegte. Schwarz mit gelben Highlights, Ledersitzen, einem kleinen Lenkrad, Highend-Ausstattung. „Das ist die schnellste Limousine der Welt", sagte mein Papa, und das war sie auch. Wenn der Opel Lotus vor unserem Haus parkte, kamen die Leute von der anderen Straßenseite rüber und begafften ihn neugierig. Im Kindergarten prahlte ich damit: „Wir fahren die schnellste Limo der Welt!" So hatte ich es ja aufgeschnappt, aber keiner wollte mir glauben. Die Kindergärtnerin sagte, ich solle mal aufhören, solche Märchen zu erzählen. Als meine Mutter mich abholte, bestürmte ich sie: „Mama, Mama, sag, dass ich nicht spinne." Und sie bestätigte: „Ja, unser Auto fährt wirklich so schnell." Mit stolzgeschwellter Brust stand ich da, hatte es allen gezeigt. Es war ein geiles Gefühl, zum ersten Mal im Leben hatte ich dicke Eier.

Meine ersten Versuche auf dem Fußballplatz

Noch so eine Sache ist mein Geruchstalent. Ich kann nämlich Betrunkene riechen. Und zwar nicht nur, wenn jemand eine Fahne hat, ich rieche Betrunkene auf 50 Meter Entfernung. Bis heute habe ich diesen Geruch in der Nase, wenn mein Vater nach seiner Kellerschicht nach Hause kam. Ich konnte ihn riechen, bevor ich ihn sah oder hörte. Den Schnaps, das Bier und die Zigaretten, den Elbschlosskeller, ein ganz spezieller Geruch, anders als in anderen Kneipen. Dieses Aroma haftete ihm an. Der Schweiß von 50 Leuten, 300 Zigaretten, Pfeifen, Zigarren, Unmengen von Schnaps. Du hast einen bestimmten Schweißfilm auf der Haut, wenn du aus dem Elbschlosskeller kommst. Alle Poren sind verklebt. Wenn du nach Hause kommst, vorm Duschen einpennst und dann nach drei Stunden aufwachst, tränen dir die Augen von dieser Kellerschmiere.

Nach der Nachtschicht heißt es deswegen für mich sofort: Klamotten aus und ab unter die Dusche. Du machst dich sauber, atmest durch, und dann machst du einen Schritt raus und riechst es vom Fußboden aufsteigen, da, wo du deine Klamotten hingeschmissen hast.

So viele Jahre mache ich das nun schon, so viele Schicksale sind mir im Keller begegnet. Ich bin ein bisschen Seelsorger, Gefühls-Katalysator, Samariter, und ja, ich fühle mich gut in dieser Rolle. Nicht wenig Eigennutz ist dabei. Glück und Liebe sind die einzigen Dinge, die nicht weniger, sondern mehr werden, wenn man sie teilt. Jeder, der Kinder hat, kennt das. Ich komme morgens geduscht und mit sauberen Klamotten in den Keller, ich treffe Typen, die hier seit Tagen sitzen und verdreckt sind, aber es stört mich nicht. Wenn ich da bin, drücke ich die Leute an mich. Mir ist egal, wie sie aussehen, wer sie sind und wo sie herkommen.

Letzte Station, letzter Halt

Hier auf dem Kiez fühle ich mich zu Hause, ich kenne jeden Winkel, jede Gasse, jedes Gebäude, alles weckt Erinnerungen. Wenn ich über den Hamburger Berg, eine Seitenstraße der Reeperbahn, gehe, treffe ich Menschen, die ich von klein auf kenne. Ständig schüttele ich Hände, Kollegen, die nebenan arbeiten, Kellnern, Türstehern, alten Kiezianern, Obdachlosen. Wenn ich um die Ecke gehe, links vorbei an einer weiteren Kaschemme, begegne ich manchmal Werner. Der hat hier zwanzig Jahre lang gearbeitet, bis er zu alt war und „ausgemustert" wurde. Er läuft über den Kiez und weiß nicht, wohin mit sich. Ein paar Straßen weiter hat früher Susanna gewohnt. Susanna ist meine Partnerin, wir sind nicht verheiratet, aber ich nenne sie meine Frau. Damals, in unserer Anfangszeit, habe ich mich oft aus dem Elbschlosskeller davongestohlen und bin zu ihr in die Wohnung. Egal, ob der Laden voll oder leer war. Ich habe unseren Tischkellner hinter den Tresen gestellt und bin los. Meistens war ich selbst schon ziemlich betrunken. Susanna arbeitete auch auf dem Kiez. Oft sind wir erst noch tanzen gegangen, bevor wir in ihrer Bude landeten und wilden Sex hatten. Sofern ich das noch konnte, je nach Alkoholpegel. Wenn man frisch verknallt ist, dann ist der Sex ein bisschen wilder, alles kribbelt, alles ist wahnsinnig aufregend. Gelegentlich habe ich beim Sex mit ihr die Prostituierten nebenan in der Herbertstraße beobachtet. Das fand ich geil. Von Susannas Wohnung aus hatte man alles gut im Blick. Sie fand das nicht so witzig, als ich ihr das erzählte. Aber ich konnte es nicht verheimlichen, ich hau alles raus, muss alles loswerden. Nach dem Sex schlief ich bei ihr, bis sie mich frühmorgens weckte, damit ich gerade rechtzeitig vor der Ankunft meines Vaters wieder im Elbschlosskeller war. Der kam um acht, um die Abrechnung zu machen. Ich stand dann schon wieder hinter der Theke wie aus dem Ei gepellt, mit gewaschenen Haaren, sauberer Kleidung, gut riechend, und dachte: Papa kriegt nix mit, wie ich ihn austrickse. Da hatte ich mich allerdings getäuscht. Später hat er mir erzählt, dass er genau gewusst habe, was ich so trieb.

Nachts hat St.Pauli seinen ganz eigenen Charme, alles leuchtet und blinkt. Bei Tageslicht lassen sich die schmutzigen Ecken kaum kaschieren. Aber wenn die Sonne scheint, wirkt alles gleich ein bisschen freundlicher. Es sind diese krassen Gegensätze, die ich mag. Es gibt hier nicht nur die Spelunken, die Bettler, die Junkies und die Besoffenen, die von der letzten Nacht übrig sind, sondern auch Kindergärten und Schulen, Kinder gehen Hand in Hand, alt eingesessene Geschäfte, wie von Peppi, dem Friseur, oder Thomas, dem Kiezbäcker. An schönen Tagen sitzen die Menschen in den Straßencafés und trinken ihren Latte Macchiato. Gleich gegenüber an der Ecke das schwule Pornokino, wo sich zu jeder Tages- und Nachtzeit Typen mehr oder weniger verstohlen reinschleichen. Niemand stört sich dran. Jeder kann so sein, wie er will, und tun, was er will.

Was sehr schlimm, richtig massiv geworden ist auf dem Kiez, sind die Drogensüchtigen, die aus anderen Stadtteilen hierhin vertrieben worden sind. In den Hauseingängen stehen sie, kratzen die Reste aus Crackplastiktütchen zusammen. Viele stammen nicht aus Deutschland, sind hierher geflüchtet und auf dem Kiez gestrandet. Anfangs hatten sie noch ein Gesicht, waren gut genährt, sahen einigermaßen gesund aus, und jetzt ziehen sie, zwanzig Kilo weniger, mit eingefallenem Gesicht, wie Untote durch die Straßen, den Blick auf den Boden gerichtet, auf der Suche nach Drogenresten in den Ritzen des Kopfsteinpflasters. Das ist die Realität, und die ist manchmal ganz schön beklemmend.

Für Susanna und mich ist der Elbschlosskeller mehr als nur unser Job. Klar, er zahlt unsere Miete, sichert unserer kleinen Familie – wir haben einen siebenjährigen Sohn – den Lebensunterhalt. Aber uns geht es auch darum, dass die Leute, die zu uns kommen, einfach eine geile Zeit haben. Gerade die Stammgäste, die so wenig geile Zeiten im Leben hatten. Das ist uns wirklich wichtig. Der Elbschlosskeller hat früher auch viele abgeschreckt, das tut er heute immer noch. Er sei asozialer, schmutziger, gewalttätiger als andere Kneipen, das las man in der Presse. Gerade wenn es mal wieder eine Schlägerei oder eine Messerstecherei gegeben hat. Und ja, es geht hart zu, und manchmal hast du einen Typen an der Theke sitzen, der drei Tage oder länger durchgesoffen hat und dementsprechend ausdünstet. Der schreit auch mal seinen Frust raus, ist völlig aufgelöst. Und pullert manchmal daneben, auch dort, wo er gar nicht hinpullern soll. Tatsache ist, und das sage ich voller Überzeugung: Wir sind die sozialste Kneipe der Stadt. Denn wir lassen auch Leute rein, die von den anderen Kneipen abgewiesen werden. Obdachlose, denen du ansiehst, dass du mit ihnen kein Geld verdienst. Und wir lassen Leute bei uns schlafen, auch das lassen andere Kneipen nicht zu. Ist bei uns aber fast schon Tradition. Auch zu Zeiten meines Vaters gaben manche Stammgäste den Elbschlosskeller als postalische Adresse an.

Der Elbschlosskeller besteht aus sechs Räumen: Da ist die Kneipe selbst, mit der langen Theke, mit Tischen, Stühlen und in der Mitte eine Stange zum Tanzen. Vom Schankraum führt links neben der Küche ein schmaler Gang zuerst zum Herren-WC, anschließend zum Getränkelager, zu Damentoilette und Kickerraum, den man durchqueren muss, um ins Büro zu gelangen. Der Kickerraum war früher das Leergutlager. Susanna und ich haben den Raum erst benutzbar gemacht. Wir stellten einen Kicker und eine alte Ledercouch rein. An die Wände haben wir Fotos von verstorbenen Angestellten und von Stammgästen gehängt. Der hintere Raum wird gern genutzt. Tagsüber legen sich manche Gäste da aufs Ohr, wenn sie nicht mehr können. Für andere ist der Kickerraum nicht weniger als ihr Zuhause. Ist teilweise richtig rührend, was ich da erlebe.

Bine, die Mutti

Sabine, Bine, kommt seit dreißig Jahren in den Elbschlosskeller. Noch bevor mein Vater den Laden übernahm, trank sie hier ihr Bier. Alle nennen sie „Mutti“, weil sie immer da ist, vor allem für die jungen Leute, die ihr das Herz ausschütten. Durch einen Hausbrand verlor sie letztes Jahr ihre

Wohnung, stand plötzlich auf der Straße. Ich bot ihr an, bei uns zu schlafen, bis sie eine neue Bleibe fände. Bine ist das, was man eine starke Frau nennt. Sie lässt sich nicht gern helfen, will lieber alles alleine regeln. Aber dann nahm sie mein Angebot an, blieb vier Monate. Das Leben hat ihr übel mitgespielt. Sie ist jetzt sechzig Jahre, wuchs in St. Pauli auf. Als Kind galt sie als schwer erziehbar, ihre leibliche Mutter lernte sie nie kennen, sie kam ins Heim. Eine Scheißkindheit sei das gewesen, sagt sie heute. Nach der Schule begann sie eine Ausbildung zur kaufmännischen Angestellten, die sie abbrach, wegen einer persönlichen Krise, über die sie nicht weiter spricht. Sie fing an zu trinken, verlor den Halt. „Ich wurde geschlagen, gemobbt, aber das hat mich nur härter gemacht. Hat mir geholfen, mich später als Frau durchzukämpfen. Ich habe meine Probleme immer selbst gelöst, auch wenn ich auf die Nase gefallen bin." Denn das Leben auf dem Kiez sei brutal. Gerade als alleinstehende Frau. Heute habe sie das Saufen im Griff, sie sei nur noch Quartalstrinkerin, sagt sie. Wenn sie säuft, versackt sie für mehrere Tage bei uns. Bine ist ein robuster Typ, harte Gesichtszüge, graue Haare, aber wenn sie lacht, fällt alle Härte von ihr ab. Ein guter Mensch. Ihr Herz ist groß. Bine hat immer ein offenes Ohr, aber sie redet dir nie nach dem Mund. Sie sagt dir klipp und klar, was Sache ist, auch wenn es nicht das ist, was du hören willst. Als sie im Keller wohnte, kam eines Tages Maria (Name geändert) neu dazu. Eine sehr alte Frau, die auch kein Zuhause mehr hatte. Sabine teilte „ihre" Couch mit Maria. Wenn sie sah, dass Maria müde war, half sie ihr, sich auf die Couch zu legen, deckte sie zu und machte das Licht aus, sorgte dafür, dass kein anderer

Gast sie störte. Während sie selbst auf einer harten Holzbank schlief, nur damit die Ältere den besseren Platz hatte.

Da fällt mir eine ähnliche berührende Szene ein, als ich mal sah, wie unsere Angestellte Tina meiner Frau ihr Herz ausschüttete.

Tina, die Panzerfahrerin

Tina ist um die 50 und hat ihr Leben auf dem Kiez verbracht, eine kleine Person mit langen krausen Haaren. Und einem abgefahrenen Hobby: Panzerfahren. Sie war früher bei der Bundeswehr, keine Ahnung, was genau sie da machte, aber heute noch fährt sie einmal im Jahr irgendwohin zum Panzerfahren. Als Kind wurde sie von ihrem Vater missbraucht und bekam eine Tochter von ihrem eigenen Erzeuger. Später wurde sie von einem Freier vergewaltigt, und wieder schwanger. Und dann traf sie die große Liebe, einen Luden. Mit dem zusammen vergewaltigte sie eine andere Frau, dafür wurde sie verurteilt. Kam in den Knast. Als sie rauskam, war der Lude tot. Vor ein paar Jahren gaben wir Tina einen Job im Elbschlosskeller. Sie arbeitet an der Theke. Wenn sie betrunken ist, kommt alles hoch, was ihr widerfahren ist. Dann ist sie einfach nur fertig, lässt ihre Stimmungen raus. Und das Bild, das ich vor mir sehe, ist das, wie Tina auf Susannas Schoß eingeschlafen ist, nachdem sie ihr das Herz ausgeschüttet hat. Wie in der Obhut einer großen Schwester. Susanna holte eine Decke und legte sie Tina über die Schultern. Gab ihr für einen Moment das, was sie am wenigsten im Leben kennt: Geborgenheit.

Noch mal zurück zu Maria, der alten Dame. Sie hat mir ihre Geschichte nie verraten. Ich denke, sie will nicht darüber reden, weil ihr das Leben, das sie führt, peinlich ist, weil sie zu sehr in ihrem Stolz gekränkt ist. Ich weiß nur, dass sie ihre Miete nicht mehr bezahlen konnte und rausgeschmissen wurde. Maria ist um die 80. Sie sieht gut aus, eine feine Dame, man würde sie jünger schätzen. Vor ein paar Jahren kam sie öfters in den Elbschlosskeller, dann jahrelang nicht mehr, bis sie vor Kurzem wieder da war. Und seit ein paar Monaten schläft sie im Kickerraum. Jeden Abend macht sie sich bettfertig, zieht einen Pyjama an und putzt sich auf der Damentoilette die Zähne. Morgens kleidet sie sich an, immer geschmackvoll. Man sieht, dass sie mal Geld hatte und keiner käme auf die Idee, dass sie heute obdachlos ist. Was sie tagsüber treibt, kann ich nicht sagen. Dann ist sie in der Stadt unterwegs, geht spazieren, träumt sich vielleicht in eine andere Zeit zurück – wer könnte es ihr verdenken?

Am längsten bei uns wohnt Angie. Ein Herzensmensch. Seit zwölf Jahren ist sie im Elbschlosskeller.

Angie, der gefallene Engel

Eigentlich ist ihr Vorname Rima. Aber sie nennt sich Angie. Angie kommt aus Litauen. Als sie ein junges Mädchen war, entdeckte man ihr musikalisches Talent. Sie wurde früh gefördert, man schickte sie auf eine Schule für musikbegabte Kinder, wo sie Akkordeon lernte. Was ich nicht wusste. Bis eines Tages ein Akkordeonspieler im Elbschlosskeller zu Gast war, der sein Instrument dabeihatte und ein paar Stücke vorspielte. In dem Moment begannen Angies Augen zu leuchten, sie griff sich das Akkordeon und legte los. Spielte wie eine Weltmeisterin, als hätte sie nie was anderes in ihrem Leben gemacht. Wir alle waren baff. Was ich von Angies Kindheit weiß, ist, dass der Vater ein Trinker war und ihre Mutter sie im Stich ließ, als sie noch ein Baby war. Sie ging einfach weg, verschwand mit einem anderen Mann. Angie wurde 1977 geboren und kam mit drei Monaten zu ihrer Großmutter, „Omschi", wie sie sie liebevoll nennt. Der Vater kümmerte sich nicht um sie, er hatte andere Frauen und den Alkohol. Ihre Mutter sah sie erst viele Jahre später wieder, und auch nur einmal, da war Angie elf Jahre alt. Sie wollte ihre Tochter damals mitnehmen, aber Omschi ließ das nicht zu. Angies großer Traum war die Musik. Sie sei mit Musik geboren, schwärmt sie. Neben der Musikschule besuchte sie ab dem dreizehnten Lebensjahr eine Tanzschule, lernte dort den Seiltanz. Dafür durfte sie nicht mehr als 50 Kilo wiegen. Dünn ist sie bis heute. Dann verunglückte sie, stürzte vom Seil: Knochenbrüche, Koma. Ein halbes Jahr lang. Der Vater wollte die Geräte schon abschalten. Dann das Wunder – Angie wachte aus dem Koma auf. „Ich konnte gar nichts mehr, nicht mehr laufen, musste alles neu lernen", sagt sie. Aber sie schaffte es. So viel Unglück in einem so jungen Leben, das sollte doch reichen, denkt jeder, der Angies Geschichte hört. Aber jetzt wurde es erst richtig schlimm. Mit 17 fielen drei Männer mit Messern über sie her und vergewaltigten sie. Auf ihrem Bauch hat sie bis heute eine lange Narbe. Die Täter wurden nie gefasst. Dann, Angie war 18, wurde sie vom eigenen

Vater missbraucht. Darüber zu reden, fällt ihr immer noch schwer. „Ich war vom Tode auferstanden, nach dem Koma, und dann folgte der nächste Tod." Den Vater anzuzeigen, keine Chance. Aber zwei Onkel, denen sie sich anvertraute, schlugen den Vater zusammen, beinahe tot, erzählt sie. Angie ging nach Vilnius, Litauens Hauptstadt. Hier konnte sie endlich das tun, was sie glücklich machte. Sie verdiente ihren Lebensunterhalt als Musikerin, spielte in Restaurants Akkordeon. Kontakt zu ihrem Vater hatte sie keinen mehr.

Dann der Sommer, als sie 25 wurde. Wunderschön sei alles gewesen, sie habe ihr Leben im Griff gehabt. Zu einer Familienfeier fuhr Angie in die alte Heimat, besuchte ihren Vater. Plötzlich standen zwei große Männer vor der Tür und wollten den Vater sprechen. „Hol ihn raus", befahlen sie. Die beiden waren gekommen, um die Spielschulden des Vaters einzutreiben. Er hatte im Casino viel Geld verloren. „Weil er pleite war, verkaufte er mich", sagt Angie. Die Männer entführten sie und gaben ihr eine Spritze. Als sie wieder wach wurde, war sie schon in Deutschland. Man hatte sie in einer Kiste über die Grenze geschmuggelt. In ein Bordell in der Nähe von Frankfurt am Main, wo auch andere Frauen aus Osteuropa zur Prostitution gezwungen wurden. Den Pass nahm man Angie ab. Sie wurde eingesperrt, bekam kein Essen, wurde jeden Tag mit einem Elektroschocker an Beinen und Bauch gequält. Weil sie sich weigerte, mit den Freiern ins Bett zu gehen. Tanzen würde sie, aber nicht nackt und erst recht nicht würde sie anschaffen gehen, sagte sie ihrem Zuhälter. Lieber sei sie tot. Angie ist zwar eine Kämpferin, aber irgendwann gab sie auf. Nach ein paar Monaten in dem Bordell konnte sie entkommen: Einer ihrer Freier kaufte sie frei, für 20.000 Euro. Sie heiratete den Mann, der 30 Jahre älter war. Lange ging diese Ehe nicht gut. Sie zog weiter. Angie landete in Lübeck, wo sie mit einem Musiker liiert war. Als auch das in die Brüche ging, packte sie ihren Kram und rief ein Taxi. „Ich habe genug Geld", sagte sie, „fahr mich in die gefährlichste Ecke Hamburgs." Das Taxi hielt vor dem Elbschlosskeller. Das war am Tag vor Angies 30. Geburtstag. Im Elbschlosskeller habe man sie so warm aufgenommen, ihr sofort ein gutes Gefühl gegeben, sagt sie. Das ist jetzt zwölf Jahre her. Angie ist dürr, abgemagert, weil sie auch kaum etwas isst. Wenn du viele Jahre massiv Alkohol trinkst, bleibt nicht viel hängen, auch wenn du Nahrung zu dir nimmst. Ich habe mal zu ihr gesagt, wie sehr ich es liebe, sie tanzen zu sehen. Angie tanzt aus vollem Herzen. Wenn sie sich zur Musik bewegt, wirkt es, als sei der Tanz wie eine Therapie für sie. Voller Gefühl. Ihr Ausdruck ist der Wahnsinn. An Tagen, wenn der Laden fast leer ist, tanzt Angie fünf, sechs Stunden lang. Dreht und dreht sich. Ganz in sich versunken, mit einem Lächeln auf den Lippen. Und tanzt sich das ganze Leid weg, man sieht ihr das an, sie ist befreit, leichtfüßig, hat Spaß, strahlt tierisch was aus. Und in solchen Momenten ist sie schön. Und obwohl sie so viel gelitten und so viel durchgemacht hat, sieht man, dass die Hoffnung noch da ist, solange der Mensch immer noch voller Liebe ist, voller Leidenschaft und Zuversicht auf ein bisschen Glück. Angie hat aus einer früheren Beziehung eine Tochter, die sie nicht sehen darf. Das ist – bei allem Unglück – die eigentliche Tragödie ihres Lebens. Nachdem sie schon fünf oder sechs Jahre bei uns wohnte, lernte sie einen Mann kennen, in den sie sich verliebte. Danach ließ sie sich kaum noch blicken. Sie war zwei Jahre fast komplett weg, kam alle paar Monate auf einen Kaffee oder auf eine Cola vorbei, um den alten Freunden Hallo zu sagen. Den Menschen, die sie begleitet hatten, getröstet, die für sie immer da waren. Angie führte fast so etwas wie ein bürgerliches Leben. Aber auch nur fast. In dieser Zeit kam ihre Tochter zur Welt, ihr Ein und Alles. Die Beziehung zu dem Vater der Tochter ging in die Brüche. Angie wollte weg von ihm. Das nahm er ihr übel und rächte sich, indem er ihr das Kind wegnahm. Angie spricht nur schlecht Deutsch, sie hatte keine Ahnung von der Gesetzeslage und einen Anwalt konnte sie sich nicht leisten. Vor Gericht war Angie chancenlos und verlor das Sorgerecht. Damit ging der alte Teufelskreis wieder los. Alles kam wieder hoch, was damals mit ihr geschehen war, der Missbrauch, die Ängste um die Tochter. Und all den Frust versuchte sie sich wegzusaufen. Aus dem einen Drink wurden schnell sehr viele, seitdem war sie wieder im Elbschlosskeller, und das konnte ihr Ex gegen sie anführen. Nach dem Motto: Guckt mal, die hat keine Arbeit, keinen Wohnsitz, die lungert in der Kneipe rum. Seitdem darf sie ihre Tochter gar nicht mehr sehen.

Angie ist mittlerweile so was wie eine Freundin geworden, die – weil sie weiterhin ohne Wohnsitz ist – ihre postalische Adresse bei uns hat. Hamburger Berg 38, 20359 Hamburg. Ihre Post wird zu uns geschickt, damit sie offizielle Briefe bekommen kann, für Gerichtstermine oder Behördenkram. Ich habe sie schon mehrfach auf Ämter begleitet. Susanna und ich helfen ihr, weil ich es oft genug erlebt habe, dass Leute wie Angie, die nicht gut Deutsch sprechen, bei den Behörden wie der letzte Dreck behandelt werden und automatisch als Sozialschmarotzer gelten. Nicht von allen, aber es kam oft genug vor. Alle paar Monate findet Angie einen Gönner, jemanden, der sie bei sich wohnen lässt, der nicht nur Sex will, sondern ihr wirklich etwas Gutes tun möchte. Dann sehen wir sie nur an manchen Tagen, dann kommt sie gut gekleidet und frisch geduscht zu uns. Aber lange hält sie dieses Leben in der Regel nicht aus. Nach ein paar Wochen macht sie einen Abgang. Vielleicht hat sich das aber jetzt geändert. Denn seit ein paar Monaten wohnt sie bei Thorsten, auch ein Stammkunde. Bei ihm hat sie eine Matratze, ein Bad, kann kommen und gehen, wann sie will. In ihrer Heimat Litauen war Angie nie wieder. Ihr Vater ist vor einem Jahr gestorben. Die Wut sei immer noch da, wenn sie an ihn denkt, verzeihen konnte sie ihm nie. Angies Traum? Ihre Tochter wiederzukriegen, vom Alkohol wegzukommen, einen Mann finden, jemand, der ihr unter die Arme greift. Sie braucht jemanden, der sie da rauszieht, damit dieser Teufelskreis endlich ein Ende findet.

Bine, der Mutti, ist das gelungen. Nach einigen Monaten konnten wir ihr eine Wohnung besorgen, gleich über der Meuterei, meinem anderen Laden auf St. Pauli, auch nur ein paar Seitenstraßen von der Reeperbahn entfernt. Den Vermieter, einen Dänen, hatte ich angequatscht: „Wenn was frei wird, musst du mir unbedingt Bescheid sagen. Ich habe Leute, die da oben einziehen wollen.“ Dann war es soweit. Eine Wohnung war frei geworden, weil eine Mieterin gestorben war. Auch eine Stammkundin aus dem Elbschlosskeller, auch eine Sabine, von ihr werde ich noch erzählen. Seitdem Bine in Sabines Wohnung lebt, sieht sie fitter aus und trinkt weniger Alkohol. Sie kann duschen, schlafen, sich selbst etwas zu essen machen, ihre Behördengänge erledigen – sie hat's geschafft. Ihre neue Wohnung, das sind nur acht Quadratmeter, aber die sind Bines ganzer Stolz. „Das ist er“, sagt sie und zieht etwas aus der Hosentasche, „der Schlüssel zu meiner eigenen Wohnung!“ Und dann lacht sie. Einen Job hat sie jetzt auch. Sie arbeitet bei uns. Anfangs hat sie geputzt, als dann jemand ausfiel, sprang Bine als Tresenkraft ein. Das machte sie so gut, dass wir sie einstellten. Jetzt verdient sie wieder ihr eigenes Geld. Dabei ist es gar nicht so einfach, wieder ein geregeltes Leben zu führen, wenn du einmal auf der Straße warst und von Almosen gelebt hast. Du hast verlernt, dich unterzuordnen und zu integrieren. Und wenn du das nicht kannst, fliegst du aus jedem Job sofort wieder raus. Die einfachsten Dinge musst du neu lernen. Zur gleichen Uhrzeit ins Bett zu gehen und morgens pünktlich aufzustehen. Sich was zu essen kaufen, mit Geld umzugehen, einschätzen, was du dir leisten kannst und was nicht. Vor allem lernen, das Geld nicht zu versaufen. Aber Bine hat den Absprung geschafft. Und sie ist bereit für ihr neues Leben.

Es ist fast schon eine Art Tradition, dass wir auch immer einen jungen Obdachlosen beherbergen. Wenn der nach ein paar Wochen wieder weg ist, kommt schon bald der nächste. Das ergibt sich einfach. Gerade ist es ein gut aussehender blonder Typ, der im Elbschlosskeller schläft. Er ist ein bisschen mein „Ohr“, er steckt mir immer, was im Laden läuft, wenn ich nicht da bin. Er hat früher Kickboxen gemacht, das verbindet uns, dadurch haben wir eine Basis und verstehen uns. Er hat was Unschuldiges, Braves an sich, aber so langsam sieht man auch ihm die Straße an. Den schwarzen Ansatz an den Zähnen, der entsteht, wenn du dir die Zähne nicht regelmäßig putzen kannst. Vor einiger Zeit hatten wir einen jungen Obdachlosen, der aus einer Kleinstadt kam. Sein Vater hatte ihn zu Hause rausgeschmissen, weil er schwul ist. Er wollte mit seinem Sohn nichts mehr zu tun haben. Die Schande der Familie. Der schwule bunte Hund in dem spießigen Kaff. Dann verlor der Junge auch noch seinen Job, sein Freund trennte sich von ihm. Plötzlich hatte er nichts mehr. Er kam nach Hamburg und landete im Elbschlosskeller, sein neues Zuhause für einige Wochen. Einmal sagte er zu mir, er habe länger nicht geduscht und kein Geld, um seine Sachen zu waschen. Er bat mich um frische Wäsche, damit er die mal wechseln könne. Die habe ich ihm natürlich besorgt, und er war richtig glücklich mit seinen sauberen Tennissocken. Wir haben uns um ihn gekümmert, ihn getröstet, wenn er geweint hat. Wenn es ihm auf der Seele brannte, dass er verstoßen worden war. Und irgendwann ging es bei ihm wieder aufwärts. Er fand einen Job, erst mal nur als Aushilfe, aber dadurch kann er sich eine kleine Wohnung leisten. Gelegentlich kommt er bei uns vorbei, umarmt mich herzlich, trinkt aber keinen Alkohol mehr, aus Angst, wenn er ein oder zwei Bier trinkt, versackt er wieder für mehrere Tage und alles geht von vorne los.

Mein Leben ist eine Acht

So extrem, wie es bei vielen meiner Gäste zugeht, ist es auch bei mir oft im Leben gewesen. Mein Leben ist wie eine Acht. Mal geht's hoch und mal geht's runter. Egal, was ich mache: Nichts ist normal. Mal lebe ich wie ein kleiner Mönch, lese ohne Ende spirituelle Bücher, bin im Einklang mit mir und stehe morgens pünktlich auf. Jeden, den ich treffe, den berühre ich, bekehre ich auf die eine oder andere Art und Weise. Ich bete zu Gott, und abends geht's um acht ins Bett. Alles, was ich anfasse, funktioniert, wenn ich so drauf bin.

Zumindest war das immer so. Und dann kommt die andere Phase. In der verliere ich mich, bin unausgeglichen und gemein, ernähre mich schlecht, distanziere mich von mir selbst, und weil mir das alles bewusst ist, werde ich noch unzufriedener mit mir. So sind wir alle in unserer Familie. Einfach sehr extrem.

Mit Kiez und Kneipen hatten wir ursprünglich gar nichts am Hut. Der Erste aus meiner Familie, der seinen Fuß in den Elbschlosskeller setzte, war mein Großvater Henning, der Vater meiner Mutter Katja. Er saß regelmäßig am Kellertresen und trank sein Bier. Von Beruf war er Bäckermeister, er hatte einen eigenen kleinen Betrieb, der ganz gut lief. Und trotzdem litt er zeitlebens, so erzählte man, unter seinen familiären Verhältnissen. Seine Geschwister hatten studiert und bekamen tolle Jobs, sie waren Akademiker, hohe Tiere, und Henning war eben „nur“ der Bäcker. Er galt als der Dümmling der Sippe und bekam von zu Hause immer nur Druck. Ob das der Grund dafür war, wer weiß es, jedenfalls griff er schon früh zur Flasche, trank sehr viel und tauchte immer häufiger im Elbschlosskeller auf.

Eines Tages versuchte er, sich das Leben zu nehmen. Schlitzte sich in der Bäckerei nach Geschäftsschluss die Pulsadern auf. Meine Oma fand ihn gerade noch rechtzeitig. An der Hand hielt sie meine Mutter, auf dem Arm meinen Onkel Kolja. Alles war voller Blut, wie nach einem Massaker soll es in der Bäckerei ausgehen haben. Ein Bild, das meine Mutter nie mehr aus dem Kopf bekam, dieses Erlebnis hat sie sicherlich sehr geprägt. Opa Henning überlebte den Selbstmordversuch. Vor zehn Jahren starb er an Altersschwäche. Vielleicht auch, weil er seine Leber kaputt gesoffen hatte. Der tote Opa war die erste Leiche, die ich gesehen habe, ein krasses Erlebnis. Ich erinnere mich an ihn als einen weisen, robusten Mann. Wenn ich ihn traf, hatte er immer eine Dose Bier bei sich, die hielt er in der Hand oder hatte sie in der Innentasche seiner Jacke versteckt. Wenn er nachts aus dem Elbschlosskeller nach Hause getorkelt kam, gab es häufig Streit mit meiner Oma. Die beiden haben sich ihr ganzes Leben lang gegenseitig bis aufs Blut gereizt und oftmals eskalierte die Situation. So sah die Welt aus, in der meine Mutter aufwuchs. Vieles, was sie heute durchmacht, ihre Psychosen, ihre Krankheiten, haben, davon bin ich überzeugt, damit zu tun, was sie in ihrer Kindheit erlebte.

Opa Hennings Hang zum Elbschlosskeller ist es zu verdanken, dass ich auf der Welt bin. Meine Eltern lernten sich hier kennen. Mein Vater Lothar arbeitete damals schon in der Kneipe. Über Umwege kam er in den Siebzigern nach Hamburg. Anfangs war er Kellner, später übernahm er den Laden gemeinsam mit meiner Mutter und wurde der Wirt. Mein Vater *war* der Elbschlosskeller. Ursprünglich stammte er aus Pommern, genauer gesagt aus dem Landkreis Schlawe. Nach Kriegsende musste er mit seiner Mutter in den Westen flüchten, sie kamen nach Solingen, wo er aufwuchs. Er wurde schikaniert. Als Bastard beschimpft. Weil er ein uneheliches Kind war. Mein Vater hatte eine knüppelharte Kindheit. Er, der ohne Vater aufwuchs, hat nie erfahren, wie Vaterliebe funktioniert. Vielleicht gab's die von ihm deswegen auch nicht so viel, wie ich es mir als Kind gewünscht hätte. Doch im Grunde war er ein guter Papa, der alles gab, was er geben konnte. Als ich 18 war, sagte er zu mir besoffen am Telefon zum ersten Mal die Worte, die ich oft vermisst hatte: „Ich liebe dich". Ein Moment, den ich nie vergessen werde. War einfach ein geiles Gefühl, das endlich zu hören und auch zu spüren. Im Nachhinein wäre mir vielleicht vieles erspart geblieben, wenn sich meine Eltern nicht getrennt und ich gelernt hätte, von Vater zu Sohn, wie das Leben, wie die Liebe funktioniert. Ich nehme ihm das aber nicht übel, er wusste es nicht besser.

Bevor er nach Hamburg kam und Wirt wurde, machte er eine Ausbildung zum Schlosser. Er zog nach München, bekam zwei Töchter, meine Halbschwestern Marion und Melanie. Marion, die Ältere, arbeitete später auch an der Theke im Elbschlosskeller. In den Siebzigerjahren zog mein Vater nach Hamburg. Die Stadt reizte und faszinierte ihn. Und damit fing alles an. Der Elbschlosskeller war damals ein behütetes Stübchen, nicht mal eine Seemannskneipe, geschweige denn eine Suffspelunke wie heute. Stattdessen lagen weiße Deckchen auf den Tischen, überall standen Teelichter, es war gediegen, sehr gesittet. Aber schon ein Jahr, nachdem mein Vater als Tischkellner angefangen hatte, ging hier die Post ab. Jeden Abend war die Hütte voll – seinetwegen. Wer im Keller arbeiten wollte, musste sich erst als Tischkellner beweisen, bevor er an die Theke durfte. Das war Gesetz, solange mein Vater Chef war. Da machte er auch bei mir keine Ausnahme. Den Job am Tresen musstest du dir hart erarbeiten, musstest dich als würdig erweisen und zeigen, dass du die Kohle verdient hattest. Als Tischkellner nahmst du wesentlich weniger Geld ein als an der Theke. Als ich mit 18 im Keller anfing, unterhielt ich mich manchmal mit Sascha, dessen Familie der Goldene Handschuh gehört. Er sagte zu mir: „Wenn ich früher zu euch reinkam, ist mir die Kinnlade runtergefallen: Wie dein Vater die Leute animiert und dirigiert hat, wie der mit denen umgesprungen ist. Da ist mir die Spucke weggeblieben. So was hatte ich noch nicht erlebt." Ähnliches habe ich von vielen anderen gehört – dass mein Vater es so richtig draufhatte. Manchmal brachte er nach Schichtende ein paar Gäste aus dem Elbschlosskeller mit zu uns nach Hause. Die Party sollte nicht enden. Als kleiner Steppke bekam ich mit, wie in unserem Wohnzimmer weitergetrunken wurde. Heimlich beobachtete ich die Erwachsenen, mittendrin mein Papa, der Reden schwang, der Anführer der Meute, der Lauteste mit der lautesten Lache von allen, und auch wenn er nicht der Längste war: Er war eine echte Erscheinung. Ich war mächtig stolz auf ihn. Mein Vater wusste einfach, wie man mit Menschen umzugehen hat. Und das habe ich von ihm mitbekommen. Das steckt in mir drin. Wenn du lächelst, das zieht bei den Leuten, egal ob's eine alte Frau ist, ein junger Mann, ein Dicker, ein Dünner, ein Armer, ein Reicher. Mit einem Lächeln setzt du bei anderen etwas frei. Was du ausstrahlst, ziehst du an. Setz dich an eine Bar und sei voller Wut, Angst und Aggressionen, und du wirst jemandem begegnen, der eine genauso schwarze Aura hat, eine böse Schwingung, der vielleicht sogar ein Messer in der Hand hat. Setz dich in die Bar, lächle und strahle Glück und Liebe aus, und es wird einer auf dich zukommen, der dir guttun wird. Das erlebe ich selbst tagtäglich im Elbschlosskeller, wo so viele kaputte Seelen zusammenkommen. Alle haben was zu heulen, zu beklagen. Aber wenn einer reinkommt, mit einem Strahlen und einem Lächeln über beide Ohren, dann dauert es nicht lange und der ganze Raum lächelt und strahlt. Jeder will etwas von der positiven Energie abhaben, weil alle wissen, das macht sie ein Stück heiler, ein Stück gesünder. Und genau darin lag auch das große Talent meines Vaters. Er konnte dafür sorgen, dass sich die Menschen in seiner Gegenwart besser fühlten. Auch das habe ich von ihm geerbt. Wobei ich nicht in der Lage bin, dieses Gefühl künstlich herzustellen. Ich bin ein schlechter Schauspieler. Wenn ich am Tresen stehe und es mir mies geht, kann ich nicht so tun, als sei ich gut drauf. Ich kann nicht lachen, nur um den Umsatz anzukurbeln. So ein Mensch bin ich nicht. Dafür ist der Elbschlosskeller aber auch heute das, was er ist. Die Leute wissen: Wenn ich lächle, dann lächle ich von Herzen. Und wenn ich kacke drauf bin, dann pöbele ich rum, und wenn mir nach Weinen zu Mute ist, heule ich eben.

In der Beziehung war mein Vater anders. Nach außen hin war er immer gut drauf und hat über dreißig Jahre lang im Elbschlosskeller Party gemacht. Der Elbschlosskeller war schon bald die vollste und angesagteste Kneipe auf dem Kiez, und mein Vater war *der* Barmann schlechthin. Der King of Kiez. Ich kenne Gäste aus dieser früheren Zeit, die, wenn ich am Tresen stehe, hinten aus einer Ecke rufen, „Lothar Schmidt war ein Hit", und dann ruft der nächste „Wodka-Lothaaaar". Das war Papas Spitzname. Mein Vater konnte aus dem Stand zwei Flaschen Wodka trinken und trotzdem nach Hause gehen, schlafen und am nächsten Tag wieder arbeiten. Wenn ich eine Flasche Wodka trinke, bin ich danach im Arsch.

Wenn du hinterm Tresen stehst, bist du dafür verantwortlich, was im Laden passiert. Du hast die Leute im Auge, passt auf das Geld in der Kasse auf, bist ständig in Bewegung, schaust, wer reinkommt. Du musst aufpassen, dass die Gäste nicht von Taschendieben beklaut werden, dass die weiblichen Gäste nicht von Besoffenen belästigt oder befummelt werden. Du darfst selbst niemals so voll sein, dass du die Kontrolle verlierst. Damals in den Siebzigern kamen jeden Abend noch die Barleute aus anderen Kneipen im Keller vorbei, um sich anzuschauen, was mein Vater mal wieder für eine Show abzog. Er hatte ein ganzes Repertoire an Gags und Tricks im Repertoire. Zum Beispiel das Eiswürfelschmeißen, das habe ich von ihm übernommen. Mit Eiswürfeln auf Leute schmeißen, um Aufmerksamkeit zu erregen oder eine heikle Situation aufzulockern. Wenn Taschendiebe in den Elbschlosskeller wollten, bekamen die gerade mal einen Fuß in den Laden, ehe mein Vater sie erkannte. Dann stellte er die Musik ab und brüllte durch die volle Hütte: „Vorsicht, Taschendieb!“ Der ganze Laden drehte sich um und guckte auf den Typen, der sofort abhaute, und das Ding war gegessen.

Seitdem hat sich viel verändert. Kriminalität, Brutalität, das gab's immer. Aber es ging bei Weitem nicht so skrupellos zu wie heute. Früher kannte man die Gauner und Betrüger, und auf gewisse Weise schätzte man sich gegenseitig, manchmal soff man sogar mal einen zusammen.

Einer von diesen Typen aus der alten Garde war ein echter Charakter, ein Trickbetrüger, den ich selbst noch kennenlernte.

Fuzi, der Betrüger

So wurde er genannt. Seinen richtigen Namen habe ich nie erfahren. Den Spitznamen verdankte er seiner Körpergröße. Fuzi war klein, hatte immer ein verschmitztes Grinsen im Gesicht, leicht braun gegerbte Haut und einen dunkelgrauen Mecki. Ein lustiger Mann, Fuzi halt. Ich kannte ihn schon als kleiner Junge, eigentlich seitdem ich denken kann. Natürlich habe ich ihn in seinem „Job“ nie selbst erlebt, dazu war ich zu jung. Aus Erzählungen weiß ich aber, dass er die Leute am liebsten beim Würfelspielen beschissen hat, auch als Taschendieb hatte er ein gutes Auskommen. Fuzi hat mich als Kind fasziniert, weil er für mich so was wie der Gauner aus einem Hollywoodfilm war. Mit meinen Eltern war er befreundet. Wir hatten früher einen Wohnwagen auf einem Campingplatz bei Zeven, das liegt zwischen Bremen und Hamburg. Dort verbrachten wir oft die Wochenenden und Schulferien. Einfach ins Grüne raus, das war für uns Kiddies das Größte. Wir bauten Baumhäuser, unterirdische Höhlen und schlichen uns auf die Felder, klauten Mais und Kartoffeln, die wir dann in unserem Baumhaus aßen. Dieser Campingplatz war ein wichtiger Ort meiner Kindheit, prägende und auch dramatische Erlebnisse verbinde ich mit ihm.

Fuzis Gaunereien liefen so gut, dass er sich ebenfalls einen Wohnwagen leisten konnte. Ein Auto war allerdings nicht drin, vielleicht hatte er auch gar keinen Führerschein. Stattdessen raste der kleine Mann mit seinem aufgemotzten Mofa über die Autobahn nach Zeven. Ein witziges Bild. Meine Schwester Jana und ich liebten es, zu Fuzi zu gehen und in seinem Wohnwagen zu spielen. Für uns Kinder ein kleines Abenteuerland. Fuzi sammelte zum Beispiel Hula-Wackelfiguren, aber nicht die normalen, sondern die versaute Version. Wenn die sich drehten, sah man unter den Röckchen die Geschlechtsteile rumwackeln. Das war 'was Verbotenes und für uns Kinder nur noch spannender. Als ich von meinem Vater mal wissen wollte, was Fuzi eigentlich arbeitet, bekam ich keine Antwort. Später erzählte mir meine Mutter, Fuzi sei ein Trickbetrüger, mit Karten und Würfeln, und wohl auch sehr gut. Ein paar Mal wurde er erwischt. Der ist im Knast, der war im Knast, der kommt wieder in den Knast, das sagte man über Fuzi. Es gibt alte Zeitungsartikel, in denen von Hausdurchsuchungen bei Fuzi berichtet wird. Die Polizei fand massenhaft gefälschte Dokumente, Führerscheine, Pässe und so weiter. Das konnte er also auch.

Ganz am Anfang war mein Vater gar nicht gut auf Fuzi zu sprechen. Er erwischte ihn dabei, wie er im Elbschlosskeller die Gäste beklaute. Da warf er ihn raus und erteilte ihm Hausverbot. Im Laufe der Zeit entwickelte sich aber eine Freundschaft. Meine Eltern duldeten Fuzis Lebenseinstellung bzw. seinen Job, aber nur solange er sich vom Keller fernhielt. Er war halt einfach ein liebenswerter Zeitgenosse, der eigentlich keinem was Böses wollte. Aber er betrog eben gerne. Fuzi ist schon alt, lebt aber noch, hat Gicht in den Fingern. Kann seine Klaufinger also nicht mehr bewegen. So spielt das Leben.

Ein anderer Gast, der in den Siebzigern regelmäßig im Elbschlosskeller verkehrte, war Fritz Honka, der Frauenmörder. Die meisten denken, Honka sei immer nur in den Goldenen Handschuh, gleich gegenüber, gegangen. Tatsache ist, dass er auch Stammgast im Keller war. Manchmal saß er neben Opa Henning an der Theke. Keine Ahnung, worüber die beiden wohl geredet haben. Ich habe meinen Vater mal gefragt, was Honka für ein Typ gewesen sei. Ich wollte von ihm wissen, ob er Honka auch selbst bedient habe und wie er sich an ihn erinnere. Mein Vater sagte, ja, er habe ihn bedient. Und ich: „Wie abgefahren. Erzähl mal, wie war der so, war er auffällig? Sah man dem an, wie verrückt er war, wie sieht ein Serienkiller aus?“ Ich hatte krasse Bilder im Kopf. Mein Vater schüttelte den Kopf und sagte, Honka sei ganz anders gewesen, nämlich unauffällig, unscheinbar, kein bisschen anders als andere Gäste. Er habe meistens allein am Tresen gesessen, während um ihn herum Party war.

Heinz Strunk, der Honkas Geschichte in seinem Roman aufgeschrieben hat, kam während der Recherchen für das Buch auch gelegentlich in den Elbschlosskeller. Ich habe ihn in meiner Schicht einige Male in der Ecke sitzen sehen, wenn man reinkommt gleich rechts am Fenster. Von da hat man einen guten Blick auf das Geschehen am Hamburger Berg. Ein Gast meinte zu mir: „Hey, das ist doch der Typ von ‚Fleisch ist mein Gemüse'". Ich habe Strunk irgendwann selbst bedient, er war zurückhaltend, höflich. Später erfuhr ich, dass er seit ein paar Jahren am zweiten Weihnachtstag zu uns kommt und hier feiert. Das habe ich selbst bewusst noch nicht mitbekommen, obwohl ich Weihnachten immer kurz reinkomme. Dann verteilen wir kleine Geschenke an unsere Stammgäste. Aber ich bleibe nie lange, weil ich selbst Familie habe, und nach zwei Stunden wieder abhaue. Wenn Strunk um Mitternacht auftaucht, liege ich schon längst mit meinem Sohn im Arm auf der Couch und schlafe.

Viele der Gäste, die in den Siebzigern in den Elbschlosskeller kamen, waren Arbeiter und Seemänner. Die hatten in der Regel ganz gut Kohle. Auch andere Wirte vom Kiez, aus St. Georg oder anderen Stadtteilen saßen Abend für Abend nach Schichtende bei uns und versoffen ihre Einnahmen. Alle goldbehangen, fette Goldketten um den Hals, dicke Uhren, ihre goldenen Dupont-Feuerzeuge nebeneinander aufgereiht auf dem Tresen liegend. Und das Geld saß lockerer als heute, viele der Gäste waren, wie gesagt, echte Seeleute, einige von denen gibt es noch, aber nur sehr wenige.

Armin, der Seemann

Das ist er: Ein SeeMANN. So nennt er sich, so sieht er sich selbst. Armin ist einer von zwei alten Seefahrern, die ich selbst noch kenne, beide sind längst in Rente. Armin hat in seinem Leben so viele Seile um Boote geknotet, dass seine Arme völlig im Arsch sind. Er sitzt gebeugt auf den Tresen gelehnt, mit rundem Rücken, und raucht Reval. Aber sonst ist er immer noch ziemlich fit. Susanna hat ihn mal dazu animiert, Liegestützwettbewerbe mit anderen Gästen zu machen. Auf dem Boden im Elbschlosskeller. Armin hat jedes Mal gewonnen. 50 bis 70 Liegestütze, die schafft er immer noch. Er will es allen beweisen, zeigen, dass er ein ganzer Kerl ist. Wir haben ihn dabei gefilmt und die Videos ins Netz gestellt. Wenn ich mit ihm zusammensitze, erzählt er von früher. Von seiner großen Zeit. Wenn er mit anderen Seeleuten auf dem Kiez unterwegs war, jeder mit zigtausend Mark in der Tasche. Die Kohle haben sie an einem Wochenende auf den Kopf gehauen. Er redet gern von der Seefahrt, von seinem Leben als Seemann. Richtige Haudegen müssen die gewesen sein, haben immer hart gearbeitet. Er versteht die heutige Jugend nicht, sagt Armin. Du merkst diesen Opas an, dass sie immer noch gerader sind als viele der jungen Leute, auch wenn sie wackelig auf Beinen sind. Sie haben früher mal richtig was gerissen, werden aber in der heutigen Gesellschaft gar nicht mehr richtig wahrgenommen. Aus dem Grund kommt Armin in den Elbschlosskeller. Weil er hier respektiert wird. Er macht auch optisch was her und trägt seinen ganz eigenen wilden Look auf dem Kopf. Er geht nämlich nur einmal im Jahr zum Friseur. Immer dann, wenn er nach Mallorca fliegt. Da lässt er sich die Haare schneiden, kommt braun gebrannt und kurz geschoren zurück. Und dann hat er diese Musikmacke, er will bei uns immer nur Freddy Quinn hören. Der ist sein Idol. Wenn er an die Jukebox geht, weiß jeder Gast, der Armin kennt: Die nächsten drei Stunden läuft jetzt nur Freddy Quinn. Junge, komm bald wieder. Seemannsklassiker halt.

„Die Jukebox im Elbschlosskeller ist ein Faszinosum für sich. Sie wäre eine Diplomarbeit in Psychologie wert. Manchmal löst sie Gefühle in mir aus, die mich ohne Zweifel dazu befähigen würden, mich von einer Sekunde auf die andere maßlos zu betrinken. Scheiß egal, ob es halb acht am Morgen oder kurz nach 12 Uhr am Mittag ist. Die Songtexte erzählen ihr eigene Geschichte", sagt meine beste Freundin, die Fotografin C.P.Krenkler. Wenn Vicky Leandros' „Ich liebe das Leben" läuft, wird aus dem härtesten Kerl ein zahmes Lamm. Alle liegen sich schunkelnd in den Armen und singen gemeinsam den Refrain. Der Song „Die immer lacht" von Kerstin Ott wurde bei uns über Monate mehrmals die Stunde rauf und runter gespielt. Weil der Großteil unserer Stammgäste sich stark damit identifizieren kann. Sie stehen mit geballten Fäusten auf der Tanzfläche, die Augen geschlossen, Tränen laufen ihnen über die Wangen. Davon überzeugt, dass dieses Lied nur für sie geschrieben wurde. Mein persönlicher Favorit aber ist „Wünsch dir was" von den Toten Hosen. Egal, wie gefrustet oder enttäuscht du bist, wenn du dieses Lied hörst, steigt in dir Hoffnung auf: „Ich glaube, dass die Welt sich noch mal ändern wird und dann Gut über Böse siegt…"

Eine schrecklich nette Familie

Darüber, ob ich im Elbschlosskeller hinterm Tresen gezeugt wurde oder nicht, scheiden sich die Geister. Besser gesagt: Meine Mutter ist sich da nicht sicher. Tatsache ist, meine Eltern lernten sich kennen, weil Opa Henning mal wieder besoffen war und nicht nach Hause fand. Meine Mutter wurde von ihrer Mutter mit dem Auftrag losgeschickt, Henning aus dem Elbschlosskeller nach Hause zu holen. Sie musste ihren Vater an den Ohren aus dem Laden ziehen. Das hatte sie schon öfters tun müssen, aber in dieser Nacht nahm sie zum ersten Mal meinen Vater bewusst wahr. Sie erlebte, wie er – der Zampano, der Dompteur – das Zepter im Elbschlosskeller schwang. Die junge Katja war von ihm, seinem Anblick, seiner Art sofort angetan. „Was für ein Hüne, ein Mann wie ein Baum!", erzählt sie heute noch. Genauso wirkte er auf sie, die gerade mal 18-Jährige. Meine Statur habe ich von meinem Vater, er hatte auch diese kräftigen Arme, muskulöse Schultern, machte viel Sport und stemmte Gewichte. Das Geheimnis aber, weshalb er so besonders imposant wirkte, waren die 20 Zentimeter, die dich der Elbschlosskeller größer macht – solange du hinter der Theke stehst. Hier ist der Boden nämlich 20 Zentimeter höher als im übrigen Laden. Nimmt man als Gast gar nicht wahr, verschafft dir als Wirt aber einen guten Überblick, vor allem wenn die Hütte richtig voll ist und du bis in die letzte Ecke gucken musst, damit dir nichts entgeht.

Meine Mutter jedenfalls war so beeindruckt von meinem Vater, dass sie wenige Abende später wiederkam. Dieses Mal ohne den Auftrag, Opa Henning rauszutragen. Sie setzte sich an die Theke, um ein paar Biere zu trinken. Es wurde geflirtet, die beiden kamen sich näher und meine Mutter war von da an ein regelmäßiger Gast im Elbschlosskeller. Bald schon waren sie ein Paar. Als mein Vater zum ersten Mal hinter den Tresen nach vorne zu ihr kam, dachte sie für einen kurzen Moment: „Oh, der ist ja doch nicht so groß." Aber da war es längst um sie geschehen.

Aus der Zeit des Sichannäherns gibt es aberwitzige Storys. Mein Vater ging einmal, selbst schon leicht angeduselt, rüber zu Schuh Messmer. Das war der älteste Schuhladen von Hamburg, an der Reeperbahn. Leider hat er vor kurzem geschlossen, nach 175 Jahren. Alle haben sie hier eingekauft: die Luden, die Promis, ganz normale Leute und eben auch mein Vater. Während meine Mutter im Elbschlosskeller blieb, rannte mein Vater in den Schuhladen und ließ sich alles zeigen, was an Damenstiefeln vorrätig war. Das teuerste Paar kaufte er. Damit marschierte er zurück. Meine Mutter wartete geduldig auf ihrem Stammplatz an der Theke, ganz rechts in der Ecke, auf einem leicht erhöhten Platz, so was wie unser Ehrenplatz im Laden, mit direktem Blick zum Wirt, wo du die ganze Show mitkriegst. Mein Vater packte einen der beiden Stiefel aus und füllte Sekt rein, eine ganze Flasche. Und gab dann den Stiefel dem Gast am entgegengesetzten Ende, wo meine Mutter saß. Jeder an der Theke musste – oder durfte, wie man's nimmt – einen Schluck aus dem Stiefel trinken. Als er leer war, überreichte mein Vater die Stiefel feierlich meiner Mutter. Solche Sachen machte er öfters, er war ein Typ, der Frauen beeindrucken konnte und ihnen seine Welt zu Füßen legte. Wenn du als 18-jähriges Mädchen erlebst, wie dieser Kerl nur mit den Fingern schnippen muss und alle am Tresen tun das, was er sagt, dann ist es um dich geschehen. Der Altersunterschied war groß. Mein Vater war schon Ende dreißig, ein reifer Mann, weltgewandt. Meine Mutter hatte vom Leben bis dahin nicht viel mitbekommen. Sie hatte eine Ausbildung zur Bäckereifachverkäuferin gemacht, sattelte aber auf Altenpflegerin um. Das war ihr Ding. Das Helfende, das Mitfühlende. Menschen etwas Gutes tun, das zieht sich wie ein roter Faden durch die Berufswahl in meiner Familie. Weil sie meinen Vater so jung kennenlernte und heiratete, hat sie den Job dann aber nie ausgeübt. Sie war von Beruf Mutter und bis zu dem Zeitpunkt, da die Krankheiten ausbrachen, die beste Mama, die man sich vorstellen kann. Und das, obwohl sie in ihrer eigenen Kindheit und Jugend so viel Scheiße erfahren hat. Ich habe mich häufig gefragt, warum sich meine Mutter für einen so viel älteren Partner entschieden hat. Sicherlich spielte es eine Rolle, dass sie irgendwie nach einem Vaterersatz suchte. Und dieser Mann, mein Vater, war in ihren Augen nicht nur ein toller Mann, er konnte diese Rolle auch übernehmen. Er nahm sie an die Hand, zeigte ihr die Welt und gab ihr das Gefühl, dass alles schon glattgehen werde. Sie konnte sich in sein Nest setzen. Und das alles tat er, so gut er es konnte oder wusste. Nach der Hochzeit meiner Eltern dauerte es nicht lange, bis die beiden den Elbschlosskeller als Pächter übernahmen. Ihre Vorgänger, auch ein Ehepaar, hatten den Laden zehn Jahre lang geführt, gaben ihn aber auf, weil sie ein behindertes Kind hatten, um das sie sich intensiver kümmern wollten. Offizielle Mieterin wurde meine Mutter, weshalb sie später in der Lage war, meinen Vater rauszuschmeißen. Obwohl sie die Mieterin war, sah die Arbeitsteilung aber so aus: Papa leitete den Elbschlosskeller, Mama blieb zu Hause und kümmerte sich um die Kinder.

Ich kam 1984 zur Welt. Meine Schwester Jana wurde vier Jahre später geboren. Es kursieren zwei Versionen darüber, wo und wie ich gezeugt wurde. Entweder im Elbschlosskeller oder auf einer Karnevalsfeier in Düsseldorf. Die Keller-Version wäre die coolere Variante, finde ich. Habe ich auch gerne oft so erzählt. Aber mittlerweile tendiert meine Mutter mehr zu der anderen Variante. Meine Eltern fuhren gerne zum Karneval nach Düsseldorf, wo sie andere Wirte kannten, von denen sie eingeladen wurden. Auf einer dieser Karnevalspartys könnte ich also auch gezeugt worden sein. Auch als Familie sind wir oft zum Karneval ins Rheinland gefahren und waren bei Bekannten, die eine völlig abgefahrene Kneipe hatten. Für uns Kids war das Allerbeste am Karneval diese Kneipe. Wenn man dort auf Toilette war und sich nicht die Hände gewaschen hatte, leuchtete beim Rausgehen über der Tür ein grelles Licht auf, das dich für alle anderen Gäste sichtbar outete. Im Flur zur Toilette stand eine Figur, ein Schotte mit Schottenrock. Daneben ein Schild: „Wenn du wissen willst, was der Schotte unter seinem Rock trägt…“ Und dann eine Aufforderung, den Rock zu lüften. Wenn du das gemacht hast, ertönte in der Kneipe ein lautes Geräusch, so dass jeder wusste, aha, da ist mal wieder ein Spanner am Werk. Für mich war das alles ein Riesenspaß. Es waren schöne Kindheitsjahre im Familienkreis. Zumindest so lange, bis alles auseinanderbrach.

Mit meiner Mutter Katja

Ich kann mich daran erinnern, dass jeden Tag, komme was wolle, um Punkt 18 Uhr das Essen auf dem Tisch stand. So wie der Elbschlosskeller seinen unverwechselbaren Geruch hat, so roch es immer köstlich, wenn unsere Mama kochte. Das gemeinsame Essen war ein Familienritual, es war gleichzeitig das Mittag- und das Abendessen. Für meinen Vater war es die erste Mahlzeit des Tages, weil er nach seinen Nachtschichten tagsüber schlief. Er war ja ein Bär von einem Mann, mit dem schon erwähnten megadicken Bizeps, der mich als Kind tierisch beeindruckt hat. Wenn er drei Tage im Keller gearbeitet hatte und völlig am Ende nach Hause kam, wurde das Schichtende mit einem gemeinsamen opulenten Frühstück gefeiert. Das war das andere Ritual neben den 18-Uhr-Mahlzeiten. Um ihn sich mal vorzustellen: offenes Hemd, die behaarte Brust zu sehen, Schnauzer, also so ein Pornobalken, wie er seit den Siebzigern üblich war, graubrauner Vokuhila, lockige Haare bis in den Nacken, um den Hals eine dicke Goldkette mit einem goldenen Boxhandschuh dran, immer eine Rolex oder Wempe ums Armgelenk. Dazu trug er meistens Boxerschuhe, Bomberjacke mit Jeans oder eine dieser Bodybuilderplatinhosen, die aussehen wie Karottenhosen, dazu ein übergroßes T-Shirt, aber nur, wenn er privat unterwegs war, beim Sport oder auf dem Campingplatz. So stand er vor uns am Frühstückstisch, und meine Schwester und ich waren beeindruckt: „Papa, du bist so ein starker Typ, zeig doch mal deinen Arm!“ Und er spannte seinen Bizeps an, das war für mich die größte Muskelkugel, die ich je gesehen hatte. Ich sprang hoch und hängte mich mit meinem kleinen Körper an ihn dran. Diese und ähnliche Momentaufnahmen meiner Kindheit sind mir noch sehr präsent. Wie alles bei uns war auch das Frühstück extrem. Der Tisch war so reich gedeckt, als gäbe es kein Morgen mehr. Mit zehn verschiedenen Käsesorten, zehn verschiedenen Wurstsorten, sechs, sieben Brotsorten. Mein Vater wollte nach drei Tagen Schicht frühstücken wie ein Kaiser. Er sagte immer: „Frühstücken wie ein Kaiser, Mittagsessen wie ein König und Abendessen wie ein Bettelmann“, und ließ es sich nicht nehmen, den Tag mit uns zu beginnen. An den nächsten drei Tagen, die er freihatte, war er voll und ganz für uns da. Aus Erziehungsfragen hielt er sich dennoch weitestgehend heraus. Darum kümmerte sich meine Mutter, das war die Abmachung unter den beiden. Er brachte das Geld ran und sie erzog die Kinder. Wenn ich mich am Esstisch wie ein Schwein benahm, alle Regeln missachtete und aufmüpfig war, weil ich meine Grenzen austesten wollte – zum Beispiel mussten wir immer gerade sitzen, Hände auf dem Tisch, durften nicht schmatzen und so weiter –, dann war mein Vater kurz vorm Platzen. Aber er hielt sich zurück, schaute nur meine Mutter kurz an und überließ es ihr, mich zu maßregeln. Ich kann mich auch an viele lustige Momente mit meinem Vater erinnern. Einmal waren wir allein zu Hause, meine Mutter war irgendwo unterwegs. Mein Vater nahm mich an die Hand und sagte: „Pass auf, wir erschrecken gleich mal deine Mama." Dann gingen wir ins Badezimmer, er gab mir einen Bleistift, und gemeinsam zeichneten wir Linien aufs Porzellan des Waschbeckens, die wie Risse aussahen. Mein Vater lachte sich halbtot.

Ich habe mich in solchen Momenten geborgen gefühlt, wir waren eine Einheit, wir beide gegen den Rest der Welt. Ich konnte es nicht erwarten, die Reaktion meiner Mutter zu sehen. Dann kam sie nach Hause und schlug erschrocken die Hände über dem Kopf zusammen. Unser Streich war geglückt. Das ist nur ein Beispiel von den vielen Verrücktheiten, mit denen Papa uns Kindern eine Freude machte, wenn er mal nicht arbeitete.

Wir wohnten damals in einem Hamburger Vorort, in Sasel, gutbürgerlich, ein bisschen spießig. Unsere Nachbarn waren Anwälte, Ärzte, Lehrer, die in großen Häusern lebten und dicke Autos fuhren. Migranten gab es hier nur wenige, und erst recht keine Leute, die vom Staat lebten. Und wir, die Kiezfamilie, mittendrin. Warum mein Vater ausgerechnet in eine solche Gegend ziehen wollte, weiß ich nicht. Von Sasel bis zur Reeperbahn brauchte er mit dem Wagen eine halbe Stunde. Dass wir in dem Vorort die absoluten Außenseiter waren, die schief angeguckt wurden, war mir als Kind lange nicht klar. Du entwickelst ein solches Bewusstsein ja erst, wenn du älter wirst. Dass die anderen Kinder nicht mit mir spielen durften, habe ich nicht hinterfragt. Das war halt so. Auf unsere spießigen Nachbarn wirkten wir verrucht, unanständig, möglicherweise gefährlich. Die junge Mutter, der wesentlich ältere Vater, der auf dem Kiez arbeitet. Da brauchte es nicht viel Phantasie, um zu ahnen, was über uns getuschelt wurde: Der Lude, eine seiner Nutten und ich, das Ludenkind.

Gespürt und gehört habe ich das zum ersten Mal am Tag meiner Einschulung. Ein schräges Ereignis. In der Nacht zuvor hatte mein Vater im Elbschlosskeller gearbeitet. Normalerweise wäre er nach der Schicht nach Hause gekommen, hätte sich geduscht, frische Sachen angezogen, und dann wären wir zu dritt zur Grundschule gefahren. Nun war Folgendes passiert: Als mein Vater den Keller verlassen wollte und die vier Stufen nach oben ging, trat ihn ein besoffener, raufwütiger Gast von hinten in den Rücken. Mein Vater fiel mit dem Gesicht in einen Scherbenhaufen, der vorm Eingang lag. Er schnitt sich sein Gesicht auf und musste sofort ins Krankenhaus. Blut überall. Die Wunde zog sich vom Mundwinkel bis zum Ohr und musste mit mehreren Stichen genäht werden. Dazu bekam er eine Augenklappe, weil ein Auge verletzt war. In dieser Aufmachung erschien er – mit Verspätung – bei meiner Einschulung, natürlich in seinem üblichen Outfit. Boxerschuhe, Karottenjeans, Bomberjacke, das Hemd offen, Rolex, Goldkette, mit Augenklappe und einer Furcht einflößenden Naht im Gesicht. Und ich glaube, um die Augenklappe zu verdecken, trug er noch eine getönte Porsche-Sonnenbrille. Was nichts kaschierte, sondern alles nur noch schlimmer machte. Nach zwölf Stunden im Elbschlosskeller roch er wie zwölf Stunden Elbschlosskeller. Dazu das Kontrastbild meiner Mutter: jung, blond, bildhübsch. Vom ersten Tag an war allen klar: „Dieser Daniel, das ist doch der Sohn vom Kiez-Luden." Nicht nur bei meinen Mitschülern, auch bei den Lehrern hatte ich diesen Ruf weg. Vom ersten Tag an gab es nur Stress. Ein kleines Beispiel dafür, wie die Klassenlehrerin das Ludenkind piesackte: In der ersten Klasse mussten wir die Aufgaben von der Tafel in ein Heft schreiben. Das Heft bekamen wir von der Lehrerin, aber als mein altes voll war, weigerte sie sich, mir ein neues zu geben, sodass ich tagelang keine Hausaufgaben eintragen und sie auch nicht machen konnte. Stattdessen bekam ich eine schlechte Note. Reine Schikane. Die mochte mich nicht, die fand, ich passte nicht an ihre Schule, nicht in ihre heile Welt, und das ließ sie mich jeden Tag spüren. Generell war ich immer der Letzte, und die Lehrerin zeigte jedes Mal Schadenfreude, wenn ich scheiterte. Meine Mutter hat im Laufe der Jahre viele Kämpfe mit Schulleitern und Lehrern ausfechten müssen, ich wechselte mehrfach die Schule, fünfmal insgesamt, auch weil wir häufig umzogen.

Ich war ein Arschlochkind

Was die Mitschüler angeht, war die erste Klasse eigentlich noch ganz okay, hier gab zwar auch immer welche, die nicht mit mir spielen durften, aber das galt nicht für alle. Kleine Kinder sind noch nicht voller Vorurteile. Ich verstand mich ganz gut mit drei Schwedinnen – Jenny, Marie und Luise – die mit ihren Eltern gerade erst nach Deutschland gekommen waren und selbst Anschluss suchten. Die nahmen, wen sie kriegen konnten – und das war ich. Doch lange ging das nicht gut, weil ich in der zweiten Klasse von der Schule flog, oder besser gesagt: geschmissen wurde. Ich kann heute nicht mehr beurteilen, ob es wirklich an mir lag, weil ich einfach ein rebellischer Flegel war, oder daran, dass ich mich gegen das Mobbing gewehrt habe. Auf jeden Fall entwickelte ich mich zu einem echten Arschlochkind. Ich kannte keine Grenzen. Hatte vor nichts und niemandem Respekt. Und ich hatte eine Mutter, die alles, was ich tat, auch ungestraft zuließ. Dadurch hatte ich auch nie gelernt, mich unterzuordnen. Und auf einmal kam ich in ein System, die Schule, wo es Grenzen gab, wo es ein Stoppschild gab, wo jemand auch „Nein“ zu mir sagte. Mein Sportlehrer flippte mal wahnsinnig aus, weil ich es auf die Spitze getrieben hatte. Ich hatte schon immer die Gabe, bei anderen den wunden Punkt zu finden, um dann so lange darauf rumzureiten, bis es völlig eskalierte. Besagter Sportlehrer zog mir nach einer Auseinandersetzung so fest am Ohr, dass er mir den Ohrring rausriss. Ich machte sofort einen auf armes Kind, ganz in der Opferrolle. Es blutete, ich heulte rum und machte einen Riesenaufstand. Dabei empfand ich das alles als gar nicht so schlimm. Der Lehrer aber bekam einen richtigen Anschiss von oben.

Von klein auf hatte ich dieses Talent, andere zur Weißglut treiben. Das gefiel mir und ich habe das gerne gemacht, bekam dann immer so ein Kitzeln in der Brust, wenn ich spürte, dass der andere kurz vorm Ausrasten war. Das meine ich mit Arschlochkind. Auch optisch stach ich in der Schule hervor: Schon mit vier Jahren trug ich einen Ohrring. Den hatte mir meine Mutter stechen lassen, nicht gerade typisch in dem Alter. Aber typisch für meine Familie. Ich trug, wie mein Vater, eine Vokuhila-Frisur, zerrissene Jeans, immer nur teure Klamotten. Rein äußerlich entsprach ich vermutlich dem Klischeebild eines Ludenkindes. Ich habe es anderen nicht leicht gemacht, mich gern zu haben. Ich hatte weder Respekt vor den Lehrern noch vor älteren Mitschülern. In der zweiten Klasse habe ich mich auch schon mal mit den Achtklässlern geprügelt, habe sie angegriffen, geboxt und getreten. Einmal, das war auch in der zweiten Klasse, drückte ich den Feueralarmknopf und alle mussten raus auf den Schulhof. Man hat mich aber nicht erwischt. Trotzdem musste ich bald danach die Schule verlassen, weil keiner mit mir klarkam.

Auf der nächsten Schule änderte sich daran nichts. Meine Mutter musste den Lehrern ständig Rede und Antwort stehen, wenn ich mal wieder was ausgefressen hatte. Einmal wurde sie mit den Worten in die Schule gerufen: „Holen Sie sofort Ihren Sohn ab, der ist eine Gefahr für die ganze Schule!" Ein Junge hatte mich einen Nazi genannt. Ich hatte gar keine Verbindung zu dem Wort und wusste nur durch Gespräche mit meiner Mutter, dass das was Schlechtes war, also habe mich mit dem anderen geprügelt. Wir haben uns so hart gehauen, mit Fäusten ins Gesicht, dass ich aus der Schule abgeholt werden musste. In meiner Erinnerung war der Kampf ausgeglichen, wir standen uns gegenüber, ich schlug ihm ins Gesicht und er tat es bei mir genauso. Dachte ich. Zu Hause sagte meine Mutter, das Gesicht meines Gegners sei total geschwollen und blau, bei mir sah man kaum was.

Vielen war ich regelrecht unheimlich. Eine Lehrerin bat meine Mutter zu einem Einzelgespräch und beklagte sich, ich würde die anderen Schüler manipulieren. Damals, ich ging mittlerweile in die fünfte Klasse, hatte ich gerade in dem Buch von Joseph Murphy über die Macht des Unterbewusstseins gelesen. Ich hatte gelernt, dass sich Dinge, die man häufig genug wiederholte, im Unterbewusstsein festsetzten und Verhaltensweisen veränderten. Obwohl ich bei den anderen Schülern nicht sonderlich beliebt war, gelang es mir, sie zu irgendwelchem Mist anzustacheln. Ich hetzte sie gegen die Lehrer auf, mein erklärtes Feindbild, und sorgte zum Beispiel dafür, dass sich alle auf mein Kommando hin mitten im Unterricht auf den Boden warfen und wild herumzappelten. Die Lehrer waren hilflos. Einer war irgendwann so fertig, dass er sich an eine andere Schule versetzen ließ, der ist regelrecht vor mir geflüchtet. Mein Talent war es, andere dazu zu bringen, Chaos zu veranstalten und dabei selbst den Unschuldigen zu geben. Ich brachte den Ball ins Rollen, die anderen führten aus. Nicht immer ging dieses Spiel auf.

Dann kam ich auf eine Gesamtschule, wieder war ich der Neue in einer schon bestehenden Gruppe, alle anderen kannten sich schon. An einem der ersten Tage forderte mich Stefan, der Anführer, zum Kampf auf. Ich musste mich prügeln, um mir meine Position zu erobern. Wir standen uns in einer Sandkiste auf dem Schulhof gegenüber, alle anderen sahen vom Rand aus zu und feuerten Stefan an. Ich war besser als er, aber als er aufgab, war der Kampf nicht vorbei, denn dann kam der Nächste, mit dem ich mich prügeln musste und dann wieder einer und wieder einer. Irgendwann war ich völlig am Arsch, konnte mich gar nicht mehr wehren. Ein Typ saß auf mir drauf, ich hatte Sand in den Augen, mein Gesicht war zerkratzt, die Tränen liefen mir herunter. Dann läutete die Schulglocke und alle gingen geschlossen weg. Ich blieb in der Sandkiste zurück. Dieses Gefühl werde ich nie vergessen. Kein Wunder, dass ich auch an dieser Schule Außenseiter blieb, ein Rabauke, der sich nicht unterordnete. Der lieber der King sein will und sein Ding durchzieht. Damals habe ich das erste Mal das Gefühl von Einsamkeit erlebt, das war richtig schlimm. Ich hatte niemanden.

Tief in mir drin spürte ich eine große Aggression. Vielleicht weil ich als kleiner Junge hautnah miterlebt hatte, was Gewalt und Brutalität bedeuten. Dazu muss ich ein paar Jahre weiter zurückgehen. Zu jener Nacht, als eine Gruppe von Rechtsradikalen durch unsere Wohngegend zog. Junge Typen mit Bomberjacken und Glatzen, sie liefen durch unsere Straße und schmissen Steine in die Fensterscheiben. Mein Vater, mein Patenonkel Kai-Uwe und zwei, drei Freunde saßen an dem Abend auf unserer Terrasse, waren am Saufen.

Plötzlich flog der erste Stein auf unser Haus zu, und meine Leute sind los, sprangen über den Zaun, auf die Straße und dann wurden die Skinheads tierisch auseinandergenommen. Obwohl es nicht eine Sekunde lang für meinen Vater gefährlich wurde, hatte ich unglaubliche Angst um ihn. Ich beobachtete das Ganze, war völlig aufgelöst und stand da zitternd und innerlich zerrissen, Emotionen, die ich bislang so nicht kannte. Ich hatte Todesangst. Mag sein, dass damals etwas in mir kaputt gegangen ist, dass der Anblick roher Gewalt etwas freisetzte. Vielleicht war ich deswegen ein Arschlochkind.

Eine andere brutale Szene erlebte ich auch mit meiner Mutter. Sie fuhr regelmäßig mit mir nach Berne Farmsen. Hier war der Migrantenanteil sehr hoch, viele lebten von Sozialhilfe. Berne Farmsen ist das, was Leute aus besseren Gegenden ein Ghetto nennen. Ein falscher Begriff, wenn man mal im Ausland war und gesehen hat, was ein wirkliches Ghetto ist. Meine Mutter ist hier großgeworden, das war eine härtere Gegend als unser beschauliches Sasel. Sie hatte hier noch ein paar Freundinnen. Und weil ich in der Schule keinen Anschluss fand, sollte ich auf dem großen Spielplatz von Berne Farmsen Kontakte knüpfen, als Ausgleich, um kindliche Zugehörigkeit zu erleben. Während ich spielte, saß Mama mit anderen Müttern auf den Parkbänken und tratschte über Gott und die Welt. Die verstanden sich, alle vom gleichen Schlag, weil sie in dieser Gegend ihre Kindheit verbracht hatten. Und dann passierte Folgendes: Eine ihrer Freundinnen haute meiner Mutter plötzlich aufs Maul. Eine Szene wie aus „Little Britain", wenn die eine Trashtante der anderen eine reinhaut. Die beiden saßen auf der Bank, sabbelten belanglose Scheiße und fingen auf einmal einen Streit an. Und dann schlug die eine Frau meiner Mutter die Faust ins Gesicht. Als wäre das was völlig Normales. Ich fühlte mich so hilflos, schockiert, festgewachsen, Schweiß lief mir den Rücken runter. Voller Panik bin ich auf das Baugerüst in der Mitte des Spielplatzes geklettert. Meine Mutter musste eine Stunde lang auf mich einreden, damit ich runterkam. Ich hockte zusammengekauert da, sieben Jahre alt, nur am Weinen. Meine Mutter hatte von dem Faustschlag noch wochenlang ein blaues Auge, die eine Gesichtshälfte war dick und geschwollen. Aber mit der Freundin saß sie kurze Zeit später wieder auf der Parkbank, als wäre nichts gewesen. Die beiden sind heute noch dicke miteinander. Auch das habe ich oft erlebt, nicht nur in meiner Familie: Wie Leute sich aufs Maul hauen und anschließend wieder vertragen, als sei nichts geschehen. Aber so was ist doch nicht normal!

In Berne Farmsen, gleich am Spielplatz, wohnte auch Kai-Uwe, der von der Skinhead-Prügelei. Er war der beste Freund meines Vaters und mein Patenonkel. Auch er ist ein Gesicht des Elbschlosskellers, hat eine Zeit lang für meinen Vater gearbeitet und mich sehr geprägt.

Kai-Uwe, der Bürgermeister von Berne

Zu ihm schaute ich auf, nicht nur wegen seiner Körpergröße. Kai-Uwe war ein Hüne von Mann, neben meinem Vater der stärkste Typ, den ich kannte. Er spielte Fußball bei TuS Berne und war trotz seiner äußerlich robusten Art ein echter Herzensmensch. Er hatte noch elf weitere Geschwister. Auch die Frauen in seiner Familie waren riesig, alle mindestens 1,85 Meter groß, mit Riesenbrüsten und breitem Kreuz. Geprügelt haben die sich alle gern. Es gibt Geschichten von meiner Tante Astrid, wie die mit ihrem Gipsbein Leute verprügelt hat, unglaublich. Weil bei Kai-Uwe zu Hause immer ein großer Eimer Chips stand, habe ich ihn als kleiner Junge Onkel Fipse genannt. Von ihm habe ich gelernt, was Härte bedeutet, vor allem hart zu sein gegen sich selbst. Das war er nämlich. Härte kannte ich von zu Hause nicht, mein Vater hat zwar mal geschimpft, aber für die Erziehung war ja Mama da, und die hat immer nur getröstet. Mit drei Jahren knallte ich bei Onkel Uwe mit dem Kopf gegen eine Heizung, ich heulte gleich los, obwohl es gar nicht sehr wehtat. Kleine Beule, mehr nicht, aber ich kannte es nicht anders, als bei jedem Pups getröstet zu werden. „Deutschen-Herz kennt kein Schmerz", sagte mein Patenonkel nur und brachte mich damit zum Schweigen. Er war gelernter Einzelhandelskaufmann, aber als er später keinen Job hatte und Geld brauchte, fing er im Elbschlosskeller an, allerdings nur für ein paar Monate. Wenn er gut drauf war, machte er mit den Gästen seine Späße, prahlte vor versammelter Mannschaft, dass er „der Bürgermeister von Berne" sei, was absurd ist, weil das nur der Stadtteil ist, wo er aufgewachsen war. War also Quatsch, er liebte es einfach, die Leute zu verarschen.

Früher war er mal eine große Nummer in Berne. Alle wussten: Mit dem legst du dich besser nicht an. Wenn ich an ihn denke, dann sehe ich dieses für ihn so typische Bild: Er steht auf seinem Balkon in Berne mit Blick über den

Platz, trägt seine geliebten Adidas-Badelatschen, eine kurze Fußballglanzhose und ein weißes Unterhemd oder ein T-Shirt von TuS Berne. Aus seiner Wohnung dröhnt Musik, immer nur Oldies aus den Fünfzigern und Sechzigern, aber so laut, dass sie durch die ganze Siedlung schallen. Er hörte am liebsten Doo Wop und kannte sich gut aus, er wusste genau, wer welchen Titel in welchem Jahr gesungen hatte. In seinem Standard-Outfit schlenderte er jede Woche Richtung Markt, kaufte seinen scharfen Tilsiter und andere Leckereien. Er war bekannt wie ein bunter Hund. 2010 ist er gestorben. Manche sagen, er sei an dem vielen Alkohol zugrunde gegangen, andere sagen, an gebrochenem Herzen. Denn kurz zuvor waren drei seiner Brüder, Nils, Thorsten und Henry, und auch sein Neffe Ricardo verstorben. Vielleicht war das alles zu viel, der Verlust gepaart mit hartem Alkoholkonsum. Über Jahrzehnte saufen. Eine Flasche Baccardi am Tag – das war für ihn normal. Nach außen hin gab er immer den Harten, dabei hatte er viel im Kopf und ein großes Herz. Er hat mich geprägt. Durch ihn weiß ich, wie wichtig es ist, sich gerade zu machen, für etwas einzustehen. Eigenschaften, die mir so wichtig sind, dass ich versuche, sie auch an unseren Sohn weiterzugeben.

Ich will nicht, dass mein Sohn jene Brutalität erlebt, wie ich sie als Kind erlebt habe. Ich will meinen Eltern nicht vorwerfen, dass sie mich besser hätten beschützen müssen. Aber ich zeige meinem Sohn Grenzen auf, die es für mich nicht gab. Das hätte mir bestimmt gutgetan. Wenn mein Sohn weint, nur weil er etwas damit erreichen möchte, ohne aber Schmerzen zu haben, dann sage ich ihm: „Schau mir in die Augen. Du musst nicht weinen, nur weil du was von

Mit meinem Patenonkel Kai-Uwe

mir möchtest, sag es mir stattdessen.“ Wenn er weint, weil er Schmerzen hat, körperliche oder seelische, dann lass ich ihn. Er soll seine Emotionen nicht unterdrücken, das wäre falsch. Eine falsche Härte.

Die weiße Hexe

Sehr wichtig war für mich auch meine Uroma Margot. Wenn ich meinem Sohn von ihr, also seiner Ur-Uroma, erzähle, wird er ganz still und hört mir fasziniert zu. Margot hatte nämlich ganz besondere Fähigkeiten, sie war eine Hexe. Aber eine weiße Hexe, die Gutes bewirkte. Sie konnte die Menschen heilen. Das habe ich am eigenen Leib erfahren. In der Schule war ich keine Leuchte, aber als ich in der 10. Klasse einen Aufsatz über meine Uroma schrieb, bekam ich dafür eine Eins. Ich schrieb über ihre Kindheit und wie sie den Krieg erlebt hatte und wie es nach 1945 für sie weitergegangen war. Aus ihrer Sicht habe ich zum ersten Mal die Zeit des 2. Weltkriegs hautnah geschildert bekommen. Sie erzählte mir, dass ihr ein Amerikaner mal eine Tafel Schokolade geschenkt und sie die dann mit den Nachbarskindern geteilt hatte. Die Schokolade hatten sie sich auf die Zunge gelegt, um sie ganz langsam schmelzen zu lassen, so wertvoll war sie ihr gewesen.

Als Margot schwanger wurde, war sie noch sehr jung und unreif. Sie war eine Trümmerfrau. Musste Steine kloppen, beim Wiederaufbau helfen. Sie konnte sich nicht ausreichend um ihre Kinder kümmern, es fehlten auch die finanziellen Mittel. Also gab sie ihre Kinder in Pflegefamilien. Ihre ganze Zuneigung bekamen später ihre Enkel und Urenkel. Also auch ich. Sie lebte in Hamburg Barmbek. Als Kind habe ich viel Zeit bei ihr verbracht. Sie war wie ein Anker für mich.

Eine Zeitlang war ich Bettnässer, sogar ziemlich lange, etwa bis zu meinem 9. Lebensjahr. Vielleicht ist Bettnässer nicht der richtige Begriff, jedenfalls habe ich manchmal nachts ins Bett gepullert. Meine Mutter bekam das Problem nicht in den Griff, also bat sie Margot um Hilfe. Und ich habe dann ein paar Wochen lang bei ihr gepennt. Sie gab sich große Mühe mit mir. Stellte sich jede Nacht den Wecker, um mich aus dem Bett zu holen. Nahm mich an die Hand – ich war gar nicht richtig wach – und führte mich wie einen Schlafwandler. Ich bekam nur so halb mit, dass sie nachts zweimal mit mir auf die Toilette ging. Ihrer Fürsorge, Liebe und Geduld ist es zu verdanken, dass meine nächtliche Pullerei bald endete.

Margot lebte in einem dieser typischen Hamburger Rotklinker-Nachkriegsbauten. Im dritten Stock mit knarzenden Holzdielen. Wenn wir zu ihr fuhren, lehnte sie auf ihre Ellbogen gestützt auf dem Fensterbrett und lächelte uns zu. Sie kochte immer ihr typisches Uroma-Essen: Rindfleisch aus der goldenen Dose, dazu dicke Makkaroni und Tomaten-Zwiebel-Salat. Bis heute eines meiner Lieblingsessen.

Sie brachte mir Ordnungsliebe bei und ließ mich immer meine Klamotten zusammenlegen, fein säuberlich, was zu Hause meine Mutter für mich erledigte. Wir haben fast jeden Tag zusammen gekniffelt, mit extra großen Würfeln wegen ihrer Augen. Denn ihre Sehkraft ließ nach. Ich gebe zu, ich habe sie beschissen, weil sie auch die großen Würfel nicht mehr richtig erkennen konnte. Das war geil, mit Uroma kniffeln und immer gewinnen. Irgendwann erzählte sie mir, dass sie das die ganze Zeit gewusst und mich mit Absicht hatte gewinnen lassen.

Meine Uroma Margot, die weiße Hexe

Wenn Margot nicht in ihrer Wohnung in Barmbek war, verbrachte sie ihre Tage auf dem Campingplatz in Zeven, wo auch sie einen Wohnwagen stehen hatte. Hier passierte eine Geschichte, die ganz typisch für ihre besonderen Fähigkeiten war. Ich war acht Jahre alt und hatte eine große Warze am Fuß, die immer schlimmer wurde. Nichts half. Jeden Freitag musste ich mit meiner Mutter zum Hautarzt. Der wechselte das Warzenpflaster aus, das ich dann eine Woche lang tragen musste. Unter dem Pflaster starb die Haut ab, und der Arzt schälte mit seinem Skalpell die abgestorbene Haut so tief weg, bis er an den Wurzelherd kam. Es tat entsetzlich weh. Die Schmerzen waren kaum auszuhalten, ich habe nur geweint. Über Monate ging das so. Vor jedem Arztbesuch bekam ich Panik, und irgendwann traute ich mich nicht mehr in die Praxis. Ich wehrte mich mit Händen und Füßen, meine Mutter war ganz verzweifelt. Durch die Warze war ich bei allem beeinträchtigt. Ich konnte kaum noch auftreten, nicht mehr Fußball spielen. Meine Mutter fragte erneut Margot um Rat. Meine Uroma könne das Ding wegmachen, sagte meine Mutter zu mir, aber das werde nur funktionieren, wenn ich fest an das glaube, was meine Uroma mit mir anstellen würde. Mir war alles recht, Hauptsache ich musste nie wieder zum Hautarzt und konnte endlich wieder Fußball spielen. Am nächsten Wochenende fuhren wir auf unseren Campingplatz. Meine Uroma sah sich die Warze an und sagte: „Das Wichtigste ist, dass du mir jetzt vertraust. Dann bist du das blöde Ding bald los." In Kroatien habe sie mal einen jungen Mann kennengelernt, dessen Gesicht voller Warzen war und der wegen seines Aussehens keine Frau fand. Sie habe ihm die Warzen weggezaubert. Und das werde sie auch bei mir schaffen.

Sie legte ein Stück rohes Fleisch auf die Warze an meinem Fuß und drückte einige Zeit darauf herum. Dann nahm sie das Fleisch wieder weg und ging mit mir in den angrenzenden Wald. Wir gruben ein Loch und verbuddelten das Stück Fleisch in der Erde. Sie nahm meine kleine Kinderhand und legte sie auf die Stelle, wo das Fleisch vergraben war. Ich müsse jetzt fest daran glauben, sagte sie, dass die Warze verschwinde. Dann murmelte sie Worte und Sätze, an die ich mich im Einzelnen nicht erinnere. Es klang wie eine Art Gebet. Ich musste ihr die Worte nachsprechen. Zwei Tage später wurde ich früh morgens in unserem Wohnwagen wach. Ich weiß noch, dass es ein verregneter Tag war. Ich mochte es, im Bett zu liegen und dem Prasseln des Regens auf das Metalldach zu lauschen. Das hatte etwas Meditatives, das gefiel mir schon damals. Als Erstes schaute ich unter die Bettdecke und kontrollierte meinen Fuß. Am Tag zuvor war noch alles wie immer gewesen. Ich konnte nicht glauben, was ich jetzt sah. Die Warze war weg. Verschwunden. Und es war auch kein Loch im Fuß, wo sie gewesen war. Der Fleischknubbel musste abgefallen sein und irgendwo im Bett rumliegen, dachte ich, und schmiss die Decke weg, um überall zu suchen. Aber die Warze war wie weggezaubert. Ich kann es mir nicht erklären, aber die Energie meiner Uroma, ihre Power, ihre Liebe, ihr Draht zu Was-oder-wem-auch-immer hat bewirkt, dass ich geheilt wurde. Seitdem weiß ich, dass es Dinge zwischen Himmel und Erde gibt, die wir nicht erklären können und die wir einfach akzeptieren müssen.

Die Beziehung zu meiner Uroma war lange Zeit sehr intensiv, bis ich 15, 16 wurde. Meine Prioritäten änderten sich, ich fing an, den Mädels hinterherzugucken. Der Kontakt zu meiner Uroma brach nicht ab, aber wir sahen uns nicht mehr so häufig. Ihre Augen verschlechterten sich. Sie litt an Retinitis pigmentosa und wurde fast blind. Ihre Tochter, meine Oma, hat mal zu Margot gesagt: „Weil du so viel für andere tust und auf andere guckst, verlierst du deine eigene Sehkraft. Weil du für andere siehst, siehst du für dich nicht mehr." Das machte für mich Sinn. Meine Uroma kam in ein Blindenheim. Wenn es mir schlecht ging, bei Liebeskummer oder wenn ich traurig war, rief ich sie an und bat um Hilfe. Dann sprach sie für mich Gebete. Sie hockte sich hing und presste mehrere Stunden lang ihre Hände zusammen, hielt dabei die Augen geschlossen und schickte mir all ihre Power. Es hat jedes Mal funktioniert. Am nächsten Tag fühlte ich mich besser.

Meine Uroma war eine kleine, ein bisschen pummelige Person, die im Alter zierlicher und zerbrechlicher wurde.

Wenn ich während meiner Bettnässerzeit neben ihr im Bett lag, spürte ich eine warme Aura. Fühlte mich immer geborgen. Ihren Mann Paul, meinen Uropa, habe ich nicht mehr kennengelernt. Der war auch ein echtes Original. Er muss der perfekte Mann für meine Uroma gewesen sein. Sie, die Hexe, und er, der Pirat. Er hatte nämlich eine Metallhand, mit so einer Kneifzange vorne dran, weil er eine Hand im Krieg verloren hatte. Er ist früh gestorben. Meine Uroma wurde über 80. Wenn man sie fragte, woher sie ihre besondere Gabe habe, schwieg sie jedes Mal. Sie machte daraus ein Geheimnis und sagte nur, sie dürfe nichts verraten, weil sie sonst ihre Kraft verlieren würde. Ich wünschte, ich wäre neugieriger gewesen und hätte versucht, sie intensiver auszuquetschen. Denn meine Uroma hat mich sehr beeinflusst, sie legte den Grundstein für mein spirituelles Denken. Das hat mir später das Leben gerettet.

Mit 16 wurde ich ernsthaft krank. Erst waren es leichte, dann immer heftigere und später sehr schlimme rheumatische Schübe. Es ging schleichend los. Und lange Zeit wusste niemand, was überhaupt mit mir los war. Wir wohnten damals in einer Wohnung im zweiten Stock. Wenn ich die Treppe hochging, fing es an, im Knie zu ziehen und unangenehm zu drücken. Zuerst dachte ich, das sei so ein Wachstumsschmerz. Mit sechzehn war ich nämlich schon so groß wie heute: 1,75 Meter, wobei mir ein paar Zentimeter mehr auch gefallen hätten. Mit 14 hörte ich auf zu wachsen. Woran ich wohl selbst schuld war, denn ich fing an, mit Hormonen herumzuexperimentieren, um beim Bodybuilding möglichst schnell Muskeln aufzubauen. Schon mit 14 setzte ich mir meine erste Testosteronspritze. Hätte ich gewusst, dass man damit das Größenwachstum stoppt, hätte ich es sein lassen. Und als mir zwei Jahre später die Gelenke schmerzten, war ich erst mal begeistert: „Geil, ich wachse doch noch etwas!“ Ein paar Wochen später waren die Schmerzen immer noch nicht verschwunden. Im Gegenteil, sie wurden stärker und schließlich so heftig, dass ich mich kaum noch bewegen konnte. Meine Gelenke, vor allem an den Knien und Füßen, waren permanent geschwollen. Mir passte kein Schuh mehr, so fett waren meine Füße.

Wir klapperten alle Ärzte ab, aber keiner konnte sich die Schmerzen erklären. Ich hätte gerne meine Uroma um Hilfe gebeten, aber sie war ein Jahr zuvor gestorben. Weil die Schulmediziner keinen Rat wussten, gab meine Oma mir den Tipp, zu einem Heiler nach Ahrensburg zu fahren. Meine Mutter machte dort einen Termin, die Behandlung sollte einen Fuffi kosten. Im Behandlungsraum dudelte esoterische Musik, ein kleiner Wasserfall plätscherte, Rosenquarzlampen usw… Man kann es sich vorstellen. Ich sollte mich auf eine Liege legen, aber allein da rauf zu kommen, war eine Tortur. Ich habe mich bewegt wie ein alter Mann, konnte nur noch schleichen. Der Heiler kam in den Raum, hielt eine Stunde lang seine Hände über mich, ohne meinen Körper zu berühren. Da, wo seine Hände gerade waren, wurde mir heiß, es kribbelte. Nach einer Stunde setzte ich mich auf die Liege. Vorher hatte ich mein Bein nur in einem Radius von fünf Zentimetern bewegen können, jetzt waren es immerhin schon 25. Die Behandlung hatte also was gebracht. „Du hast Blockaden in dir wie ein 70-Jähriger“, sagte der Heiler. „Du bist völlig angespannt und verklemmt. Du musst unbedingt was an deiner Einstellung verändern.“

In den Tagen darauf wurden die Beschwerden wieder schlimmer. Dann bekam meine Mutter den Tipp, es mal in einer Spezialklinik für Rheumatologie zu versuchen. Wir machten einen Termin, und als wir zur Untersuchung hingefahren sind, haben sie mich gleich dabehalten. Für mehrere Monate. Von oben bis unten wurde ich untersucht. Blutbilder, Atemtests, Prostatauntersuchung. Musste ja sein. Das Schlimmste aber war ein Abstrich. Das war so krass. Sie kamen zu dritt. An meinem Bett gab es Griffe zum Festhalten und an die habe mich geklammert, während sie ein Stäbchen aus Metall mit Watte oben dran, ein Q-Tipp aus Stahl, tief in meine Harnröhre reinschoben. Heute weiß ich von meinem Urologen, dass es ausreicht, den Abstrich am Rand zu machen und nur einen halben Zentimeter reinzugehen, aber mir steckten sie das Ding mindestens fünf Zentimeter in den Pimmel. Der Horror. Kaum zum Aushalten. Anschließend konnte ich nur auf Knien und Ellenbogen zur Toilette krabbeln und hing auf der Toilette. Es fühlte sich an, als würde ich Rasierklingen pullern. Zwei Tage später standen die Ärzte wieder vor mir und sagten, sie müssten den Abstrich wiederholen, das Stäbchen sei leider verloren gegangen. Also alles wieder von vorne, am Bett festkrallen, das Ding in die Harnröhre rein, wieder zwei Tage Rasierklingen pinkeln. War nicht schön. Dann aber stand die Diagnose fest: rheumatische Schübe ausgelöst durch Chlamydien, eine Geschlechtskrankheit. Die hatte ich mir beim Sex mit einer Freundin eingefangen. Ich weiß noch, wer das war. Das half mir jetzt aber auch nicht weiter. Die Ärzte spritzten mir Cortison. Anders als bei den meisten Leuten wirkte sich das bei mir nicht so aus, dass ich an Gewicht zunahm, stattdessen wurde ich sehr dünn. Bald wog ich nur noch 70 Kilo. Für meine Verhältnisse war ich regelrecht ausgezehrt.

Fast ein halbes Jahr blieb ich im Krankenhaus. Trotz des Cortisons und was man sonst noch mit mir anstellte, ging es mir nicht besser. Meine Oma kam mich häufig im Krankenhaus besuchen. Wir hatten zu der Zeit ein gutes Verhältnis, interessierten uns für die gleichen Dinge, den ganzen esoterischen Kram, den meine Uroma getrieben hatte. Und ich habe viel mit ihr über Gott gesprochen, über den Sinn des Lebens, solche Sachen. Meine Genesung ging nur schleppend voran, ich war niedergeschlagen und frustriert. Dann brachte mir meine Oma ein Buch mit. „Die Kraft der inneren Heilung – wie man sich erfolgreich von allem Negativen befreit" von Erhart F. Freitag. Den Namen hatte ich noch nie gehört. Bis dahin war ich eigentlich nicht als Leseratte bekannt, ich guckte lieber Actionfilme, interessierte mich für Mädchen oder kiffte. Aber dieses Buch konnte ich nicht mehr weglegen. Das habe ich weggelutscht, regelrecht aufgesogen. Da stand so vieles drin, in dem ich mich wiedererkannte. „Wenn du das jetzt liest, wirst du über dein Leben lachen, so wie es bisher war, und du wirst von innen glühen", zum Beispiel. Ich habe diese Kraft tatsächlich in mir gespürt und fing an, mein Denken zu ändern, meine Haltung. Ich legte meine Aggressionen ab, war nicht mehr ständig zornig, sondern habe versucht, endlich mal gelassen zu sein. Zu erkennen, dass man Dinge nicht ändern kann, sondern nur seine Einstellung den Dingen gegenüber. Dass es vieles gibt, das man ändern kann, aber nicht mit Krampf und nicht durch Aggressionen.

Dieser Prozess in mir dauerte etwa einen Monat, danach bin ich nicht mehr voller Hass und Zorn durch die Gegend gelaufen. Und mein Körper heilte endlich. Ich kann mich erinnern, wie es war, im Garten des Krankenhauses das erste Mal wieder einen Fuß ohne Schmerzen auf eine Wiese setzen zu können. Das fühlte sich an wie ein Orgasmus. Zum ersten Mal war ich für etwas wirklich dankbar, richtig ehrfürchtig. Ich habe es genossen, die Grashalme und die Erde zu fühlen, und die Kühle, die da hochzog. Ein Sommertag, oben warm, unten kühl. Ich habe ganz vorsichtig und bewusst einen Fuß vor den anderen gesetzt. Voll abgefahren war das. Von da an ging es mir gesundheitlich immer besser, bis ich entlassen werden konnte.

Ich bin davon überzeugt, dass es letzten Endes auch eine Kopfsache war, die mich gesunden ließ. Vorher war dieser ständige Zorn in mir gewesen. Ich war so gestresst, dass ich manchmal aus dem Nichts Nasenbluten bekam. Als ich wieder fit war, habe ich vieles geändert, mich besser ernährt als vorher, mich nicht mehr mit meiner Mutter gestritten (oder zumindest weniger) und bin Dingen aus dem Weg gegangen, die mir nicht guttaten. Keine Drogen mehr, auf jeden Fall keine harten, von da an rauchte ich nur noch ab und an Gras. Von morgens bis abends machte ich Sport. Und war einfach ohne Ende mit mir zufrieden. Seit dieser Zeit lebe ich bewusster, und genieße intensiver. Ich bin dankbar für das, was ich habe und wer ich bin. Für die Menschen, die mich umgeben. Für alles, was mir genommen und gegeben wurde, und für die Erfahrungen, die daraus resultierten.

Die Familie zerbricht

Nach den ersten guten Jahren als Familie fing es irgendwann an, zwischen meinen Eltern zu kriseln. Und die Kluft, die sich auftat, wurde immer größer. Zu massiv waren die unterschiedlichen Ansprüche, die Temperamente, der Altersunterschied. Die Trennung war ein langer, schmerzhafter Prozess. Sie begann in dem Jahr, als meine kleine Schwester und ich einen sehr massiven Streit hatten. Ich war neun oder zehn. Wir waren auf dem Campingplatz. In der Nacht wurde ich durch lautes Gepolter und Geschreie geweckt, aber ich wusste nicht, woher das kam. Meine Schwester und ich schliefen im Wohnwagen unserer Eltern, der groß und luxuriös war, und ein Vorzelt hatte. Wir Kinder waren normalerweise in unserem eigenen kleineren Wohnwagen. Aber wenn sich die Erwachsenen abends trafen, um zu bechern, durften wir im großen Wohnwagen bleiben und Disney-Filme gucken, dann saßen wir eng aneinander gekuschelt auf dem Bett unserer Eltern. Als ich durch den Lärm wach wurde, stieg ich wie schlafwandelnd aus dem Bett, rieb mir den Sand aus den Augen, funktionierte noch nicht richtig in der Birne, hing im Traum – und ich pendelte durch die Bude. Mein erster klarer Gedanke war, dass die Tür zwischen Wohnwagen und Zelt nicht abgeschlossen war. Ich öffnete sie und schob den schweren Windschutz zur Seite. Und sah mit an, wie meine Eltern einen so heftigen Streit hatten, wie ich ihn zuvor und danach nie wieder erlebt habe. Eine Szene wie in einem Quentin-Tarantino-Film spielte sich wie in Zeitlupe vor mir ab. Alles so surreal. Im nächsten Moment hing meine kleine Schwester rechts an meinem Arm, eineinhalb Köpfe kleiner als ich. Sie war wachgeworden, mir gefolgt und sah alles mit an. Für mich war das schon schwer zu ertragen, aber für Jana muss es noch schlimmer gewesen sein. Seit dieser Nacht war unser Verhältnis verändert, wir hatten nicht mehr diese unschuldige Beziehung wie zuvor. Diese Nacht markierte das Ende unserer Bilderbuchkindheit. Plötzlich war alles anders.

Meine Mutter bibberte und weinte und rief so was wie: „Ich hau jetzt ab.“ Dann rannte sie raus, zum Jeep meines Vaters und setzte sich hinters Steuer. Meine Schwester fasste fest meine Hand, wir liefen hinterher, wir wollten sehen, was jetzt passierte. Du bist ja paralysiert in dem Moment, willst helfen, kannst nicht, bist schockiert, keine Ahnung. Auch mein Vater lief zum Auto. Und legte sich, oberkörperfrei und nur in Unterhose, vor die Räder auf den Boden, um meine Mutter am Wegfahren zu hindern. Der Wagen fuhr an, die Räder berührten schon meinen Vater, dann blieb sie stehen.

Mir kommen heute noch Tränen, wenn ich an diese Szene denke. Meine Mutter stieg aus, sah meine Schwester und mich, rannte zu uns. Und wusste nicht, was sie jetzt mit sich machen sollte, uns Kinder trösten oder wegrennen, sie wollte eigentlich nur noch weg. Mein Vater versuchte, sie in den Arm zu nehmen, sie an sich ran zu ziehen. Wir Kinder konnten das alles nicht begreifen.

Wie die Nacht weiterging, weiß ich nicht mehr, das habe ich verdrängt. Viel später erst erfuhr ich von meiner Mutter, wie es zu der Eskalation gekommen war. Sie war mit meinem Vater in einer Kneipe gewesen und hatte ihn, vor seinen Freunden und anderen Gästen, als Schlappschwanz und Wichser beschimpft. Damit ging der Streit los, und auf dem Weg bis zum Campingwagen zofften sie sich immer heftiger. Besonders schlimm war es für ihn, dass sie ihn vor anderen Leuten bloßgestellt hatte. Mein Vater war ein männlicher Typ, und sehr auf seine Außenwirkung bedacht. Nach dieser Nacht wurde es schwierig zu Hause. Der Bruch war da, spürbar, auch wenn über diese Geschehnisse nie gesprochen wurde. Wir wohnten damals in einer schönen Wohnung mit Terrasse, da wo mein Vater und mein Onkel die Skinheads verprügelt hatten. Aus dieser Wohnung zogen wir nun aus. Noch zusammen mit meinem Vater, der Umzug sollte eine Art Neuanfang sein. Ein Bild, das mir ganz präsent ist: Mein Vater steht in unserem Wohnungsflur, neben ihm die Kartons, traurig, den Körper gebeugt, den Kopf gesenkt, so hatten meine Schwester und ich ihn noch nie gesehen. Für uns war er immer der Held, ein Übermann, ein Übermacker, und hier zeigte er zum ersten Mal Schwäche und Gefühle.

„Papa, was hast du? Was ist los mit dir?", fragte ich ihn. Und er sagte nur: „Ich habe einen Fehler gemacht." In dem Moment habe ich tiefe Trauer empfunden und wollte ihn trösten. Beide haben den Streit bereut, aber die Beziehung war nicht mehr zu kitten. Wir fuhren auch noch mal zu viert in die Ferien, ein letzter Versuch. Wir waren auf Mallorca, Papa, Mama, Jana und ich. Dort wohnten wir bei Bekannten, Gäste aus dem Elbschlosskeller, die eine Eigentumswohnung direkt am Strand besaßen. Der Sommer war verregnet und stürmisch. Wir kauften eine große Luftmatratze und sind damit, meine Schwester links, ich rechts, auf riesigen Wellen geritten. Aber über all dem stand die Trennung, über die nicht gesprochen wurde. Eigentlich hätte alles so schön sein können, wir sind hier als Familie im Urlaub, könnten Spaß haben, aber es war alles so unecht. Das Ende war nicht mehr aufzuhalten, und das spürten vor allem wir Kinder. Zwei Jahre nach dem großen Krach zog meine Mutter mit uns in eine eigene Wohnung, mein Vater zog ebenfalls aus. Er versuchte eine Annäherung und brachte meiner Mutter zum Beispiel Blumen mit nach Hause, aber das half auch nicht mehr.

An die Szene, als meine Mutter mir sagte, sie würde sich von meinem Vater trennen, kann ich mich noch ganz genau erinnern. Ich lag tagsüber im Bett, weil ich einen kleinen gutartigen Tumor an der Lippe hatte, der weggeschnitten worden war. Ich durfte noch nicht zur Schule gehen und konnte nur Suppe trinken, lag im Bett meiner Eltern und schaute Kinderfilme. Meine Mutter putzte die Wohnung. Plötzlich ging der Staubsauger aus, sie kam zu mir ins Zimmer und setzte sich auf die Bettkante. „Daniel, ich muss mit dir reden." Ich hatte sie noch nie so ernst gesehen, ihre Stimme war anders als sonst. Sie bat mich, den Fernseher auszumachen. Dann legte sie mir ihre Hand auf meine und sagte, dass sie und Papa sich trennen müssten. Das war der erste, intensive Verlustschmerz, den ich je hatte, es hat richtig in der Brust gestochen, ich fing heftig an zu weinen. So lagen wir beide im Bett und heulten. „Es geht nicht mehr", sagte sie immer wieder.

Nach der Trennung hatte ich weniger Kontakt zu meinem Vater, aber wir behielten ein Ritual bei. Jedes zweite

Wochenende nahm er mich mit zum FC St. Pauli. Das war unser Männerding. Ich mochte es, mit ihm zusammen Hand in Hand in der Schlange beim Einlass zu stehen und hatte zumindest alle zwei Wochen das Gefühl, als wäre alles wie früher. Er stand schützend vor mir, egal in welcher Situation. Und er erfüllte mir jeden Wunsch. Während des Spiels und der Halbzeitpause ging ich mehrfach zu ihm, fragte nach Geld und kaufte mir dann diverse Stücke Kuchen und Kakao.

Als wir älter waren, habe ich mit meiner Schwester versucht, unsere Eltern und ihre Probleme zu analysieren, speziell unsere Mutter, die psychisch krank geworden war. Sie litt unter anderem an Depressionen und Angstzuständen. Wann genau sie krank wurde, kann ich nicht sagen. Die Saat, denke ich, wurde gepflanzt im Kindesalter, als sie mit ansah, wie ihr Vater sich die Pulsadern aufgeschnitten hatte. Die Krankheit war immer in ihr. Wenn sie ausbrach, wurde meine Mutter ruhe- und rastlos. Machte Freunde zu Feinden und Feinde zu Freunden. Vermischte Vergangenheit und Gegenwart. Ich wollte irgendwann verstehen, warum genau das so war. Wie alles so weit kommen konnte. Ich liebe meine Mutter über alles, wir haben ein inniges Verhältnis, auch wenn es zeitweise schwierig war mit ihr. Aber solange sie konnte, war sie für uns da. Immer voller Liebe. Wenn dieser Mensch auf einmal komplett anders wird und zwei Seiten offenbart, die gegensätzlicher kaum sein könnten, wie Dr. Jekyll und Mr. Hyde, von komplett liebevoll auf komplett böse umschaltet, möchte man als Sohn dieses Verhalten irgendwie nachvollziehen können. Man versucht, sich reinzudenken, in ihre Gedankenwelt einzusteigen, was wiederum die Gefahr birgt, dass man selbst verrückt wird. Weil alles so wirr und krank ist.

Meine Schwester und ich haben versucht, uns darüber klar zu werden, wer Schuld an diesem Dilemma hatte, und kamen immer wieder zu anderen Schlüssen, verstehen konnten wir es nicht. Irgendwann war ich davon überzeugt, dass es meine Mutter war, die großen Anteil hatte an dem Streit auf dem Campingplatz. Sie hat meinen Vater gelegentlich betrogen. Das hatte er erfahren, und ich denke, er hat sie darauf angesprochen. Anstatt sich dem zu stellen und zu erklären – sie war jung, überfordert, gerade 18, als sie meinen Vater kennenlernte und musste sich noch die Hörner abstoßen – hat sie ihn beschimpft. Sie kannte sich ja nicht aus mit der Liebe und hat Liebe mit Sex verwechselt. Sie fühlte sich ungeliebt, war alleine zu Hause, mit uns Kindern, weil mein Vater viel arbeitete. So haben sie mehr und mehr aneinander vorbeigelebt. Sie hat sich Ablenkung gesucht.

Als ich schon im Elbschlosskeller arbeitete, gab es da diesen einen Gast. Er hatte vor Jahren mit seinem Wagen einen Unfall gebaut, als er besoffen aus dem Elbschlosskeller kam. Neben ihm auf dem Beifahrersitz eine Frau, die er abgeschleppt hatte. Er wollte der Frau imponieren, gab Vollgas und raste frontal in einen LKW. Der Wagen überschlug sich mehrfach, die Frau war auf der Stelle tot, er überlebte. Irgendwann kam er wieder in den Keller, und ich wusste, dass er meine Mutter aus früheren Zeiten kannte. „Grüß mal Katja von mir", sagte er immer, wenn er mich sah. Irgendwann im Suff laberte er davon, dass er unsere

Wohnung von damals genau kannte. Er konnte alles sehr genau beschreiben, wusste wo mein Kinderzimmer war und so weiter. „Woher weißt du das?“, fragte ich. „Weil ich mich damals mit deiner Mutter getroffen habe, wenn dein Papa arbeiten war.“ Das, was ich schon immer vermutet hatte, wurde zur Gewissheit. Der Typ redete immer weiter von meiner Mutter und reizte mich damit immer mehr. Ich wollte nichts mehr davon hören. „Okay, ist registriert, das langt jetzt.“ Aber er war total besoffen und erzählte die Story wieder und wieder. Innerlich kochte ich und dachte, wenn der nicht die Fresse hält, werde ich sie ihm brechen. Dem war gar nicht bewusst, was er mit seinem Gequatsche in mir aufwühlte. Es hätte nicht mehr viel gebraucht und ich hätte ihm tatsächlich das Gesicht zerschlagen.

Der Elbschlosskeller war das Lebenswerk meines Vaters. Aber der Laden lief komplett auf den Namen meiner Mutter, auch nach der Trennung. Beruflich ging erst mal alles so weiter. Die beiden hatten diese Regelung so getroffen, weil mein Vater viel älter war, und sie dachten, falls er vor ihr sterben sollte, hätten sie nicht nochmal den ganzen Papierkram zu erledigen. An eine Trennung hatten die beiden keine Sekunde lang gedacht. Stattdessen führten sie nun Krieg gegeneinander, der durch die Krankheit meiner Mutter nicht gerade einfacher wurde. Wenn ich morgens nach meiner Nachtschicht im Elbschlosskeller zu meinem Vater ins Büro kam, wo er gerade die Abrechnung machte, sah ich manchmal, wie er mit der Hand auf der Stirn am Tisch saß und stöhnte, er halte das nicht mehr aus. Meine Mutter habe ihn schon wieder nachts angerufen, immer und immer wieder, ließ ihn nicht schlafen. Und er wollte seinen

Schmerz darüber mit mir teilen und von mir Zuspruch erfahren, was für mich als Sohn die absolute Qual war.

Egal, ob das, was sie anstellte, richtig war oder nicht, und egal, wie sehr er litt, weil sie ihm wehtat und andersrum – ich wollte da nicht noch mehr reingezogen werden. Ich war ja schon mittendrin in ihrem Krieg.

Mein erstes Mal im Elbschlosskeller

Meine älteren Stammgäste erzählen mir immer, dass ich meine ersten Schritte auf dem Tresen im Elbschlosskeller gemacht habe, während mein Vater mich an den Händen festhielt. Als ich meine Mutter auf diese Geschichte ansprach, sagte sie aber, dass mein Vater so etwas niemals gemacht hätte. Das erste Mal so richtig im Keller war ich mit 14 zusammen mit meiner Mutter. Eine spontane Idee von ihr. Das war an einem Freitag. Ich musste vormittags noch ganz normal in die Schule, danach starteten wir unseren Kiez-Tag. Meine Schwester war an dem Wochenende zu Besuch bei Bekannten. Ob ich denn auch Lust habe, fragte meine Mutter. Und ob ich die hatte. Ich brannte drauf. Mit dabei war der neue Freund meiner Mutter, ein attraktiver Typ um die 30. Zu dritt zogen wir los. Ich wusste noch nicht viel vom Kiez, hatte nur eine vage Ahnung davon, was mich erwarten würde. Wir starteten unsere Tour aber nicht im Elbschlosskeller, sondern in einer anderen Kneipe am Hamburger Berg, die es heute nicht mehr gibt. Während wir dasaßen, fingen Gäste einen Streit an und es kam zu einer Schlägerei, bei der das Mobiliar durch die Gegend flog. Die Typen gingen mit den Barhockern aufeinander los, die pure Gewalt. Faszinierend und abschreckend zugleich. Was den Streit ausgelöst hatte, weiß ich nicht mehr.

Wir flüchteten nach draußen, mittlerweile standen überall Menschen auf der Straße herum. Wochenende. Party. Und dann war es soweit. Meine Mutter sagte: „Jetzt schauen wir mal in den Elbschlosskeller rein." Ich mit riesigen Augen, so was wie da hatte ich noch nie zuvor gesehen. Das Leben im Elbschlosskeller ist ein Paralleluniversum, du kommst runter und sofort sticht dir diese Rauchwolke ins Gesicht. Dieser Kellergeruch, den ich schon beschrieben habe. Der sich seitdem nicht verändert hat. Wir tranken zwei Bier an der Theke. Einfach geil, ich fühlte mich erwachsen. Dann zogen wir aber auch schon weiter, ins Docks. Da war ich dann auch zum ersten Mal in einer Diskothek, in die man normalerweise mit 14 nicht reinkommt. Wo Erwachsene verkehren, Mädels strippen und Alkohol ausgeschenkt wird. Meine Mutter kannte die Türsteher, die uns reinließen. Erst um vier Uhr am nächsten Morgen fuhren wir nach Hause. Eine Nacht, die ich nie vergessen werde.

Zwei Jahre später, mit 16, fing ich an, mich intensiver für die Reeperbahn und alles, was damit zu tun hat, zu interessieren. Von da an war ich regelmäßig mit meinem besten Kumpel auf dem Kiez unterwegs. Wenn wir pleite waren, gingen wir in den Elbschlosskeller. Einmal trafen wir im Eingang einen Typ mit Glatze, einen Stammgast, der mich, den Sohn vom Chef, aber nicht erkannte: „Hey, was wollt ihr denn hier?" Er war einen Kopf größer, ziemlich einschüchternd eigentlich, aber mein Kumpel und ich waren betrunken, hatten eine große Fresse und machten ihn an, was er von uns wolle. Er gehöre zum Elbschlosskeller, sagte er. Und ich mit tierisch großer Fresse, Brust raus: „Wie, du gehörst zum Elbschlosskeller? Wer bist du denn?" „Ich bin der Sohn von Lothar", sagte er. Mein Kumpel und ich haben tierisch gelacht, ich sagte gar nichts. Mein Kumpel zeigte auf mich: „Der hier ist der Sohn von Lothar. Nicht du!"

Es stellte sich heraus, dass der Typ meinen Vater tatsächlich kannte und von ihm den Auftrag hatte, auf den Laden achtzugeben. Und darauf war er total stolz. Das gibt's bis heute noch, Typen, die unbedingt dazugehören wollen. Für die ist es eine Ehre, wenn sie Teil des Kellers sind. Dann gehören sie zur Familie. Ich habe mir damals was drauf eingebildet, der Sohn vom Chef zu sein. Mir war auch schon klar, ich will hier später arbeiten, wenn ich mit der Schule durch bin. Wenn man mich als Kind fragte, was ich mal werden wollte, habe ich immer gesagt „Feuerwehrmann oder Lude!" Mit elf, zwölf habe ich tatsächlich behauptet, dass ich mal Zuhälter werde. Was das genau war, wusste ich nicht. Das hatte ich aufgeschnappt. Zuhälter, das sind Typen, die aussehen wie mein Papa. Und den fand ich ja cool. Auch wenn der kein Lude war. Die verdienen gutes Geld und haben immer Frauen, dachte ich. Die müssen selbst gar nichts machen und kassieren Kohle. Den Wunsch, im Elbschlosskeller zu arbeiten, hatte ich, seit ich mit meiner Mutter da gewesen war. Auch wenn ich noch nicht viel über den Job wusste: Ich hatte ja erlebt, wie mein Vater Gäste mit nach Hause brachte, und ich sah diese Typen, hörte ihre verrückten Geschichten. Einmal saß eine ganze Horde in unserem Wohnzimmer, ich konnte nicht schlafen und schlich mich aus dem Kinderzimmer. Die Männer saßen im Kreis, waren am Saufen, Flaschen standen überall herum, alle redeten laut durcheinander, und mein Vater sah mich. Er rief mich zu sich und schenkte mir hundert Mark in Fünferscheinen, um vor den Leuten zu prahlen, wie viel Geld er verdient hatte. Stolz ging ich in mein Kinderzimmer zurück und steckte die Scheine in meine Spardose. Manchmal wurden nachts noch Soleier gegessen, die mein Vater selber einlegte, mit besonders viel Pfeffer. Wieder so ein Moment, wo ich zu ihm aufgeschaut habe. Weil er die Soleier so scharf würzte, dass allen die Augen tränten und ihnen die Luft wegblieb. Nur mein Vater aß sie, als sei es das Normalste der Welt. Scharfes Essen, auch die Leidenschaft habe ich von ihm. Als Baby hat er mir manchmal den Schnuller weggenommen und mir eine Peperoni in den Mund gesteckt. Meine Mutter hat jedes Mal geschimpft. Aber wenn du als kleines Kind an einer Peperoni nuckeln kannst, dann kannst du später auch scharfes Essen ab.

Rettung in Amerika

Bevor ich mit 18 anfing, im Elbschlosskeller zu arbeiten, erlebte ich eine ganz besondere Phase. Für ein Jahr tauchte ich ab in eine andere Welt, anders als alles, was ich bislang an Familienleben kannte. Ich war in einer heftigen Phase, 17 Jahre alt, die Psychosen meiner Mutter wurden immer schlimmer, unsere Auseinandersetzungen extremer, meine Wutausbrüche häuften sich. Manchmal schlug ich vor Wut mit den Fäusten Löcher in meine Zimmertür. Dann ging es mit dem Rheuma los. Als ich aus dem Krankenhaus kam, traf meine Mutter eine Entscheidung. Es ging mir in dem Moment wieder ganz okay, und sie wollte verhindern, dass wieder alles so wie vorher werden würde. Also schickte sie mich für ein Jahr als Austauschschüler nach Amerika.

Sie wusste, dass ich aus meinem Umfeld rausmusste, ganz weit weg, um nicht kaputtzugehen. Sie hatte Angst, ich würde wegen ihrer Psychogeschichten zerbrechen. Wie in einer Partnerschaft, wo man streitet und Wunden heilen, aber dann passiert wieder etwas, und sei es nur eine Kleinigkeit, und sofort reißt alles wieder auf. So massiv war es mit meiner Mutter und mir zu diesem Zeitpunkt. Sie wusste, was ich brauchte: Endlich mal eine heile Welt. Sie spürte meine Sehnsucht nach Liebe und Geborgenheit.

Ich kam nach Ohio, in eine Stadt namens Genoa, und dort in eine tolle amerikanische Gastfamilie. Meine Gastmutter nannte ich Mum, den Gastvater Dad. Ich lebte ein Jahr bei ihnen, in gewisser Weise haben sie mich gerettet. Sie nahmen mich auf wie einen Sohn. Schon am ersten Tag, bei meiner Ankunft am Flughafen, empfingen sie mich mit offenen Armen und drückten mich, den fremden Jungen, fest an sich. Für mich war alles neu und ich sprach nur schlecht Englisch, aber das änderte sich schnell. Ich lebte mich ein, war wissbegierig und lief die ganze Zeit mit einem Buch herum, und immer, wenn ich etwas nicht verstand, fragte ich nach und notierte die neue Vokabel in meiner Kladde. Das ist ja meine Lebensphilosophie: Was du ausstrahlst, ziehst du an, so war es auch in Amerika. Ich traf eine Familie, die zu mir passte, die emotional war und auch ein bisschen esoterisch angehaucht.

Abends saßen meine Gastmutter und ich oft lange zusammen und wir redeten. Ich vertraute ihr an, was ich in meiner Kindheit erlebt hatte. Ich habe mich ihr geöffnet, erzählte von der Nacht des Streits meiner Eltern und wie sehr es mich belastete, was bei meiner Mutter abging, und meine Gastmutter nahm mich in den Arm. Sie hat mir geholfen, mit meinen Problemen umzugehen. Das war genau die Welt, die ich damals brauchte. Meine Mutter hat gespürt, wie sehr mich alles belastete, weshalb sie mich genau dort hinschickte. Wenn ich mit ihr telefonierte, dann war ich endlich mal nicht angespannt, genervt oder angepisst, sondern einfach nur der seine Mutter vermissende Sohn. Der Abstand tat uns beiden gut, die Distanz brachte uns näher. Ich habe für meine Mutter mehr Verständnis entwickelt, wurde geduldiger und einfühlsamer ihr gegenüber. Bis heute gibt es dieses besondere Band zwischen uns, zwischen Mutter und Sohn. Ich kann am anderen Ende der Welt sein, aber wenn ich mich schlecht fühle, dann spürt das meine Mutter. Dann ruft sie mich an.

Am Ende des Jahres in Amerika machte ich meinen Highschool-Abschluss, einen richtig guten sogar. Hätte mir keiner zugetraut. Auf der Abschlussfeier trug ich einen viereckigen Hut und warf ihn mit den anderen in die Luft, wie man das aus Filmen kennt. Der Abschied fiel mir schwer. Ich war meinen Gasteltern unendlich dankbar. Erst vor Kurzem habe ich wieder mit meiner Mum und meinem Dad aus Ohio telefoniert. Nach meiner Rückkehr hatte ich aber erst einmal lange Zeit keinen Kontakt zu ihnen. Der Spagat fiel schwer, hier die Psychosen meiner Mutter und der Streit mit meinem Vater, dort die intakte Familie in der Ferne. Ich brachte diese beiden Seiten nicht zusammen, brach den Kontakt nach Amerika ab. Das klingt gemein, undankbar, aber ich konnte nicht anders. Jahre später fasste ich mir ein Herz. Es war ein schöner, sonniger Tag, ich war auf dem Weg zum Elbschlosskeller und sagte mir plötzlich: Jetzt rufst du da mal an. Und als ich dann mit meinen Gasteltern sprach, konnte ich mir nicht erklären, warum ich diese wunderbaren Menschen so lange aus meinem Leben rausgehalten hatte.

Wenn mich früher emotional etwas belastete, versuchte ich alles andere wegzudrücken, bis zu dem Moment, wo alles raus musste, dann wurde ich zur Sabbeltasche, dann war ich total ehrlich, manchmal so hart, dass Leute das überforderte. Aber mich belastete es dann nicht mehr. Auch in der schwierigen Zeit zu Hause, nachdem ich aus den USA wieder zurück war, habe ich alles verdrängt, obwohl ich wusste, da drüben sehnt sich jemand nach mir und ich mich auch nach denen. Mir ist ein Stein vom Herzen gefallen, als ich die Stimme meines Gastvaters hörte. Zum ersten Mal spürte ich, was der Spruch „Es fällt einem ein Stein vom Herzen" wirklich bedeutet. Nach diesem Telefonat fühlte ich mich zwanzig Kilo leichter.

Die Tragödie meiner Schwester

Der Streit auf dem Campingplatz hatte Jana und mich entfremdet und unser Verhältnis nachhaltig zerrüttet, zerbrochen. Heute weiß ich, dass sie mich damals dringend gebraucht hätte, genauso wie ich sie. Und vielleicht würde sie noch leben, wenn wir uns umeinander gekümmert hätten.

Durch den gemeinsam erlittenen Schmerz, den inneren Brand, den wir, jeder für sich, verspürten, immer wiederkehrend, wiederaufrüttelnd, haben wir uns voneinander distanziert. Jana machte eine Ausbildung zur Erzieherin. Sie wollte immer anderen Menschen helfen. Das hatte sie von unserer Mutter, das Helfende, das Empathische. Das ist etwas, was uns gut fühlen lässt. Zum Schluss aber war alles zu hart für Jana, und sie nahm sich, gerade mal 23 Jahre alt, mit Alkohol und Tabletten das Leben. Der Verlust ist und bleibt eine tiefe Wunde, die bis heute nicht verheilt ist. Mein Onkel Kolja, der Bruder meiner Mutter, macht sich immer noch Vorwürfe und fühlt sich schuldig, auch wenn ihn keine Schuld trifft. Jana rief ihn in der Nacht vor ihrem Selbstmord an und wollte mit ihm sprechen, er aber war nicht erreichbar. Kolja quält sich mit dem Gedanken, was gewesen wäre, wenn sie ihn erreicht hätte. Hätte es dann vielleicht ein so gutes Gespräch gegeben, dass sie es nicht getan hätte?

Auch meine Mutter muss immer noch bitterlich weinen, wenn wir über Jana sprechen. Das wird sich auch nie ändern. Wenn sich jemand das Leben nimmt, dann suchen die Nächsten die Schuld bei sich. Weil sie es nicht fassen können. Heute weiß ich: Meine Schwester war krank, sie hatte ähnliche psychische Probleme wie meine Mutter. Ich kenne ihre Akte nicht im Detail, ich weiß nur, am Ende hat sie zu sehr mit der Welt mitgelitten, sie konnte die Ungerechtigkeiten und all das Leid, das ihr überall begegnete, nicht mehr ertragen.

So hart das klingen mag, aber ihr Tod brachte auch etwas Gutes hervor. Wie alles im Leben hatte auch diese Tragödie eine Kehrseite. Ohne ihren Suizid wäre die Beziehung zu meinem Onkel Kolja niemals so gut geworden, wie sie heute ist. Janas Tod hat uns zusammengeschweißt. Das Gleiche gilt für die Beziehung zu meiner Mutter. Nach Janas Tod zog ich für ein dreiviertel Jahr bei ihr ein und blieb solange, bis sie mir eines Tages sagte: „Jetzt reicht's auch mal wieder, kannst dir langsam eine eigene Bude suchen." Aber auch das war gut, ehrlich.

Ich habe schon viele Menschen aus meinem engeren Umfeld verloren: Onkel, Cousin, Freunde, mittlerweile um die 40 Elbschlosskeller-Gäste und vier ehemalige Angestellte. Suizidal angehaucht sind nicht wenige in meiner Familie. Was an unserem hohen Einfühlungsvermögen liegt, wir leiden zu oft zu sehr mit. Ob meine Schwester schon Suizidversuche hinter sich hatte, kann ich nicht sagen. Leider hatte ich in ihren letzten Lebensjahren kaum Kontakt zu ihr. Das änderte sich erst ein halbes Jahr vor ihrem Tod. Wir näherten uns noch einmal an und hatten für kurze Zeit ein richtig geiles Bruder-Schwester-Verhältnis – wofür ich sehr dankbar

Meine Schwester Jana-Joy

bin. Ich durfte sie noch mal als junge, starke, selbstbewusste und megaintelligente Frau kennenlernen. Jeder von uns hatte seine Probleme in sich hineingefressen, anstatt sie mit dem Menschen zu teilen, der sie am ehesten verstanden hätte. Obwohl du dem anderen nah sein möchtest, trennst du dich ab. Auf einer Familienfeier trafen wir uns und kamen endlich wieder ins Gespräch. Als wir uns wiedersahen, war auf einmal alles da, wonach wir uns so sehr gesehnt hatten. Wir konnten gar nicht mehr aufhören zu sabbeln. Wir sahen uns danach immer wieder, und das ganze halbe Jahr bis zu ihrem Tod haben wir nur geredet. Um alles aufzuholen, was wir versäumt hatten. Wir lagen uns in den Armen, weinten und lachten zusammen. Zum ersten Mal konnten wir darüber reden, was damals vorgefallen war. Meine Schwester und ich tickten in vielen Dingen ähnlich. Ich bin kein depressiver Mensch, aber ich habe das in mir drin. Wir hatten beide ADHS, wir lieben zu sehr, wir leiden zu sehr. Und wenn wir leiden, werden wir innerlich kalt, drohen, in ein Loch zu fallen. Jana war wie ich ein warmherziger Mensch. Sie war eine Retterin, ein Mensch für die Menschen. Sie besaß die Gabe, die Menschen zu berühren. Wir trugen den gleichen Rucksack, gingen einen ähnlichen Weg. Der Unterschied war, dass ich den Elbschlosskeller hatte. Einen Ort, an den ich gehörte, wo ich ich sein konnte. Mit allem, was dazu gehört. Hier konnte ich Party machen, mein Bad in der Menge nehmen. Stand da 20 Zentimeter über der Menge hinter dem Tresen. Jedes junge Ding, das reinkam, sah als Erstes mich. Damals war ich sechs Tage die Woche nur am Trainieren, hatte ein Sixpack, sah aus wie ein Obersportler und fand mich richtig gut.

Meine Schwester hatte all das nicht. Keinen Ort, wo sie sie sein konnte. In der Zeit, als wir uns wiedergefunden hatten, sagte sie mir ins Gesicht: „Daniel, du bist doch gar nicht glücklich im Elbschlosskeller, das alles machst du doch nur für unsere Eltern. Beantrag doch lieber Hartz IV, lies Bücher und mach nur noch dein Training. Ich weiß, dann wärst du happy.“ Zwei Wochen vor ihrem Tod kam sie in den Elbschlosskeller, saß am Tresen, trank mit mir Berentzen Saurer Apfel, ihr Stammgetränk, und wir hatten ein lustiges Gespräch, so wie das eben in einer Kneipe nachts passieren kann. Und da kam sie wieder auf dieses Thema zu sprechen. „Du bist ein komischer Vogel. Wenn ich ein Kerl wäre, wenn ich Eier hätte, würde ich was ganz anderes aus meinem Leben machen. Ich würde Zimmermann werden." Zwei Wochen später nahm sie sich das Leben.

Marion, meine ältere Halbschwester, rief mich an. „Komm schnell, Jana liegt im Sterben." Ich saß im Restaurant beim Essen mit meiner Ex-Freundin, war wie gelähmt, konnte es nicht begreifen und fuhr wie ferngesteuert ins Krankenhaus. Ein Großteil der Familie war schon da, alle warteten im Vorraum. Wir nahmen uns gegenseitig in die Arme, wir weinten. Und ich weiß noch, wie mein Vater mich umklammerte. Er, ein verschlossener Mensch, der nie vor mir geweint hatte, der nur einmal betrunken am Telefon gesagt hatte, dass er mich liebt, der immer abgekehrt und gleichzeitig überlegen war, dieser Mann nahm mich fest in seine Arme. Und sein Weinen öffnete seinen Brustkorb so sehr, dass ich dachte, er sprengt mich an die Wand. Ein abgefahrenes Erlebnis, diesen Mann so zu spüren, zu wissen, dass er so empfinden kann. Ich ging in den Raum, in dem Jana im Koma lag. An Schläuchen, mit piependen Geräten. Ich stand neben ihrem Bett. Ihr Körper fühlte sich warm an, sie hatte einen Schweißfilm auf der Stirn. Auch mein Onkel Kolja stand mit seiner Frau am Bett und betete leise. Ich hielt Janas Hand, schloss meine Augen und sprach in Gedanken zu ihr, wünschte ihr einen guten Weg, wenn das denn ihr Weg sein sollte. Und als ich damit fertig war, habe ich mich nach vorne gebeugt und ihr ins Ohr geflüstert, dass ich sie liebe. Dann gab ich ihr einen Kuss auf die Stirn, habe sie noch einmal gespürt. In diesem Moment habe ich Abschied von ihr genommen. Eine ganze Weile saßen wir noch bei ihr, bis wir – alle zusammen als Familie – entschieden, die Geräte abzuschalten. Jana hatte reichlich Tabletten geschluckt, Antidepressiva, Schlaftabletten, dazu viel Alkohol, eine tödliche Mischung. Ihr Freund hatte sie in ihrer Wohnung gefunden. Was ich nicht wusste: Meine Schwester befand sich in einer depressiven Phase. Sie hatte vor nicht langer Zeit ein Kind verloren. Dazu die Streitereien in der Familie. Am Ende hatte sie fünf Hundewelpen und versuchte, ihre ganze Liebe diesen Welpen zu geben. Als zwei der Hunde starben, war das für sie zu viel. Das war der Tropfen, der das Fass zum Überlaufen brachte. Zu viel war ihr passiert, zu wenig verarbeitet, zu wenig Hilfe, vielleicht war ich auch zu wenig der Bruder, den sie gebraucht hätte. Letztlich traf sie die Entscheidung, sich das Leben zu nehmen. So hart das klingt, wir konnten sie nicht retten. Niemand konnte es.

Heute bin ich mit mir im Reinen, und wenn ich an sie denke, bestärkt mich das darin. Ich sehe sie über mich wachen, ich bete und ich spreche zu ihr. Sie hat es jetzt leichter dort, wo sie ist, daran glaube ich. Ich weiß, sie hat viel Gutes bewirkt und tut das immer noch. Manchmal bekomme ich Nachrichten von Janas ehemaligen Freunden oder Klassenkameraden. Sie schreiben, dass sie mich eigentlich gar nicht kennen, aber mir unbedingt ausrichten wollen, dass Jana einer der wichtigsten Menschen in ihrem Leben war und ihnen viel gegeben hat. Wenn meine Schwester das Leben zehn Tage länger ausgehalten hätte, vielleicht wäre sie noch da. Denn zehn Tage später wurde mein Sohn geboren. Das eigene Kind, das sie verloren hatte, wäre vielleicht ihr Rettungsanker gewesen. Aber auch mein Sohn hätte ihr möglicherweise das geben können, was ihr fehlte. Doch so ist es nicht gekommen, sie hat endlich Ruhe, sie leidet nicht mehr.

Am schlimmsten traf ihr Tod meine Mutter. Wenn jemand stirbt, der nicht vor dir gehen sollte, dem du eigentlich noch beim Wachsen und Gedeihen zugucken möchtest, von dem du Enkel haben willst, ich glaube, es gibt nichts Härteres für einen normal fühlenden Menschen. Meine Mutter und ich haben uns seelisch gestützt so gut es ging.

Mein Onkel Kolja, den ich damals besser kennenlernte, ist einer der Menschen, der in der Lage ist, mich am meisten zu berühren. Vor Kurzem ist er 50 geworden. Von Beruf ist er eigentlich Physiotherapeut, er hat sich später weitergebildet und spezialisiert auf Familienaufstellung – er hat echt was in der Birne und für jeden ein offenes Ohr. Aber sich selbst gibt er ein bisschen auf. Er arbeitet nicht mehr, hat seit einem Jahr seine Post nicht geöffnet. Er macht beruflich nichts, was in diese Gesellschaft passt, ist aber jeden Tag zehn Stunden unterwegs, macht ehrenamtliche Seelsorge, ist in Kirchen unterwegs, hilft Leuten, die unter psychischen Erkrankungen leiden. Oder er sitzt am Seelsorgetelefon, und wenn er hört, dass jemand irgendwo weit entfernt von Hamburg lebensmüde ist, kratzt er irgendwie Geld zusammen, fährt mit der Bahn hin, sitzt zwei Tage neben der Person und spricht ihr Mut zu, nimmt sie in den Arm, gibt seine Energie, damit sie sich nicht das Leben nimmt. Koljas eigene Familie ist zerbrochen, weil er zeitweise rund um die Uhr für meine Mutter, Jana und mich da sein musste. Er hat eine Tochter, die er nicht sehen darf, weil seine Frau unser ganzes Familiendrama zu sehr mitgenommen hat. Sie hatte Angst, dass all die Dramen auf ihre kleine Familie überschwappen. Jetzt ist das Kind schon vier Jahre alt und er hat es seit der Geburt nicht einmal gesehen. Jeden Tag leidet er darunter und tut Buße, indem er anderen hilft. Er wohnt mal hier und mal da, hilft im Elbschlosskeller aus. Schläft manchmal bei Hannes auf der Couch, der wohnt auf der Rückseite vom Elbschlosskeller. Hannes ist seit 30 Jahren unser Hausmeister, die helfende Hand für alles. Kolja klettert dann durch das kleine Fenster im Kickerraum raus zum Hinterhaus. Kolja hat mir erzählt, dass er seit einem Jahr nicht mehr seine Post öffnet. Ich weiß gar nicht, ob er eine postalische Adresse hat, das ist auch so was, worüber Kolja mit mir nicht reden möchte, wahrscheinlich weil er keine Schwäche vor mir zeigen will. Ansonsten schnacken wir eigentlich über alles, weinen auch zusammen und arbeiten unsere Themen auf. Manchmal reden wir über den Tod meiner Schwester, aber in der Regel ist das etwas, worüber er nicht sprechen möchte.

Nach Janas Tod habe ich noch zwei Monate lang im Elbschlosskeller gearbeitet. Wenn man das, was ich da tat, überhaupt Arbeit nennen konnte. Ich kam in den Laden, nahm mir eine Flasche Wodka und hab die weggeext. Und wusste nach den zwei Monaten, wenn du so weitermachst, endest du so wie einige deiner Gäste. Wenn du nicht vorher drauf gehst. Zwei Tage nach dieser Einsicht setzte ich mich hin und rief bei einer Zimmerei in Schleswig-Holstein an, die mir ein Gast empfohlen hatte. Er hatte da selbst gelernt, ich sollte einfach anrufen. Genau das tat ich, ohne Bewerbungsunterlagen, ohne genauer zu wissen, was ein Zimmermann so macht. Irgendwas mit Holz, Dächer bauen und so. Mehr wusste ich nicht. „Mach das mal“, hatte meine Schwester gesagt, „das ist was für richtige Kerle. Wenn ich Eier hätte, würde ich das machen.“ Wie immer, wenn es drauf ankommt, habe ich einfach drauf los gesabbelt. Der Chef der Zimmerei, den ich gleich am Telefon hatte, sagte: „Wenn du so arbeitest, wie du sabbelst, kannst du morgen anfangen. Ich brauche auch keine Bewerbungsunterlagen. Komm rum und zeig, dass du dich trotz deiner 26 Jahre und deiner Selbstständigkeit noch unterordnen kannst.“ Also bin ich dahin, machte eineinhalb Monate lang ein Praktikum und bekam die Lehrstelle. Ich stürzte mich in diese neue Aufgabe. Auf der Berufsschule lernte ich Patrick Hase kennen, mit dem ich heute noch befreundet bin. Er wollte seine Ausbildung abbrechen, weil er in der Klasse immer übel gemobbt wurde. Hase war tollpatschig und trat ständig ins Fettnäpfchen. Er war der Jüngste, ich einer der Ältesten, und er vertraute sich mir an. Als kleiner Junge hatte er seinen Opa tot aufgefunden und dieses Erlebnis nicht verkraftet. Er wurde zu einem „Problemkind“. Mir war irgendwie klar, er ist ein brodelnder Vulkan. Dann griff er in der Schule tatsächlich jemanden mit einem Messer an, der sich über ihn lustig gemacht hatte. Hase kam glimpflich davon, musste zwei Monate nachsitzen und täglich die Schulordnung abschreiben. Ich beschützte ihn und sprach ihm Mut zu, seine Lehre zu beenden. Inzwischen ist er ein selbstbewusster Mann, der die Firma seines Vaters übernommen hat.

Sein Vater hat mich mal gefragt: „Wie kann es angehen, dass du so gut geworden bist bei deiner Familiengeschichte?“ Er ist mir auf ewig dankbar, dass ich mitgeholfen habe, dass sein Sohn die Lehre durchgezogen hat. Nach zweieinhalb Jahren beendete ich selbst meine Lehre. Ich konnte sie wegen guter Noten verkürzen. Zwölf von dreizehn Fächern auf der Berufsschule schloss ich mit Bestnote ab. Ich hatte die Lehre im Sack, ich war Zimmermann, das hatte ich geschafft. Aber mir war klar, in dem Job werde ich niemals arbeiten. Ich ging zurück in den Elbschlosskeller. Das, was ich immer wollte. Aber ich hatte mir – und Jana – bewiesen, dass ich was anderes draufhatte, wenn ich nur wollte. Allein das zählte.

Sündige Jugend

Mit vierzehn änderte sich einiges in meinem Leben. Ich durfte nicht nur zum ersten Mal zum Trinken in den Elbschlosskeller, ich hatte auch meine Marihuana-Premiere. Zusammen mit meiner damaligen Freundin, dem ersten Mädchen, in das ich verknallt war. Ich kannte sie schon länger vom Sehen, wir waren mehr oder weniger in der gleichen Clique. Irgendwann kamen wir uns näher, knutschten erst ein bisschen miteinander rum, dann wurde mehr draus. Und eines Tages sagte sie, sie könne was besorgen. Ich wusste sofort, was sie meinte. Wir beschlossen, zusammen unseren ersten Joint zu rauchen, bei mir zu Hause. Mein Kinderzimmer war inzwischen ein Jugendzimmer. Hier lag ich nachts pubertierend im Bett, schweißgebadet, mit Flaum über der Lippe, Pickel im Gesicht, onanierend, konnte nicht pennen und füllte Steine in einen Eimer, um damit meine Muskeln zu trainieren. Ich hätte mir auch Hanteln kaufen können, aber da mein Vater in seiner Jugend auch so trainiert hatte, und er für mich der Obermann schlechthin war, habe ich tatsächlich Steine gesammelt und in Eimer gefüllt. Ich habe mein Handgelenk so lange von links nach rechts gedreht und wieder zurück, bis der dünne Metallgriff des Eimers bis in meine Fingerkuppen rutschte und mein Unterarm völlig geschwollen war. Das fand ich brachialer, als Kurzhanteln zu stemmen. In dieser Zeit fing ich an, mich für Mädels zu interessieren und kurz darauf kam ich mit mit meiner ersten Freundin zusammen.

Mein Motto „Was du ausstrahlst, ziehst du an" erfüllte sich auch hier. Ich kam aus einer zerrütteten Familie und dementsprechend hatte ich ein Mädel an der Backe, bei der es ähnlich krass abging. Als sie mit der Marihuana-Idee ankam, war ich gleich dafür. Das wollte ich immer schon ausprobieren. Meine Mutter rauchte gerne mal was. Du kamst von der Schule nach Hause und es roch nach Gras. Meinem Vater hat das nie gepasst. Aber nach der Trennung war Mama die Herrin im Haus und traf für sich die Entscheidung, ich rauche auch zu Hause, lüfte kurz, dann riecht man es schon nicht. War natürlich Unsinn, man hat es immer gerochen. Mein erstes Mal war total enttäuschend. Ich zog gierig und blies den Qualm aus dem Fenster meines Zimmers, nahm noch einen tiefen Zug. Doch nichts passierte, ich spürte rein gar nichts. Als wir es ein paar Tage später wieder machten, klappte es. Da setzte dann der Rausch ein. Ein Wahnsinnsgefühl. Es fühlt sich an, als wenn du vor einer Couch stehst und jemand schubst dich mit sanftem Druck und du fällst nach hinten in die Kissen, ganz weich, wirst reingedrückt, alles umhüllt dich. Ich war richtig schön platt, und von da an habe ich das Zeug regelmäßig konsumiert. Noch nicht täglich, aber jedes Wochenende. Erst zwei Jahre später habe ich fast jeden Tag was geraucht.

Für meinen 16. Geburtstag plante ich was Besonderes: eine riesige Kifferparty. Wir wohnten in einem kleinen Haus, das einst einer alten Dame gehört hatte. Sie betrieb früher ein Fischgeschäft auf der Reeperbahn, daher kannte meine Mutter sie. In dem Haus haben früher auch mal

Fischer gelebt, im Hinterhof hatten sie die Aale ausgenommen, und wenn man das Küchenfenster zum Hinterhof öffnete, roch es immer noch nach Fisch. Für meine Geburtstagsfeier ließ mir meine Mutter freie Hand. Sie sei an dem Tag nicht zu Hause, versprach sie, ich hätte also sturmfreie Bude. Meine gesamte Kifferclique, die ich mittlerweile um mich versammelt hatte, wurde eingeladen. Gleich und gleich gesellt sich gerne, ich kannte nur andere Kiffer, aus allen Schichten, viele aus richtig guten Verhältnissen, nach außen zumindest. Denn wenn man hinter die Fassaden blickte, war da auch viel zerrüttet, waren Prügeleien und Drogen an der Tagesordnung. Unser kleines Haus war brechendvoll. Ich war gerade in meinem Zimmer mit einem Mädel am Knutschen, als Zewa, der Anführer unserer Clique, zu mir kam. „Hey Daniel, deine Mutter ist da", sagte er. „Scheiße", dachte ich, „volle Hütte und alle barzen, schnell das Gras weg." Und Zewa: „Nee, nee, alles okay, deine Mutter ist die Coolste. Ich habe noch nie gesehen, dass jemand so schnell einen Joint bauen kann." Der war total begeistert von ihr. Ich fand das völlig daneben und schämte mich richtig für sie. Was ist das denn für 'ne Mutter, die mit deinen Freunden kifft? Aber was soll's, dachte ich. Ich war am Kiffen, alle anderen haben gekifft, und das Oberhaupt der Clique sagt zu mir, wie cool meine kiffende Mutter sei. Ich ging nach unten und da sah ich, wie meine Mutter mit meinen Freunden rauchte, als sei es das Normalste der Welt.

Gekifft wurde damals immer und überall. Auch auf dem Schulhof. Ich habe oft geschwänzt, bin abgehauen aus der Schule, wenn ich was rauchen wollte. Also ständig. Ich kannte drei Leute, die was besorgen konnten. Einer wohnte praktischerweise direkt gegenüber von meiner Schule. Der war so was wie der Schuldealer. 19 Jahre, arbeitslos, schlug sich mit dem bisschen Dealen durch und hat selbst die meiste Zeit gekifft. Zu ihm sind wir während der Schulzeit hin, und dann saßen wir in seiner Bude, kifften und futterten, und nach zwei Stunden gingen wir völlig stoned zurück in den Unterricht. Was ich bis heute nicht kapiere, die Lehrer bekamen nichts davon mit. Entweder wir waren gute Schauspieler oder die waren einfach tierisch naiv.

Obwohl wir die bescheuertsten Ausreden parat hatten, wenn wir so drauf waren. Ein Kumpel war mal so bekifft, dass er tierisch kotzen musste. Der Lehrerin sagten wir, dass er eine Camel ohne Filter geraucht hatte. Sie war völlig schockiert: „Oh, mein Gott, Camel ohne Filter, wie furchtbar!" Für sie war das schon die größte Sünde, und dabei waren wir stoned ohne Ende. Das tägliche Kiffen kostete Geld, und wenn es so extrem wird wie bei uns damals, rutschen einige auf die schiefe Bahn. Beschaffungskriminalität und so weiter. Ich bekam immer genügend Geld von zu Hause, aber einige andere aus der Clique haben geklaut, um ihren Konsum zu finanzieren. Ich hatte einen Kiffer-Kollegen, der ist nachts zu Hause aus dem Fenster raus und hat Autos aufgebrochen und Radios geklaut, um sie zu verkaufen. Der Typ hat es später in die Lokalpresse geschafft, als Crash-Kid von Hamburg. Er lieferte sich mit der Polizei eine actionfilmreife Verfolgungsjagd bis zur holländischen Grenze. Da wurde er dann gefasst und landete im Knast. Er war etwas älter als ich, ein absoluter Technikfreak. In seinem Zimmer standen riesige selbstgebaute Bassboxen, das komplette Heck eines Autos hing an einer der Wände, mit Blinker, das hatte er sich alles zurechtgebastelt. Er hat mir auch mal gezeigt, wie man Autos aufbricht und kurzschließt, ich habe es ausprobiert, es war aber nicht mein Ding, das hat mir nie einen Kick gegeben.

Ich hatte mehr Bock drauf, meinen Körper zu stählen und bin wie ein Verrückter ins Fitnessstudio gerannt. So mit 13, 14 ging das los. Angestachelt vom damaligen Freund meiner Mutter, der zum Bodybuilding ging. Und dann dauerte es nicht lange, dass ich mir das erste Mal Testosteron spritzte. Weil ich ja ein extremer Mensch bin, habe ich die Neigung, alles, was ich tue, zu übertreiben. Damals habe ich mich in dem Sport verloren, bin sechsmal die Woche ins Studio gegangen, um drei Stunden lang richtig Gas zu geben. Eisen gedrückt, bis mir fast der Kopf platzte. Nicht die schlechteste Art, seinen Frust loszuwerden. Eines Tages lernte ich im Studio einen Typen kennen, so um die 40, keine Haare mehr auf dem Kopf, aber ein super austrainierter Bodybuilder. Wenn der ein Muskelshirt trug und sich zwei Tage lang nicht rasiert hatte, sah man auf seinen Schultern die Haare büschelweise wuchern, die ihm auf dem Kopf fehlten. Kein schöner Anblick. Eine der Nebenwirkungen, wenn man sich Testosteron spitzt. Massiver Haarwuchs da, wo man ihn nicht will, dazu Aggressionen und anderer Mist. Das wusste ich aber da noch nicht. Ich wusste auch nicht, dass das Größenwachstum aufhört, wenn man sich das Zeug spritzt. Es war das Dümmste, was ich damals machen konnte, denn ich war jung und hatte so viel Testosteron in den Eiern wie ein erwachsener Mann, der sich das Zeug spritzt. Da ist es völlig überflüssig, sich noch zusätzlich Testosteron in den Körper zu drücken. Denn der

Körper denkt sich, wenn ich was zugeführt bekomme, warum soll ich selber noch was herstellen. Also werden die Eier klein wie TicTacs oder Rosinen, wenn man zu viel von dem Zeug nimmt. Und wenn man das Testosteron nicht vernünftig absetzt, mit Östrogenen kontert, sondern einfach nichts mehr nimmt, dauert es eine ganze Weile, bis die Eigenproduktion wieder einsetzt.

Der körperbehaarte Glatzkopf verkaufte mir das Zeug. Unverantwortlich, ein echtes Arschloch, der meine Naivität ausnutzte. Ich wollte aber nur eins: trainieren, gut aussehen, Muskeln haben ohne Ende. Als er mir die erste Spritze gab, ging ich aufs Klo, um sie mir zu setzen. Zehn Minuten brauchte ich allein, um das Plastik der Spritzenpackungen auseinander zu basteln, ganz leise, damit nebenan in der Kabine bloß keiner das Knistern hörte. Dann habe ich mir das Zeug in die Schulter injiziert und ging an die Geräte. Das muss jetzt doch wirken, dachte ich, das muss dir richtig Power geben. Was ich nicht wusste: Man muss, je nachdem, was man für ein Mittel nimmt, eine bestimmte Dosierung über mehrere Wochen einnehmen. Bis dahin spürt man überhaupt nichts. Dass die Wirkung irgendwann einsetzte, machte sich als Erstes daran bemerkbar, dass ich aggressiver wurde, als ich es ohnehin schon war. Einmal pro Woche habe ich mir eine Ampulle von einem Milliliter, 250 Milligramm, gespritzt. Zehn Wochen lang. Zusätzlich nahm ich ein leistungssteigerndes Mittel, Wirkstoff Clenbuterol, wodurch sich das Lungenvolumen vergrößerte. Nachteil: Ich bekam erhöhten Blutdruck, meine Körpertemperatur stieg auf 38,5 Grad an. Ich war nur noch am Schwitzen. War mir aber alles egal. Mein Körper wurde definierter, ich baute Muskulatur auf, das war alles, was ich wollte.

Mein Doping fand dann ein jähes Ende. Ich ging in die neunte Klasse und hatte eine Freundin, deren Bruder an ADHS litt und Ritalin einnahm, vom Arzt verschrieben. Zu Hause im Bad stand sein Vorrat: Ritalin in flüssiger Form. Als ich bei meiner Freundin zu Hause war, ließ ich eine der Vorratsflaschen mitgehen. Vor dem Training trank ich davon und schluckte zusätzlich Hormonpillen, die ich mittlerweile anstatt der Spritzen nahm. Die waren zwar praktischer, in ihrer Wirkung aber noch fataler als die Spritzen, schädlich für Leber, Nieren und andere Organe. Ich dachte, das Ritalin dreht mich auf, tat es aber nicht. Ich wurde eher ruhig. Das Liquid Ritalin und die Hormonpillen bunkerte ich zu Hause und versteckte alles unter meinem Futon. Eines Tages saß ich im Schulunterricht, als plötzlich der stellvertretende Schuldirektor ins Klassenzimmer kam und mich rauswinkte. Auf dem Flur warteten meine Mutter und ihr Freund. „Was ist denn?“, wollte ich wissen. Meine Mutter antwortete: „Wir fahren ins Krankenhaus.“ Und ich: „Was ist los?“ Schweigen. Im Auto drehte sich meine Mutter auf dem Beifahrersitz zu mir um und wedelte mit einer Plastiktüte vor meinem Gesicht herum. Meine Vorräte. In Mamas Blick: Vorwurf und Sorge zugleich. Die Tüte hatte sie beim Putzen gefunden. Im Krankenhaus wurde ich von Kopf bis Fuß durchgecheckt, die Ärzte führten ein ernstes Gespräch mit mir. Meine Mutter hatte Angst, dass ich mir ernsthafte Schäden zugefügt haben könnte. Was nicht der Fall war, alles war okay. Aber mit dem Doping war erst mal Schluss. Später, mit 19, habe ich kurz mal wieder angefangen, aber da wusste ich, was ich tat. Und das mit Erfolg, nie wieder war ich in so guter

Form, nur zwölf Prozent Körperfett und einen 47er Oberarm bei sehr schmaler Taille.

Dank meiner Muskeln bekam ich mit 16 meinen ersten Job als Türsteher, in einer kleinen Disco in Rahlstedt. Ich hatte zwar keine Ahnung von Kampfsport, aber einen dicken Arm, der allein machte Eindruck. Ich sah nach was aus, wirkte älter, der ideale Türsteher-Look. Trotzdem habe ich den Job gleich am ersten Abend verloren. Anstatt die Vordertür im Auge zu haben, ließ ich alle meine Kumpels durch die Hintertür rein und gab Getränke aus, keiner musste zahlen. Zwischendurch verschwand ich mit meiner Freundin auf der Toilette, um Sex zu haben. Und um zwei Uhr morgens kam der Besitzer zu mir und sagte: „Du, das macht keinen Sinn mit uns." Ausgezahlt hat er mich aber trotzdem noch.

Alkohol spielte natürlich auch eine Rolle in dieser Phase meines Lebens. Ich hatte es einige Mal so übertrieben, dass ich mir die Seele aus dem Leib gekotzt hatte, und seitdem wusste ich: Übertreibe es nicht, lass die Finger davon. Kiffen war mein Ding. Vom Kiffen war ich entspannt, das versetzte mich in eine andere, bessere Welt, in der ich alles vergessen konnte. Der Nachteil war, dass ich mir beim Kiffen Süßigkeiten ohne Ende reinstopfte, die ich anschließend wieder abtrainieren musste. Immer alles zu exzessiv. Es gab heftige Erlebnisse in der Zeit. Zum Beispiel die Story mit Obelix, das war sein Spitzname, weil er immer nur Bier trank und auch so aussah. Wir lachten darüber, wenn wir erzählten, dass er als Kind ins Bierfass gefallen sein musste – wie Obelix in den Zaubertrank – und jetzt einer der weltbesten Biertrinker war. Seine Mutter war Alkoholikerin und hatte ständig neue Kerle im Haus, mit denen sie sich herumprügelte. Obelix war verknallt in meine damalige Freundin. Die betete er an. Sie ihn nicht. Ab und an hingen wir bei ihm rum. Seiner Mutter war das egal, wenn wir alle oben in seiner Bude kifften. Wenn man nicht wusste wohin, konnte man immer zu Obelix gehen. Fanden wir ganz praktisch. Manchmal haben wir auch bei ihm gepennt. Wenn er morgens wach wurde, griff er als Erstes unter sein Bett in eine Schublade und holte ein paar Dosen Raven raus, die er mal so eben geext hat. Raven, ein Billigbier, kostete früher 49 Pfenning an der Tanke, das typische Pennerbier, wie wir es nannten. Die leeren Dosen ließ Obelix einfach hinter sein Bett fallen. Wenn du dachtest, bei dir zuhause läuft einiges schief, dann bist du zu Obelix gegangen und hast dich gleich besser gefühlt. Heute weiß ich, dass es eine Parallele zum Elbschlosskeller gibt: Denn auch hier begegne ich Gästen, die meinen, dass es ihnen dreckig geht, aber wenn sie ein Bier bei uns trinken und den Laden verlassen, dann fühlen sie sich besser.

Einmal hatte ich wieder bei Obelix übernachtet, zusammen mit meiner Freundin. Wir hatten gekifft, offenbar zu viel, denn am nächsten Morgen war Obelix völlig von der Rolle, komplett durchgedreht. Holte ein Riesenmesser aus der Küche und ist damit auf mich los, wollte mich abstechen. Ich bekam Panik, Todesangst. Drängte ihn irgendwie in sein Zimmer und schloss ab. Er stieß das Messer durch die Rigipswände, schnitt ein Loch rein, wie besessen, quetschte sich da durch und rannte mit dem Messer hinter mir her. Ich lief nach draußen auf die Straße, über den

Marktplatz. Ich war schneller, durchtrainierter und konnte ihn, einmal in freier Wildbahn, abhängen. Ein paar Stunden später rief ich ihn an, wollte wissen, was mit ihm los gewesen war. Er irrte immer noch irgendwo durch Hamburg, auf der Suche nach mir. Völlig orientierungslos. Jahre später sahen wir uns ein paar Mal wieder und konnten gemeinsam über die alten Zeiten lachen.

Mit Anfang 20 arbeitete ich an den Wochenenden im Elbschlosskeller und betrieb nebenbei ein Fitnessstudio. Bodybuilding war, wie gesagt, mein Ventil, meine Sucht. Das Studio, in dem ich trainierte, wurde mein zweites Zuhause. Ich arbeitete gelegentlich am Tresen und half als Trainer aus. Getränke verkaufen, aufschließen, zusperren, was halt so anlag. Irgendwann hing ein „Zu verkaufen"-Schild am Eingang. Ich rief den Besitzer an und kaufte das Studio schließlich für 25.000 Euro. Das Geld hatten meine Eltern für mich angelegt. Nach vier Jahren kam der Paukenschlag: Steuernachzahlung. Ich hatte mich um nichts gekümmert, kein Geld zurückgelegt, lebte mein Leben arglos. Das warf mich aus der Bahn, denn das Geld fürs Finanzamt hatte ich nicht, also musste ich das Studio verkaufen. Immerhin kann ich heute auf vier aufregende Jahre zurückblicken.

Denn als Studiobesitzer traf ich eine Menge interessanter Menschen. Wie Techno, er trainierte bei mir, der damals größte Pillendealer Hamburgs, einer der Ersten, die mit Ecstasy handelten. Damals kostete eine Pille 50 Mark. Heute sind es vier oder fünf Euro. Techno hatte den mit Abstand am besten definierten Körper, den ich bis dahin gesehen hatte. Wenn er seinen Arm auf den Tresen legte,

Nach dem Bodybuilding

konntest du aus fünf Metern Entfernung die Einkerbungen vom Bizeps sehen, der war richtig shredded, zu einer Zeit, wo das noch nicht „in" war wie heute. Shredded bedeutet komplett fettfrei. Er nahm regelmäßig Ecstasy, das entwässert tierisch, dazu spritzte er sich Steroide und was weiß ich noch. Einzelheiten hat er mir nie verraten.

Techno hatte nur ein Bein. Das Gehen mit der Prothese hatte er so perfektioniert, dass man es gar nicht merkte. Er trainierte immer oberkörperfrei, trug aber eine lange Jeans. Ich dachte, das sei sein persönlicher Modetick, tatsächlich versteckte er damit das fehlende Bein. Erst nach zwei Jahren erzählte er mir davon. Die näheren Umstände, wie er sein Bein verloren hatte, hat er mir nie verraten, wahrscheinlich bei einem Autounfall. Wir freundeten uns an. Anfangs war er als Dealer ein kleines Licht, später wurde er richtig groß. Auch weil er einen ganz besonderen Trick hatte, um die Drogen in die Clubs zu schmuggeln: nämlich in seiner Prothese. Auf der Toilette zog er sie aus und die Drogen sind nur so rausgepurzelt. Irgendwann wurde er bei einem Drogendeal hopsgenommen. An einer Straßenkreuzung traf er sich zur Drogenübergabe. In dem Moment, als Geld gegen zigtausende Pillen eingetauscht werden sollte, ertönte eine Stimme: „Auf den Boden!“ Zwei Zivilbusse kamen angerast, die seitlichen Schiebetüren wurden aufgerissen, und vermummte Polizisten mit gezogenen Waffen stürmten auf Techno und seinen Komplizen zu. Wie ein SWAT-Team aus einem Actionfilm. Mit der Dealerei hörte Techno danach auf und sattelte komplett um – er wurde Altenpfleger. So ganz konnte er die Finger aber nicht von den Drogen lassen. Manchmal brachte er mir aus dem Altenheim Tilidin mit, ein Opiat. Die Schmerzmittel der Rentner pfiff er sich nämlich selbst auch ganz gern rein.

Noch zu seiner großen Zeit als Dealer brachte er mal einen Beutel Ecstasy ins Fitnessstudio. 100 Tabletten. Ich sagte ihm, ich wolle das Zeug nicht haben. Pillen waren nicht mein Ding. Bis dahin hatte ich keine Erfahrung mit Ecstasy gemacht. „Was soll ich mit dem Mist, ich nehme das nicht, ich will das nicht, ich verkauf's auch nicht“, sagte ich ihm. „Ich rauche abends meinen Joint und das langt mir.“ Er ließ nicht locker und wollte mir die Pillen aufschwatzen: „Du nimmst die jetzt oder ich lass sie einfach liegen.“ Er sabbelte nur so drauf los, ließ mich nicht zu Wort kommen, lief raus aus dem Studio: „Ich lass die einfach da. Mach damit, was du willst.“ Weg war er. Der Beutel mit 100 Ecstasytabletten blieb auf den Tresen zurück. Ich nahm ihn mit nach Hause, wo er wochenlang herumlag und ich ihn bald vergessen hatte.

Mein Tagesablauf sah zu der Zeit so aus: morgens das Studio aufschließen, Leute einweisen, abends abschließen, putzen, am Wochenende tagsüber Trainerlizenzen machen, abends in den Elbschlosskeller, nebenbei Papierkram erledigen. Ich war mein eigener Ein-Mann-Betrieb. Die Abende in der Woche verbrachte ich mit meinen drei damaligen besten Kumpels, einem Bosnier, einem Russen und einem Portugiesen. Wir waren eine eingeschworene Kifferclique, hockten nach dem Training in meiner Bude. Als wir wieder mal gemütlich einen Joint rauchten, sah einer meiner Kumpel den Beutel mit den Ecstasys in der Ecke liegen. „Boah, geil, lass mal eine nehmen." Der andere auch gleich, „super, können wir machen". Ich war ein bisschen vorsichtig, aber auch neugierig, und sagte nicht gleich Nein, sondern fragte, ob er das schon mal gemacht habe. Ja, früher in der Schule mal, antwortete er. Ich hatte da meine Zweifel. „Ich rauche und konsumiere nur Sachen, die in der Natur wachsen", sagte ich zunächst. Aber letzten Endes siegte die Neugier. Ich schmiss eine halbe Pille. Der Dritte im Bunde und ich hatten das zuvor noch nie gemacht. Wir beobachteten die Uhr und warteten auf die Wirkung. Nach einer Viertelstunde sagte ich: „Ich merk nichts, schmeißen wir noch 'ne halbe." Was ich nicht wusste: Es kann bis zu einer Stunde dauern, bis die Wirkung einsetzt. Hätten uns die anderen beiden auch mal sagen können. Noch eine Viertelstunde später – immer noch nichts. Und wieder pfiffen wir uns eine rein. So ging es weiter. Bis wir dreieinhalb Tabletten intus hatten, was eine ganze Menge ist, vor allem beim ersten Mal. Dann der totale Blackout. Das Nächste, woran ich mich erinnern kann, war die völlige Ekstase – Ecstasy, der Name ist Programm. Du hast Orgasmen bis in die Fingerspitzen, in die Zehen, alles kribbelt, alles explodiert. Ich sehe uns zu viert, fast komplett ausgezogen, oberkörperfrei, in der Mitte auf dem Teppich meines Wohnzimmers sitzen, den Tisch zur Seite gestellt, im Kreis, die Hände Richtung Himmel gestreckt. Und wir sprechen zu Gott, dass wir dankbar dafür sind, fühlen zu dürfen. Ein unglaubliches Gefühl, mega bewusstseinserweiternd. Aber nur, wenn du die richtige Droge hast und kein Rattengift oder so ein Dreck drin ist, und nur wenn du mit guten Leuten unterwegs bist. Eigentlich sollte man das nur mit jemandem machen, der einen leitet, der weiß, was passieren kann. Im schlimmsten Fall, wenn du dehydrierst, sollte jemand auf dich aufpassen. Haben wir damals alles nicht gemacht. Ich kann mich nur schemenhaft an ein paar weitere Dinge erinnern. Einer meiner Kumpel hing irgendwann in Embryohaltung an die Heizung geklammert und hat sie umarmt, weil ihm so kalt war. Ein witziges Bild. Wir warfen immer weiter nach, der Vorrat war ja schier unendlich. Tagelang waren wir nur drauf. Wir schafften es, innerhalb von einer Woche die 100 Dinger wegzuballern. Mussten immer wieder nachlegen, damit der Schub wiederkam. Damit man sich das vorstellen kann, es ist, als hättest du einen Rucksack voll Energie auf dem Rücken. Voller Endorphine, Adrenalin und wenn das Energielevel aufgebraucht ist, muss es sich wieder aufladen, aber egal, was und wie viel du nachwirfst, es wird nicht besser. Und das ist auch das Problem, wenn die Droge nachlässt, dann hast du nichts mehr von der Energie, die dich vorher happy machte, die dir Antrieb verlieh. Dann bist du irgendwann nur noch platt und verfällst in Depressionen. Anfangs habe ich es nicht so schlimm erlebt, erst später – durch vermehrten Konsum – wurde es heftig. Es gab eine Zeit, da gingen einer meiner Kumpels und ich häufig in eine Großraum-Teenie-Disco. Wir waren das dritte Wochenende hintereinander auf Pillen und hatten es ganz schön übertrieben. Die anderen beiden hatten schließlich aufgehört, aber wir wollten den Trip nicht enden lassen. Irgendwie schafften wir es, auch noch unseren Jobs nachzugehen. Keine Ahnung, wie wir das hinbekommen haben. Nach ein paar Wochen in diesem Zustand war schlagartig Schluss für mich. Wieder waren wir in dieser Disco. Plötzlich sahen einige Leute so merkwürdig aus. Ich erkannte die anderen Konsumenten, es kam mir vor, als guckte ich in einen Spiegel: Verzerrte Gesichter, angespannte Kiefermuskulatur durch das ständige Kauen und Knirschen der Zähne, die Augen weit aufgerissen, der Körper verkrampft. Auf einen Schlag war ich wach und realisierte, dass die anderen alle voll auf Droge waren. Und das ich genauso aussehen musste, wenn ich Pillen nahm. Ich ekelte mich vor mir selbst. Das war ein richtiges Aha-Erlebnis. Schon seit Wochen lief ich also wie ein Zombie durch die Gegend. Wir fuhren nach Hause und rauchten noch während der Autofahrt einen riesigen Joint. Danach war das nächste halbe Jahr Ende mit Ecstasy.

Zu der Zeit unternahm ich auch viel mit einem alten Schulfreund, den ich hier Stefan nennen werde. Der war halb Thai, halb Deutscher, wir kannten uns, seit ich 15 war. Seine Eltern hatten ein Thairestaurant betrieben, waren aber irgendwann pleitegegangen und flohen vor dem drohenden Insolvenzverfahren nach Thailand. Ihren Sohn ließen sie mit dem Restaurant und den Problemen zurück. Bei Stefan fand ich immer Zuflucht, wenn ich Ärger mit meiner Freundin oder meiner Familie hatte. Als Stefans Eltern weg waren, machten wir aus deren Haus – unten Restaurant, oben Wohnbereich – eine echte Partylocation. Unter

Buddhastatuen und Palmen feierten wir drei Wochen lang eine Megaparty – bis die Behörden kamen. So ziemlich alle Kiddies aus der Gegend kamen damals zum Feiern zu uns. Das Restaurant wurde zur Drogenhöhle umfunktioniert.

Wenn Stefan und ich zwischendurch mal Bock auf was anderes hatten, fuhren wir in eine Großraumdisco aufs Land. Auf einer der Fahrten knallte unser Wagen dem Vordermann auf die Stoßstange. Der rief die Polizei. Die Beamten hatten allerdings keinen Bock, den Unfall aufzunehmen, weil es ein altes Auto war und es nicht mal einen Kratzer abbekommen hatte. Glück gehabt. Am nächsten Tag gab es eine ähnliche Situation. Wieder hatten wir erst im Restaurant gefeiert und waren dann in die Disco gefahren. Wieder hatten wir Ecstasy geschmissen und Kokain und Speed gezogen, Stefan hatte zudem noch LSD intus. Gekifft und Alkohol getrunken hatten wir sowieso. In diesem Zustand waren wir losgefahren, doch schon nach einer halben Stunde wurde es uns in der Disco zu langweilig. Auf der Rückfahrt hörten wir volle Pulle Beastie Boys. Stefan und ich heizten uns gegenseitig an, machten tierisch viel Blödsinn, drehten die Scheiben runter und Stefan streckte seinen Po aus dem Fenster. Dabei wippten wir wie bekloppt zu der Musik. An einer roten Ampel hielt neben uns ein Auto mit Jugendlichen in unserem Alter, volle Besatzung, vier, fünf Mann, alle am Lachen. Wir dachten, die lachen, weil sie uns cool finden. Was wir nicht mitgekriegt hatten: Hinter uns stand ein Polizeiwagen. Die Ampel schaltete auf grün, aber wir standen auf dem Linksabbieger, wo immer noch rot war, neben uns eine geschlossene Linie. Ich gab trotzdem Gas, fuhr über die durchgezogene Linie und überholte die Jugendlichen. Stefan und ich waren immer noch am Schreien, am Wackeln, als auf einmal Blaulicht aufflackerte. Die Polizisten hatten uns in aller Ruhe beobachtet, dann zogen sie uns aus dem Verkehr. Wir fuhren rechts ran, die Jugendlichen sausten winkend und lachend an uns vorbei. Als die Polizisten aus ihrem Wagen stiegen, gab ich mir selbst ein paar Backpfeifen. „Stefan, wir müssen wach werden, schnell! Wenn die uns in die Augen leuchten, sehen die, dass wir voll drauf sind!" Neben mir an der Fahrertür tauchte ein Polizist mit Taschenlampe auf. Da erkannte ich ihn, es war der Beamte vom Vortag. Auch das noch. „Aussteigen", sagte er, „Drogenkontrolle!" Mir ging der Arsch auf Grundeis. Ich stellte mir vor, wie ich als Polizist reagieren würde, wenn innerhalb von 24 Stunden die beiden gleichen Typen zweimal auffällig werden. Mir war klar, da haben wir keine Chance. Aber eines konnte ich auch in diesem Zustand noch. Sabbeln. Ich würde nie, nie im Leben Drogen nehmen, behauptete ich, ich sei Sportler durch und durch und habe ein Fitnessstudio, das könne ich beweisen. Dabei schaute ich dem Polizisten voller Überzeugung in die Augen. Und er zu mir: „Dann bleiben Sie mal sitzen." Ich am Steuer, Stefan neben mir, sein super alter Golf, ne Quietschkiste, gleiches Auto wie am Vortag. Dann meldete sich die andere, eine Polizistin, die am Vortag nicht mit dabei gewesen war. Sie wollte den Erste-Hilfe-Kasten sehen, Warndreieck und was man so dabeihaben muss. Stefan stieg aus und schlenderte zum Kofferraum. Ich beobachtete das alles im Rückspiegel. Er öffnete die Heckklappe, der Polizist links, die Polizistin rechts von ihm, und holte ein Kissen mit dem Erste-Hilfe-Set aus dem Kofferraum.

Ich betete dafür, dass sich Stefan nichts anmerken ließe. Bis zu diesem Zeitpunkt lief eigentlich alles ganz okay. Dann aber meldeten sich die Droge wieder: Stefan fing auf einmal an, mit dem Kissen zu kuscheln. „Oh, ist das weich …". Ich rief nach hinten: „Stefan, spinnst du?" In dem Moment fing er an zu lachen: „Ist doch nur ein Spaß!" Die beiden Polizisten glotzten ihn erst ungläubig an – und fielen dann in sein Lachen ein. Anschließend ließen sie uns weiterfahren. Schwein gehabt, dachte ich. Bis ich ein paar Tage später per Post die Aufforderung erhielt, mich zu dem Vorfall mit der roten Ampel und der durchgezogenen Linie zu äußern. Woraufhin ich mir einen Anwalt nahm. In der Anzeige war der Vorfall genau geschildert, allerdings hatte sich ein gravierender Fehler eingeschlichen. Die Beamten hatten den Straßennamen verwechselt. Damit war die Anzeige hinfällig. Wir waren nicht nur bei der Kontrolle noch einmal davongekommen, wir entgingen auch noch einer Geldstrafe und einem Fahrverbot.

Weniger gut ging es ein anderes Mal aus. Stefan und ich hatten uns für vier, fünf Tage im Restaurant eingeschlossen, der Kühlschrank war voll, wir hatten unsere Playstation und alle Zeit der Welt, um uns richtig wegzuhauen. So sollte es ein Leben lang für uns weitergehen, dachten wir. Dieses Kifferdasein sollte niemals enden. Wir träumten von einer riesigen Villa mit Liliputanern, die uns mit Glasschüsseln voller Snacks auf dem Kopf zur Verfügung standen. Dazu einen weißen Affen, der uns die Joints drehte. Um uns diesen Lebensstil auch leisten zu können, mussten wir uns natürlich erst mal ein Imperium aufbauen. Drogen zu verkaufen erschien uns als die erfolgversprechendste Methode. Als Erstes brauchten wir dafür ein bisschen Startkapital, wir mussten ja erstmal Drogen haben zum Dealen. Die „Aktion Imperium" sollte sofort starten. Und dann kamen wir auf die schlechteste aller Ideen, die wir in diesem Moment aber genial fanden: Wir wollten einen Laden überfallen. Völlig stoned setzten wir uns in mein Cabrio und düsten los. Auf der Fahrt drehten wir uns, weil alles so lustig war, noch einen Joint. Unser Gespräch lief wie folgt ab:

„Sollen wir nicht besser die Nummernschilder austauschen?", fragte der eine. „Nein", sagte der andere, „das ist uncool."

„Es wäre doch viel cooler, wenn sich die Nummernschilder durch Knopfdruck automatisch umdrehen, wie bei James Bond. Abschrauben ist uncool."

Nur so Blödsinn ging uns durch den Kopf. Um uns zu maskieren, zogen wir uns Dreieckstücher übers Gesicht, dazu Mütze und Sonnenbrille. Unser Ziel war ein Schlecker-Markt. Wir betraten den Laden, vorne im Eingangsbereich nahmen wir uns jeder ein Snickers aus dem Regal und steckten sie in die Jackentaschen. Sah aus, als hätten wir 'ne Pistole. Dann zur Kassiererin. Her mit der Kohle. Wir ließen uns alles geben, was sie in der Kasse hatte. Ich weiß nicht, wie ernst sie uns nahm, aber das Geld rückte sie raus. Echt mies von uns. Unsere Beute: 500 Euro. Stolz und stoned rannten wir aus dem Laden, wir hatten uns einen Fluchtweg überlegt, immerhin das. Über die Autotüren sprangen wir ins offene Cabrio und rasten los. Filmreif die ganze Aktion, fanden wir. Ein astrein gelungener Coup, glaubten wir.

Bei Stefan zu Hause zählten wir als Erstes das Geld, völlig euphorisch. Das war jetzt unser Startkapital, wir träumten von Villa, Pool und Mädels. Dann klingelte mein Telefon. Meine Mutter. Die Polizei sei bei uns zu Hause, sagte sie, ich solle gefälligst auf schnellstem Weg kommen. Und legte auf. Mit einem Schlag war die Euphorie verschwunden, der Traum geplatzt. Ich fuhr nach Hause. Was war passiert? Eine alte Frau hatte uns aus dem Schlecker-Markt stürmen sehen und sich das Nummernschild gemerkt. Der Fahrzeughalter, ich, war schnell ermittelt. Die Polizei kam dann auch zu Stefan, und sie nahmen nicht nur ihn mit, sondern entdeckten auch seine Hanfpflanzen, die er unterm Dach angepflanzt hatte. Wir kamen beide in U-Haft, blieben aber aufgrund unseres Alters und einer Akte ohne Einträge nur wenige Stunden, in denen sich Stefan sogar eine Pizza bestellen durfte. Ein paar Wochen später kam es zum Prozess. Dort traf ich auf die Verkäuferin, die wir überfallen hatten. Sie war mitgenommen und traute sich nicht, uns in die Augen zu gucken. Wir haben uns vor Gericht bei ihr entschuldigt. Mir war bewusst, welche Auswirkungen unser vermeintlich jugendlicher Leichtsinn tatsächlich hatte. Ich bekam zwei Jahre auf Bewährung. Und hatte damit großes Glück, denn obwohl ich schon volljährig war, wurde bei mir noch das Jugendstrafrecht angewandt.

Die Selbstzerstörung

Wenn ich von etwas überzeugt bin – und ich bin gerne im Recht – kann ich ein echter Klugscheißer sein. Dann gebe ich nicht klein bei. In meiner Familie sabbeln wir alle gerne sehr viel, vermutlich, weil wir alle irgendwie Psycho sind. Bei uns werden Dinge auch mal gerne fünf Stunden lang breitgetreten. Besonders mit meiner Mutter arteten die Diskussionen manchmal aus, das wurde teilweise richtig schlimm, laut und heftig. Je älter ich wurde, desto extremer wurde es. Meine Mutter veränderte sich im Laufe der Jahre, sie war nicht mehr die gleiche Person wie früher. Irgendwann kam der erste schlimme Schub, den ich bewusst mitbekommen habe. Ich weiß heute aus ihrer Akte, dass ihre psychischen Probleme schon wesentlich früher losgingen. Sie war schon in offenen oder halbtagsbetreuten Einrichtungen zur Behandlung gewesen, was ich gar nicht wusste. Sie versteckte die Krankheit vor uns, so lange es ging. Irgendwann war das nicht mehr möglich. Auch ich bin ein Mensch, der zu starken emotionalen Schwankungen neigt. Aber ich habe das unter Kontrolle, ich weiß, wann es bei mir losgeht. Ich kann es rechtzeitig erkennen und steuern. Vielleicht weil ich lernen musste, mit der Krankheit meiner Mutter umzugehen. Was nicht einfach war. Da ist dieser Mensch, den du bedingungslos liebst, der dir seine Mutterliebe immer entgegengebracht hat. Diesem Menschen willst du natürlich nichts Böses. Aber wenn die Symptome auftraten – ich war in der Pubertät und selbst in einer schwierigen Phase -, war ich kurz vorm Platzen. Wenn du in die Pubertät kommst, fängst du an, die Dinge zu hinterfragen, siehst vieles anders als deine Eltern und es gibt auch mal Streit. Irgendwann, hoffst du, wird es besser. Nicht bei uns, es wurde immer heftiger.

Ich kann mich daran erinnern, dass meine Mutter plötzlich für mehrere Tage verschwunden war. Sie war in der geschlossenen Psychiatrie. Das wusste ich aber nicht. Weil ich selbst neben mir stand und zu viel Marihuana rauchte. Mitten in der Nacht bekam ich einen Anruf auf dem Handy und hörte eine gruselige Stimme verstörende Dinge ins Telefon flüstern, die ich hier nicht wiedergeben möchte. Wie in einem Horrorfilm. Eine Dämonenstimme. Dann wurde aufgelegt. Schweiß lief mir den Rücken runter. Ich war völlig fertig und total schockiert. Wusste nicht, wer das gewesen war und warum diese Person so etwas gesagt hatte. Erst Jahre später kam es zu einer Situation, in der meine Mutter zu meiner Schwester mit genau dieser dämonischen Stimme etwas ähnlich Verstörendes sagte. In dem Moment wurde mir klar, dass es meine Mutter gewesen war, die mich eines Nachts aus der Klinik angerufen hatte. Dieser Anruf hat mich noch jahrelang verfolgt.

Als meine Mutter damals aus der Klinik nach Hause kam, sagten plötzlich alle zu mir: „Was Mama erzählt, darfst du nicht glauben, das ist alles Bullshit." Ich hatte keine Ahnung, was die von mir wollten. Verstand die Welt nicht mehr. Weil alles, was Mama sagte, war bis zu diesem Zeitpunkt Gesetz gewesen. Meine Mutter hat mich beschützt, war immer für mich da und hat mich gepflegt, wenn ich krank war, als Kind habe ich viel Wärme erfahren dürfen, dann kuschelte ich mich immer bei Mama ein und sie hat mir die Welt erklärt und Mut gemacht. Sie sagte damals immer: „Du kannst es schaffen, du kannst alles schaffen, was du willst, du bist ein hübscher Bengel mit reinem Herzen." Man glaubt ja, was die Eltern einem sagen. Es dauerte ein paar Tage, bis ich merkte: Scheiße, deine Mutter ist wirklich krank! Ich fühlte nur noch Unverständnis, Trauer und Wut, ein Bruch in meinem Herzen. Meine eigenen Probleme nahmen zu, ich wurde immer aggressiver. Der Drogenkonsum hatte daran natürlich einen nicht unwesentlichen Anteil. Als Jugendlicher war mein übertriebener Drogenkonsum auch eine Form von Selbstzerstörung. Hätte ich nicht das Bodybuilding gehabt, bei dem ich mich austoben konnte, ich hätte nicht gewusst, wohin mit meiner Wut. Ich habe nie gerne anderen Menschen wehgetan, sondern lieber mir selbst. Schon als Kind, wenn ich Löcher in meine Kinderzimmertür schlug. Ich habe mich geprügelt, aber längst nicht so viel wie andere, die ich kannte. Ich habe Dinge kaputt gemacht. Einmal habe ich vor lauter Wut meinen eigenen Roller, einen Gilera Runner, so zu Schrott getreten, dass er danach nicht mehr fahrtauglich war. Ich war total in Rage, cholerisch, mit Tunnelblick. Zu dieser Zeit hatte ich auch ständig Bluthochdruck. Als mich meine Freundin wegen eines anderen Typen sitzen ließ, war ich am Ende. Ich lag im Bett und heulte und konnte tagelang nichts essen. Ich dachte: Wenn mir etwas richtig Schlimmes passiert, dann wird sie zu mir zurückkommen. Also beschloss ich, mich selbst zu verstümmeln. Dafür holte ich mir eine große Küchenschere und ging in den Hinterhof, um sie mir in den Bauch zu rammen. Mein Plan war, danach zu behaupten, dass ich überfallen worden wäre. Das arme Opfer. Schwerverletzt. Ich würde knapp überleben und meine Ex zurückgewinnen. Es war ein Herbstabend, die Dämmerung setzte gerade ein. Ich hielt die Scherenspitze an meinen Bauch, fühlte das Metall, aber ich schaffte es einfach nicht, mir das Teil in den Bauch zu stoßen. Eine halbe Stunde lang stand ich so da, überlegte hin und her, bekam Panik. Und rammte mir die Schere schließlich mit voller Wucht in den Oberschenkel. Ließ sie im Fleisch stecken, humpelte zur Haustür, um nach meiner Mutter zu rufen. Entsetzt rief sie den Rettungswagen, der mich ins Krankenhaus brachte. Komischerweise tat die Wunde nicht weh, sie wurde nur glühend heiß. Der Schmerz setzte erst ein, als man mir die Schere im Krankenhaus aus meinem Oberschenkel zog. Die Wunde wurde genäht, alles halb so wild, ich hatte Glück und durfte nach Hause.

Von meiner Freundin hörte ich trotzdem nichts. Kein Anruf, kein Besuch am Krankenbett. Ich war enttäuscht, tieftraurig. So eine Aktion, so viel Schmerz, nur für sie. Und dann das. Als ich ein paar Tage später bei ihr anrief, um ihr mein Leid zu klagen, sagte sie nur, dass ich da allein durchmüsse. Ich kam mir vor wie der größte Idiot.

Mit diesem Drang zur Selbstzerstörung, weil man sich allein fühlt und Nähe sucht, diesem Drang, sich selbst zu spüren, koste es, was es wolle, bin ich nicht allein. Auch solche Menschen kommen in den Elbschlosskeller. Von einem dieser Gäste möchte ich an dieser Stelle erzählen.

Jasmin, die welkende Blume

Es gab mal ein junges, bildhübsches Mädchen namens Jasmin. Als ich mit Ende achtzehn meine erste Elbschlosskellerschicht hatte, sah ich sie und war gleich verknallt. Weil sie so hübsch war, tierisch anziehend. Und weil sie eine ganz besondere Ausstrahlung hatte. Sie war erst 16, was ich nicht wusste, denn sie wirkte reifer, verkehrte schon länger im Elbschlosskeller. Drogenprobleme hatte sie auch schon. Im Laufe der nächsten Jahre musste ich mitansehen, wie dieses wunderschöne und wunderbare Mädchen zerfallen ist. Sie welkte dahin, in jeder Beziehung. Ihre Zähne wurden schlechter, dann fehlte erst ein Zahn, dem weitere folgten. Sie nahm an Gewicht zu, aber so ein ungesundes Zunehmen. Ihr Körper wurde schwammig, aufgedunsen. Sie sah alles in allem immer schlechter aus. Und dennoch. Sie hatte Charisma und trotz des Verfalls strahlte sie etwas aus, das die Menschen – und ganz besonders die Männer – für sie einnahm. Viele Stories ranken sich um Jasmin. Da gab's mal einen Holländer, der von seiner Frau verlassen worden war. Er fuhr mit seinem Wohnmobil und seinen ersparten 20.000 Euro von Holland nach Hamburg und versackte im Elbschlosskeller. Er lebte in seinem Wohnmobil und ließ viel Geld bei uns. Einer mit einem großen Herzen, er lud die anderen, die nichts hatten, gerne ein. Als er Jasmin kennenlernte, verliebte er sich in sie. Sein Erspartes war bald weg, also löste er seine Lebensversicherung auf, 35.000 Euro. Auch die haute er auf den Putz, nach einem Jahr war er wieder pleite. Ich wollte mir als Wirt ja nicht selbst das Geschäft vermiesen, aber es gab Momente, in denen ich ihn zur Seite nahm und ihm ins Gewissen redete: „Jetzt langt es, geh nach Hause, verprass nicht deine ganze Kohle und werde mal wieder nüchtern. Ich will nicht, dass du während meiner Schicht stirbst.“ Denn es war keine Seltenheit, dass er während dieser Zeit 14 Flaschen Alkohol konsumierte: Vodka Moskovskaya und Johnny Walker, Hauptsache hartes Zeug. Er hat dauernd Party gemacht, nicht nur für sich und Jasmin. Das ist ein typisches Phänomen: Kaum hat jemand Geld, hat er über Nacht 30 Freunde mehr, die um ihn herumkrebsen und alle ein Stück vom Kuchen abhaben wollen. Als Wirt habe ich ein Auge dafür und erkenne, wer es ehrlich meint und wer den anderen nur abzocken will. Ich habe gelernt zu erkennen, wer falschspielt. Als der Holländer sein gesamtes Geld verprasst hatte, trennte sich Jasmin schleunigst wieder von ihm. War kein schöner Zug von ihr.

Dann gab es einen jungen Typen, der eines Tages am Tresen saß und sich, wie so viele, in Jasmin verliebte. Sie war eine echte Herzensbrecherin. Der Junge war bi. Mit 17 kam er das erste Mal zu uns und machte mit ein paar Kerlen rum. Sein Vater suchte ihn und fand ihn auch, schüttete mir sein Herz aus. „Mein Sohn ist schwul, ich halte das nicht aus.“ Ich führte ein langes Gespräch mit ihm, sagte, er solle sich freuen, dass sein Sohn gesund sei. Ich hatte mit dem Vater einen Moment, wo er mir in den Armen lag und weinte. Jetzt war der Bengel verliebt in Jasmin, himmelte sie an, aber mehr wurde auch nicht daraus. Sie ließ ihn abblitzen. Früher gab es um die Stripstange in der Mitte des Elbschlosskellers einen runden Tisch. Jasmin liebte es, auf diesem Tisch zu tanzen. Exzessiv. An einem Abend hatte sie drei oder vier Kügelchen Kokain in ihrer Tasche. Sie wirbelte wie immer wild herum, war in ihrem Rausch. Als sie fertig war, suchte sie nach ihren Drogen, stellte fest, dass sie verschwunden waren. Sie mussten ihr beim Tanzen aus der Tasche geflogen sein. Was jetzt kam, hat mich damals echt schockiert. Von der einen zur nächsten Sekunde war sie wie verwandelt. In dem einen Moment noch das süße Mädchen, im nächsten eine hässliche Fratze, böse, gemein, hart, sie hat geschrien, geschwitzt, geheult, um sich geschlagen. Diese Verwandlung zeigte eine Jasmin, wie ich sie noch nie zuvor erlebt hatte. Ein unglaublicher Moment. Wie im Film *Der Exorzist*, vom Teufel besessen, und wenn man so will, war sie das auch. Sie kroch auf allen vieren durch den Elbschlosskeller und suchte in Rillen und Ritzen nach ihren Drogen.

Im Laufe der Jahre habe ich viele intensive Gespräche mit Jasmin geführt. Ich sah es ein wenig als meine Mission an, sie zu bekehren, ich wollte sie wirklich retten. Ich mochte sie, ich habe Mitleid mit Menschen, viel Empathie. Sie hatte dieses Leben nicht verdient und hätte etwas aus sich machen können. Wenn ich nach meiner Schicht zum Kiezbäcker ging, brachte ich Jasmin ein Brot mit. Dann standen wir auf der Straße und aßen schweigend, damit sie mal was zwischen die Zähne bekam. Einmal machte ich ihr einen Vorschlag, das war vielleicht naiv, verträumt, aber ich meinte es ernst. Ich sagte: „Ich nehme dich mit zu mir nach Hause, sperre dich in ein Zimmer ein und schiebe dir Essen durch die Tür, bis du weg bist von den Drogen.“ Über diesen Vorschlag lachte sie nur. Was ich über ihr früheres Leben wusste? Da gab's nicht viel. Schon ihre Mutter hatte bei uns im Elbschlosskeller getrunken. Manchmal kamen sie gemeinsam. Während einer meiner Schichten sah ich, wie Jasmin und ihre Mutter einen Streit anfingen, sich prügelten, richtig massiv, mit Knie ins Gesicht, wie Wrestler von der einen Ecke zur anderen. Nach diesem Streit, der für Außenstehende wirkte, als gehe es um Leben und Tod, war plötzlich zwischen den beiden wieder alles gut. Jeder, der sich einmischte, der helfen wollte, wurde von beiden wie der Feind behandelt. Ich habe daraus eines gelernt, Pack schlägt sich, Pack verträgt sich. Das war eines von vielen Erlebnissen, die mich haben abstumpfen lassen. Es gibt Leute im Milieu, bei denen mischst du dich besser nicht ein, da ziehst du immer nur den Kürzeren. Sie brauchen die Gewalt, sie ist ihre Form von Kommunikation, und wenn du zu vermitteln versuchst, bist du am Ende der Blöde. Also, Jasmins Mutter hat früher schon bei uns getrunken, zu Zeiten meines Vaters. Jasmin trat sozusagen in ihre Fußstapfen. Sie hatte ein Facebook-Profil, wo ein Satz zu lesen war, der mich traurig stimmte: „Ich bin eine Crackhure für 40 Euro." So hat sie sich bezeichnet, darauf hat sie sich reduziert. Ein bildschönes Mädchen, das durch Drogenkonsum, Prostitution und Schlägereien ganz unten gelandet ist. Ich habe versucht, sie zu bekehren, und ich musste lernen, dass du nur Menschen helfen kannst, die sich helfen lassen wollen, egal wie viel Energie, Zeit und Liebe du investierst. Wer nicht bereit ist, dies zu empfangen, dem kannst du so viel davon geben, wie du willst, er wird es nicht annehmen. Wenn du Gott nicht sehen möchtest, wirst du ihn nicht erkennen. Wenn ich damals als Kind nicht daran geglaubt hätte, dass meine Uroma meine Warze verschwinden lässt, dann wäre es nicht passiert. Jasmin wollte sich nicht helfen lassen. Sie glaubte an nichts, am wenigsten an sich selbst. Das war ihr Weg, das, was sie für sich gebraucht hat. So wie auch meine Schwester ihren Weg ging. Es ist traurig, wie manche Leben enden. Jasmin war länger nicht im Elbschlosskeller gewesen, als sie eines Tages einen Welpen anschleppte. Ein Jack Russell Terrier, der war immer an ihrer Seite, auch wenn sie nachts auf dem Kiez unterwegs war. Dieses Tier war vielleicht das Menschlichste, was ihr begegnen konnte. Einen Monat vor ihrem Tod nahm ich ihr den Hund weg. Sein Leid konnte ich nicht mehr ertragen. Wenn sie betrunken und auf Crack war, konnte sie sich nicht mehr um das Tier kümmern. Von meinem Platz hinter der Theke sah ich, wie Dealer an dem Hund herumzerrten oder Besoffene ihn auf dem Tisch herumtapsen ließen. Wenn Jasmin im Drogenrausch war, wie sollte sie, die sich kaum selbst noch spürte, denn ein sechs Kilogramm kleines Tier neben sich spüren? Dann kam der Moment, als ich Jasmin den Hund wegnahm. Den ganzen Abend über war das arme Tier wieder mal nur herumgezogen worden. Jasmin war mit einem Freier auf der Toilette verschwunden. Der Laden war brechendvoll. Als Jasmin vom Klo kam, winkte ich sie zu mir. „Soll ich deinen Hund nicht mal in mein Auto setzen, bevor der 30. Typ ihn über den Tresen laufen lässt? Dort ist er sicher. Du kannst ihn später abholen“, schlug ich ihr vor. „Ja, mach mal“, sagte sie. Ich brachte ihn ins Auto und fuhr zehn Minuten später mit ihm nach Hause. Und ich behielt ihn, bis heute. Irgendwann, als sie einen klaren Moment hatte, forderte Jasmin den Hund zurück. Ich lehnte ab. Sie flippte aus. Zeigte mich an und es kam sogar zu einem Gerichtstermin. Der Richter fragte sie, was sie beruflich mache, wollte wissen, wie sie lebte. Jasmin antwortete, ja, sie habe früher Drogen genommen, aber das mache sie nicht mehr. Und der Richter fragte: „Wie lange nicht?“ „Ich bin seit zwei Wochen clean, und Anschaffen gehe ich seitdem auch nicht mehr“, sagte Jasmin. Der Richter las in ihrer Akte, das dauerte bestimmt zehn Minuten, Prostitution, Beschaffungskriminalität, Hehlerei, Dealerei, den verarscht, den beklaut, den belogen und und und. Sie hat den Hund nicht zurückbekommen. Zwei Wochen nach dem Termin starb Jasmin. Sie wurde vermutlich ermordet, aus dem elften Stockwerk ihres Wohnhauses geschmissen. Ich bin davon überzeugt, dass ich dem Hund das Leben gerettet habe, denn die Typen, die Jasmin töteten, hätten ihr vielleicht den Hund hinterhergeschmissen. Oder er würde jetzt in einem Tierheim leben. Die näheren Umstände von Jasmins Tod wurden nie aufgeklärt, die Täter nie gefasst. Wahrscheinlich ein Streit im Drogenmilieu, der eskalierte. Vier Jahre ist das alles her. Seitdem lebt Toffee, so heißt der Hund jetzt, bei uns und hat ein intaktes Familienleben. Wenn ich ihn toben sehe, denke ich gelegentlich an Jasmin. Vor Kurzem schrieb mir Ramona, eine frühere Kundin von uns und eine Wegbegleiterin von Jasmin, ob ich überhaupt wüsste, dass Jasmin jahrelang in mich verliebt gewesen war. Was ihr Ableben für mich nicht einfacher macht und mir ihre tragische Geschichte noch mehr ins Bewusstsein ruft.

Wir wohnen direkt am Rande eines Naturschutzgebiets. Toffee liebt unsere täglichen Spaziergänge in der Natur. Und wenn ich mal keine Zeit dafür habe, lasse ich ihn einfach in unserem Garten hoppeln. Er ist ein Kinderhund, sehr verspielt. Er liebt es, wenn mein Sohn andere Kinder zu Besuch hat und er mit ihnen im Garten herumtoben kann. Dann spritzen sie den Hund nass oder spielen Fußball mit ihm. Mittlerweile haben wir ein zweites Haustier, Maja, eine Hündin. Auch ihr konnten wir das Leben retten. Sie sollte ins Versuchslabor kommen. Susanna arbeitete früher in der Tierrettung und hat auch schon mal nachts Versuchstiere befreit, sie war richtig aktiv. Als sie mitbekam, dass Mischlingswelpen zu Versuchen freigegeben wurden, haben wir sie befreit und nahmen Maja mit zu uns nach Hause. Seitdem haben wir also zwei gerettete Hunde. Maja ist ein Jack Russel Chihuahua Mischling, Toffee ein reinrassiger Jack Russel Terrier. Es hat lange gedauert, bis Toffee sich an uns gewöhnt und bis er Vertrauen zu Menschen gefasst hat. Anfangs hat er sich immer versteckt, wenn man ihm das Geschirr umlegen wollte, weil er Angst hatte, dass er – wie früher – an einem Halsband brutal herumgezerrt wird. Jetzt klappt es sogar, dass er ganz langsam von selbst ins Geschirr steigt. Toffee hat bis heute immer was mit dem Magen und leidet an Verstopfung, manchmal kann er gar nichts fressen. Außer Hamburger. Wir haben über Nacht mal aus Versehen einen Burger auf dem Esstisch liegen gelassen und am nächsten Morgen war der weg. Fastfood ist das einzige Fressen, das Toffee schon als Welpe bekam. Mit dem ganzen Mist im Magen ist er groß geworden. Ich denke, er hat bei Jasmin auch Drogen zu fressen bekommen. Der Hund ernährt sich von dem, was auf dem Tisch liegt, also hat er auch mal Drogen weggeschleckt oder irgendwelche Typen haben ihm aus Spaß irgendein Zeugs gegeben. Bis heute hat Toffee auch Probleme beim Gassi gehen. Weil er in seiner Prägungsphase immer nur hin- und hergezogen wurde, er durfte nie mal in Ruhe die Gegend erkunden. Wenn er sein Geschäft macht und man ihm dabei zu nahekommt, bricht er sofort ab und will weglaufen. Wenn er sein Häufchen machen soll, muss man wirklich weggucken oder in die andere Richtung gehen. Da ist er total sensibel. Aber letzten Endes ist aus unserer Hunde-Mensch-Beziehung etwas sehr Schönes entstanden, heute geht es ihm wirklich gut. Er lebt und er ist ein Mitglied unserer Familie.

(Alp)Traumjob Lude

Als Kind dachte ich, Lude zu sein, muss was ganz Tolles sein. Und später probierte ich es tatsächlich mal aus. Ich hatte gerade das Fitnessstudio übernommen und war mit einer neuen Freundin zusammengekommen. Die große Liebe, aber dauernd gab es nur Krawall und Stress. Eines Tages kam ein Typ ins Fitnessstudio, der gerade frisch aus dem Gefängnis entlassen worden war. Er hatte fünf Jahre wegen Steuerhinterziehung gesessen. Eigentlich aber wegen Prostitution. Er hatte Mädels aus Südamerika für sich arbeiten lassen, mit denen er auch gerne selbst Orgien feierte. Die Mädels waren zufrieden, behauptete er, aber eben illegal in Deutschland. Er strich die Kohle ein und zahlte keine Steuern. Dafür landete er schließlich im Knast.

Der Typ war kein Schläger, das glaubte ich ihm. Es gibt solche und solche unter den Bengels. Er machte mir sein Geschäftsmodell schmackhaft, erklärte mir, wie es funktioniert, wie man Frauen richtig poussiert und so weiter. Zu der Zeit hatte ich Bock darauf, Lude zu sein. Tatsächlich kam irgendwann ein Mädchen auf mich zu und meinte: „Ich will in Hamburg Fuß fassen und habe Lust, anschaffen zu gehen." Ich war baff, dachte nur: „Geil, dann werd ich jetzt Lude!" Ich besorgte dem Mädel erstmal ein Zimmer in einer Zimmervermietung. Ich hatte keine Ahnung von dem Business, hatte mich noch nie wirklich geprügelt. Trotz meiner dicken Arme, war ich eigentlich sehr naiv. Und auch viel zu gutmütig. Nach ihrem ersten Arbeitstag drückte mir das Mädchen das Geld in die Hand. Beim zweiten Mal wollte ich selbst abkassieren gehen. Ich nahm meinen Pitbull an die Leine und bin in ihr Zimmer rein. Plötzlich tauchte ein Kerl vor mir auf, mit einem Schlagstock in den Händen, und preschte damit auf den Türrahmen ein, bis das Holz absplitterte. Mehr musste er nicht tun. Ich bekam es mit der Angst zu tun. Gar nicht mal um mich, mehr um meinen Hund. Der war zwar ein Pitbull, aber ein Obertrottel von Hund, dem konnte man an den Ohren ziehen, in der Nase popeln, ihn auf den Rücken legen, und er blieb handzahm. Ich drehte mich auf der Stelle um und zog von dannen. Das wars fürs Erste. Das Ende meiner Ludenkarriere.

Bis ich erfuhr, dass meine damalige Freundin genauso wie ich kein Problem damit hatte, auf diese Art und Weise schnelles Geld zu verdienen. Über einschlägige Internetportale annoncierte sie ihre Dienste und schrieb sich mit Freiern. Zum Fitnessstudio gehörte ein Kellerraum mit einem separaten Eingang. Den bauten wir komplett aus und richteten ihn ein, unter anderem mit einem Gynäkologenstuhl, einer ausfahrbaren Couch, einem kleinen Tisch für Handtücher, Desinfektionsmittel und Kondome. Hier sollte meine Freundin schon bald ihre Kunden empfangen. Während ich im Fitnessstudio am Empfang saß, konnte ich mir die Freier genauestens anschauen, wenn sie ankamen. Erst nachdem ich mein Okay gegeben hatte, verschwand meine Freundin mit ihnen im Nebeneingang. Meine Aufgabe war es, für ihre Sicherheit zu sorgen, so wie es ein Zuhälter oder Wirtschafter macht. Auf die Mädels aufpassen, ein Auge auf die Freier werfen. Das klappte auch ganz gut. Die Freier kamen erst dann, wenn das Fitnessstudio geschlossen hatte. Während meine Freundin unten einen Freier bediente, putzte ich oben das Studio und räumte die Gewichte weg.

Eines Tages stand ich ganz dicht an einem Wasserrohr, das auch in den Keller führte und hörte das Stöhnen von unten. Zuerst wurde ich wütend, ballte die Fäuste, wollte den Typen umhauen. Am Ende hat es mich aber eigentlich nicht gestört. Eine Zeit lang hatten wir sogar eine zusätzliche Location. Ich mietete ein Zimmer in der Herbertstraße, wo in den Häusern links und rechts die Prostituierten auf Hockern sitzen, auf Freier warten und die männlichen Passanten am geöffneten Fenster ansprechen. Die Kontakte dorthin verschaffte mir meine Mutter. In der Herbertstraße arbeitete eine Freundin von ihr, Stiefel-Manu, eine Domina, auch so ein Kiez-Original. Ich bat meine Mutter um ihre Nummer. Stiefel-Manu half mir dann tatsächlich, ein Zimmer klarzumachen. Von da an schaffte meine Freundin in der Herbertstraße an, saß wie die anderen an einem Fenster, wo an Wochenenden Scharen von Gaffern vorbeilaufen. Manchmal musste sie gar nicht viel tun für ihr Geld. Ein Freier gab ihr 50 Euro, nur damit sie vor seinen Augen einen Lolli lutschte. Anfangs hatte ich ein bisschen Ärger mit einem Luden. Nach einem Monat lief es, aber nach zwei Monaten haben wir es wieder sein lassen. Weil alles zu viel Druck war, zu viel Generve. Ich kannte mich mit den Regeln im Rotlichtmilieu einfach nicht aus. Ein Freund sagte zu mir: „Als Lude schläfst du immer mit ′ner Knarre unterm Kopfkissen.“ Das wollte ich nicht. Mit unserem

Internetkram hatten wir genug Geld verdient, da brauchten wir die Herbertstraße nicht. Meine Freundin arbeitete wieder im Keller des Fitnessstudios oder machte Hausbesuche.

Einer ihrer Stammkunden war ein besonders schräger Vogel. Ein Rechtsanwalt, nach außen hin ganz seriös. Der wollte nur koksen und gemeinsam Pornos gucken. Sein Fetisch war Nekrophilie, dafür sollten die Mädels schlank oder – noch besser – sehr dürr sein. Meine Freundin musste sich hinlegen, als wäre sie tot, und er versuchte, Sex mit ihr zu machen. Was nicht klappte. Er bekam keinen Ständer. Nach ein paar Stunden war alles vorbei, meine Freundin kassierte 800 Euro. Ich hatte unten im Auto auf sie gewartet. Wir lachten uns kaputt und fuhren 800 Euro reicher nach Hause.

Unsere Beziehung war mehr als schräg, das kann man nicht anders sagen. Ich habe bestimmt 20-mal versucht, mich von ihr zu trennen. Der Sex war radikal und dementsprechend war das auch mit der Liebe. Wenn du dich streitest und ankeifst und danach wieder versöhnst, dann ist der Versöhnungssex so intensiv, dass du schon dem nächsten Krach entgegenfieberst. Wir waren wie Bonnie und Clyde, haben irre Dinge angestellt, gegen alles und jeden rebelliert und uns sogar gegenseitig tätowiert. Es gab ein Hammererlebnis, als ich mich mal wieder von ihr getrennt hatte. Ich war in meiner Wohnung und wurde davon wach, dass es an der Tür Sturm klingelte. Ich wohnte im Erdgeschoss und fragte über die Sprechanlage, wer da sei. Es war meine Ex. Sie wolle rein zu mir, brüllte sie. Ich: „Keine Zeit. Ich muss mich fertig machen, muss gleich arbeiten." Sie: „Ich will aber jetzt. Jetzt, jetzt, jetzt!" Wie eine Irre. Hat immer wieder geklingelt. Das ging so lange, bis ich die Klingel abstellte. Daraufhin lief sie alle Fenster meiner Wohnung ab, hämmerte dagegen, brüllte dort, wo ein Fenster auf Kipp stand, in die Wohnung. Ich reagierte nicht. Dann wollte sie meine Autoreifen mit einem Messer kaputt stechen. Keine Ahnung, woher sie plötzlich das Messer hatte. Dabei schnitt sie sich selbst in die Hand, rannte wieder an die Fensterscheiben und beschmierte sie mit Blut. Als ich das Blut sah, dachte ich, es sei vielleicht doch besser, sie reinzulassen.

Ich machte vorsichtig die Wohnungstür auf, um hinauszuschauen, doch kaum war sie einen kleinen Spalt geöffnet, bekam ich eine Faust ins Gesicht, einen richtig massiven Schlag. Ich hatte mit ihr Bodybuilding gemacht, sie war zwar nicht groß und wog nicht viel, hatte aber eine unglaubliche Power. Ich war angeknockt, und sie stürmte an mir vorbei in meine Wohnung, schnappte sich meinen Haustürschlüssel und brüllte: „Wenn du jetzt in den Elbschlosskeller fährst, entführe ich deinen Hund!" Ich rief: „Das kannst du nicht machen! Ich muss zur Arbeit, mein Vater dreht durch, wenn ich nicht pünktlich da bin!" Sie blieb stur, von ihren Händen tropfte Blut auf meinen Teppich. Ich versuchte, ihr den Schlüssel wieder wegzunehmen. Aber immer, wenn ich danach greifen wollte, ließ sie sich auf den Boden fallen und trat mit den Füßen nach mir. Die einzige Möglichkeit wäre gewesen, sie auszuknocken, aber eine Frau zu schlagen, das ist tabu. Ich war so wütend, aber ich wusste, wenn du diese Hemmschwelle jetzt übertrittst, dann wirst du dir das niemals verzeihen.

Stattdessen rief ich die Polizei. Nach wenigen Minuten waren zwei Beamte vor Ort. Ich schilderte die Situation.

Die Reaktion? Die Polizisten machten sich lustig über mich. Nach dem Motto: Von diesem kleinen Mädchen fühlt sich der Typ bedroht? Ich hätte wohl kaum angerufen, sagte ich ihnen, wenn ich das hätte allein regeln können. Jedenfalls sorgten sie dafür, dass meine Ex den Schlüssel rausrückte und meine Wohnung verließ. Ich machte mich direkt auf den Weg zum Elbschlosskeller. Kaum 100 Meter aus der Tür hörte ich, wie es hinter mir im Gebüsch raschelte. Ich drehte mich um, als sie plötzlich aus der Hecke sprang und mit einem Ersatzschlüssel für meine Wohnung vor meinem Gesicht hin und her wedelte. Den musste sie sich genommen haben, während ich mit den Polizisten diskutiert hatte. „Ich entführ deinen Hund!", schrie sie wieder. Völlig irre. An diesem Tag musste ich meine Schicht absagen und mich bis tief in die Nacht mit ihr auseinandersetzen. Alles abgefahren, ein abgefahrenes Mädchen.

Die Sache mit der Zuhälterei war damals schon längst beendet. Ich habe später noch mal ein Mädchen kennengelernt, das gerade in dieses Milieu reinrutschte. Sie dachte, ich wäre ein Stripper und ich hatte ein irres Sexerlebnis mit ihr in einer Absteige auf dem Kiez. Ich war auf Kokain, wir hatten fünf Stunden am Stück Sex miteinander. Danach war ich ein paar Wochen lang mit ihr zusammen. Ich bin ein Typ, der gerne erobert. Ich nehme ein Mädchen an die Hand und springe mit ihr durch die Welt, ich möchte sehen, dass ihre Augen funkeln, dass sie Spaß hat. Ähnlich wie mit meinen Gästen im Elbschlosskeller – wenn ich anderen gute Momente gebe, fühle ich mich selbst gut.

Nach ein paar Wochen stellte mir meine neue Freundin eine Frage, die ich zunächst gar nicht verstand: „Wollen wir unsolide werden?" Und ich wusste nicht, was das bedeutet. „Solide ist, wenn alles normal läuft. Unsolide ist, wenn ich anschaffen gehe." Ich dachte mir: Wenn sie dich schon fragt, will sie das wohl wirklich machen. Also sagte ich: „Ja, ich habe Bock drauf. Ich muss Geld verdienen, du siehst gut aus und kommst vom Kiez – alles klar, machen wir das." Und sie ging dann drei Monate anschaffen. Ich besorgte ihr ein Zimmer, dieses Mal allerdings nicht auf dem Kiez, sondern auf dem Lokstedter Steindamm. Da war ich über einen mir bekannten Altluden rangekommen, der einige Apartments besaß.

Für mich war bald klar: Als Lude taugst du nichts. Ich war für diesen Job einfach nicht abgefucked genug. Das Mädel hingegen schon. Das bekam ich ganz schnell mit, denn bald schon fing sie an, Geld einzubehalten. Wenn man als Lude nicht gemein ist, werden die anderen gemein. Ich stellte erneut fest, dass das nicht meine Welt war und ließ es endgültig bleiben.

Das Geschäft ist brutal. Ich kenne einen Typen, der als Wirtschafter arbeitet. Wirtschafter sind Jungs, die vor den Zimmern sitzen und im Auftrag der Luden die Frauen kontrollieren und auf sie aufpassen. Ich habe gesehen, dass dieser Wirtschafter eine seiner Frauen geschlagen hat. Sie brauche es regelmäßig in die Fresse, behauptete er. Wenn er das nicht mache, „dann dreht die ab und läuft mit dem Geld weg." So ein Mensch wollte ich nicht werden. Ich war schon viel zu tief reingerutscht. Die anfängliche Faszination hatte mit dem machohaften Auftreten nach außen hin zu tun, der Selbstdarstellung als Lude, die Rolle fand ich cool. Den ganzen Rest, der dazu gehörte, missfiel mir. Dieser ganze Prostitutionsmist, der macht dich kaputt. Entweder färbt er deine

Seele schwarz oder du verkehrst mit einem Menschenschlag, dessen Seele schon schwarzgefärbt ist. Das machst du nicht lange mit, nicht wenn du es nicht wirklich willst. Nur weil du eine Partnerin hast, die nymphoman ist, nur weil du selbst Spaß daran hast, mit unterschiedlichen Partnern Sex zu haben, das reicht nicht. Wer so drauf ist, der geht besser auf Sexpartys und verkauft nicht den Partner an Freier.

Der schöne Klaus

Einer unserer Stammgäste im Elbschlosskeller ist der schöne Klaus. Eine echte Kiezlegende. Früher fuhr er mit seinem Ferrari über die Reeperbahn und war der bekannteste Lude Hamburgs. Damals kannte ich ihn noch nicht persönlich, aber es gibt ihn in seiner Hochphase auf YouTube-Videos zu sehen. Er hat mich immer schon interessiert, als Mensch, als Story, und einmal habe ich ihn gefragt: „Klaus, wie kommt's, dass du von ganz oben nach ganz unten abgerutscht bist? Früher warst du der Macher und Lude schlechthin, hattest Kohle ohne Ende, und jetzt hängst du hier im Elbschlosskeller ab. Was ist passiert?" Und er erzählte mir etwas, das ich nachvollziehen konnte. Er sagte, sein früheres Leben habe ihn aufgefressen. Er hat mir wortwörtlich gesagt, es habe ihn eingeholt, „diese ganze Scheiße, die ich mit Frauen gemacht habe." Er konnte das einfach nicht mehr länger tun. Deshalb musste er aufhören. Bis er soweit war, hat es Zeit gebraucht, denn früher hatte er natürlich seine coolen Momente, wurde angehimmelt, war der King, zumindest in der Außenwirkung, vielleicht auch für sich selbst. Ich bin froh, dass es mit mir soweit nie gekommen ist. Dass ich diese Welt hinter mir lassen konnte, ohne daran kaputtzugehen.

Noch eine Kiezlegende, wie es sie kaum noch gibt. Einer von der alten Garde.

Inkasso-Henry

Er saß oft mit unterschiedlichen Frauen bei uns am Tresen, mit Gold behangen, lila Pilotenbrille, Schnauzbärtchen, Tattoos, hat viel Kohle springen lassen. Inkasso-Henry war das Klischee eines Achtzigerjahre-Zuhälters. Henry Hübner, sein bürgerlicher Name. Er war Lude, Geldeintreiber, Koberer vor Strip-Schuppen, zuletzt Touristenführer auf dem Kiez. Vor Kurzem ist er, mit 72, gestorben, allein in seinem Einzimmerapartment. Die Mopo würdigte ihn mit einem Nachruf: „Hübner verkörperte den Stadtteil wie eine wandelnde Parodie: ‚Ey, wech da, klönen könnt ihr to Huus', schnarrte er Menschen mit seiner heiseren Stimme an, wenn sie ihm auf ‚seinem Kiez' im Wege standen. Die Reeperbahn war Henrys Bühne! Doch er fühlte sich zusehends wie im Affenzirkus. ‚Früher war's besser. Die ganzen Penner mag ich nicht, alles stinkt nach Pisse. Die Kids sind hier, besaufen sich, werfen ihren Dreck auf die Straße', schimpfte Hübner. Dabei war der Glatzen-Mann, der optisch an ‚Meister Proper' erinnerte, kein klassischer Saubermann… Als Kind in Hafennähe aufgewachsen, die Mutter Hausfrau, der Vater handelte als Kaufmann mit Tuch und Gewürzen. Lütt Henry machte früh Geschäfte. Als Junge verkaufte er Aale auf dem Fischmarkt, später stieg er ins Rotlicht-Gewerbe ein. Bei seinen späteren Touri-Touren zwischen Herbertstraße und Großer Freiheit protzte er mit seiner Vita: Kellner im ‚Star-Club', dann Puff-Chef. Über seine Zeit als Geldeintreiber erzählte er Horror-Storys von Kneifzangen und zerquetschten Fingerkuppen." Wenn ich Schicht im Elbschlosskeller hatte und Inkasso-Harry saß mal wieder am Tresen, sagte er immer zu mir, ein bisschen mit Wehmut: „Und grüß mal deinen Vater von mir." Den kannte er noch aus früheren Zeiten. Die alte Garde verkehrte eben immer gern bei uns.

Auch der Großteil der ehemals Prostituierten, die heute im Elbschlosskeller auftauchen, stammt noch aus dieser Zeit. Die Prostituierten von damals halten sich an die alten Regeln und benehmen sich trotz aller Schicksalsschläge und schwierigerer Lebensumstände wie Damen. Sie haben sich ihre Würde bewahrt, sie besitzen immer noch eine gewisse Eleganz, Charme und Stil.

Von dem Begriff Beischlafdiebstahl hörte ich zum ersten Mal vor ein paar Jahren. Bei uns verkehrten zwei, drei Mädels, die das über Jahre gemacht haben. Sie konnten riechen, welche Gäste gerade gut gestopft waren und sich nach Liebe sehnten. Sie haben sie bezirzt, hatten Sex mit ihnen oder gaukelten ihnen vor, mit ihnen ins Bett gehen zu wollen – und hinterher haben sie die Freier beklaut. Inzwischen kenne ich diese Beischlafdiebinnen und warne die Männer, ihre potentiellen Opfer, vor ihnen. Mittlerweile trauen sich die Damen schon gar nicht mehr, ihrem Geschäft bei uns nachzugehen. Eine von ihnen kommt aber immer noch auf ein Bier vorbei. Ich hatte sie lange nicht gesehen, und als ich sie wiedersah, machte sie einen ordentlichen Eindruck auf mich, war gut genährt und sah fit aus, ganz anders als sonst. Ich sagte: „Du siehst so erholt aus. Warst du im Knast?" Und tatsächlich hatte sie gerade mal wieder gesessen.

Ich arbeitete etwa seit zwei Jahren im Keller, als ich eine Prostituierte kennenlernte, die wirklich etwas ganz Besonderes ist.

Die Escort-Russin

Damals war sie gerade erst nach Deutschland gekommen, um in Hamburg anschaffen zu gehen. Sie hatte etwas von einer Dame, einer Grande Dame, mit viel Ausstrahlung, sie füllte den Raum, sobald sie ihn betrat. Sie trug edle Fummel, Pelze, bis heute, damals war sie noch nicht so verbraucht von dem harten Leben und vom Alkoholkonsum. Sie zieht die Männer an. Mit ihrer Aura. Die Typen scharwenzeln immer sofort um sie herum. Die eine Hälfte will ihr einen Drink ausgeben, die andere kann nicht mehr klar denken vor Geilheit. Die bekommen Schnappatmung. Wie alt die Russin ist, bleibt ein Geheimnis. Als sie mich im Elbschlosskeller an der Theke sah, verguckte sie sich in mich. Ich war noch ein junger Bengel. Sie hat seitdem einen Narren an mir gefressen. Sie machte mir den Hof, das habe ich genossen. Eines Tages sagte sie, sie wolle mich in ihre Heimat einladen, werde mir den Flug nach Russland zahlen, ich solle ihre Familie kennenlernen. Ich weiß nicht, wie ernst sie das meinte, aber ich lehnte ab. Bis heute gibt es eine spielerische Flirterei zwischen uns. Wenn sie die Stufen zum Keller hinunterschreitet – oder torkelt, je nach Zustand –, macht sie große Augen, sobald sie mich sieht. „Ooooh, mein Daniel …" Niemand hat dabei so einen geilen Akzent wie sie. Ich greife ihr an den Busen, dann kichert sie und wir trinken was zusammen. Alle anderen schauen neidisch und eifersüchtig auf uns. Aber das ist alles ein Spiel, Teil meiner Show, die ich im Elbschlosskeller aufführe.

Es gibt da noch eine thailändische Prostituierte, eine Transsexuelle, die in mich verliebt ist, auch der darf ich ungestraft an den Busen greifen. Sie wäre beleidigt, wenn ich das nicht täte. Aber ich weiß, bei wem ich das darf und wo bei anderen die Grenzen sind. Ich habe gesehen, wie meine transsexuelle Freundin mit Freiern nach Hause ging, die keine Ahnung hatten, mit wem sie sich da eingelassen hatten. Manche wies ich dezent darauf hin, die Naiven. Die konnten es gar nicht glauben. Sie kommen aus einer Welt, in der so etwas nicht denkbar ist. Ist immer ein witziger Moment. Was für mich Alltag ist, überschreitet für andere die Grenze des Denkbaren. Der Elbschlosskeller ist meine Welt, da, wo alles ein bisschen kaputt ist, in diesem Kosmos, hinterm Tresen, bin ich unschlagbar. Und Situationen, mit denen andere nicht klarkommen, sind mein Ding.

Auch wenn ich nicht mit der Russin ins Bett ging, hatte ich viele Affären. Mit Anfang 20 fühlte ich mich wie ein Sexgott. Wie der junge Ryan Philippe im Film „Studio 54", mit Goldglitter auf der Brust. Ich hatte keinen Sixpack, sondern einen Twelvepack. Und ich war ganz schön von mir selbst eingenommen.

Eines Nachts stand ich mal wieder am Tresen, hatte schon einen im Tee und musste noch vier Stunden arbeiten, da kam ein bildhübsches Mädchen in den Laden. Sie stammte aus der Dominikanischen Republik, hatte ein wunderschönes Lachen, Curly Hair, einen perfekten Körper, und glühte mich gleich an. Ich wurde immer heißer und wollte mit ihr mitgehen, konnte aber nicht, musste meine Schicht erst beenden. Ich fragte sie, ob ich nicht später zu ihr kommen könne, und sie gab mir ihre Adresse. Wir machten die Uhrzeit aus, und weg war sie. Endlich Schichtende, ich war tierisch betrunken, schon am Torkeln und schaffte es geradeso in ein Taxi. Mit 300 Euro in der Tasche. Wir landeten in einem Industriegebiet, nur Container und Lkws, keine Menschenseele. Scheiße, dachte ich, die hat mich verarscht. Dann sah ich, wie in einem Gebäude ein Fenster geöffnet wurde. Da stand sie und rief mich rein. Leise schlich ich mich in das Zimmer. Ein Bordell, wie ich feststellte, aber das störte mich in diesem Moment nicht, ich war einfach nur spitz auf sie. Es war ein billiges Bordell, das Bett hatte Gebrauchsspuren, die Tapete war schäbig, immerhin gab es ein winziges Bad. Ich zog mich aus, wusch mich und hüpfte zu ihr ins Bett. Sie übernahm sofort das Kommando, drückte mich nach unten und ritt mich. Erst mittendrin fiel mir ein: Scheiße, kein Kondom! Aber dafür war es zu spät. Anschließend fuhr ich nach Hause und schlief meinen Rausch aus.

Erst am nächsten Tag wurde mir klar, was ich da getan hatte. Ich versuchte, sie anzurufen, aber ihr Handy war aus. Und schließlich vergaß ich sie. Doch nach ein paar Wochen tauchte sie wieder im Elbschlosskeller auf. Schwanger. „Das ist von dir", sagte sie. Ich war geschockt, glaubte ihr aber sofort, weil ich ein naiver gutgläubiger Mensch bin. Mir brach der kalte Schweiß aus. Ich war ein Sexgott, ein Feierprinz, und wollte kein Vater sein! Ich goss mir erst mal einen Whisky ins Glas und setzte mich mit ihr hin. Dann fing ich an zu rechnen. Ich konnte gar nicht der Vater sein, das war unmöglich. Das sagte ich ihr ins Gesicht. Erst widersprach sie, doch schließlich knickte sie ein und gab den Betrug zu. Mir tat sie trotzdem leid, sie war schwanger und sehr verzweifelt. Aber natürlich fiel mir auch ein Stein von Herzen, ein ziemlich großer sogar. Diese Erfahrung holte mich damals ein wenig von meinem Thron runter.

Ich möchte noch eine andere abgefahrene Story erzählen, die ich einst mit einer Domina auf dem Kiez erlebte. Ich war 20 und meine große Liebe hatte sich gerade von mir getrennt, weil sie mich beim Fremdgehen erwischt hatte. Ich litt tierisch darunter, obwohl ich selbst schuld gewesen war. Damals dachte ich, ein richtiger Mann müsse ein Verführer sein. Wenn du durch die Stadt gehst, siehst du an den Litfaßsäulen Kerle, die durchtrainiert sind, Mädels in Strapsen, und die Gesellschaft suggeriert dir, du bist nur ein echter Typ, wenn du viele Frauen hast, wenn du ein Playboy bist. So sah ich mich. Heute weiß ich: Ein Mann muss weinen können, muss Gefühle zeigen können, und ein Mann kann auch stolz und straight zu einer Person stehen, wenn er weiß, dass diese Person ihm guttut. Dieses Bewusstsein hatte ich früher nicht, das musste ich erst lernen. Wer bin ich, was bin ich, wo gehöre ich hin, wo will ich hin, wo ist mein Platz? Ich war jung, hatte einen Blue Line Pitbull, ein schwarzes Cabriolet, ein Fitnessstudio, einen Six-, nein: Twelvepack und ein Sunnyboy-Gesicht – dementsprechend flogen die Mädels auf mich. Und keine Gelegenheit ließ ich aus. Mein damaliger bester Freund, Iman Hanzō ein Perser, machte die Mädels klar und wir knallten sie bei mir im Fitnessstudio in der Sauna zusammen weg, Gruppensex. Der eine von uns nahm sie von hinten, der andere von vorne. Dabei sahen wir uns an und gaben uns ein High five. Total stoned.

Heute denke ich: Was für zwei Idioten. Meine Frau Susanna sagt, dass ich mir damals die Hörner abstoßen musste. Wenn ich betrogen habe, kam das immer schnell raus. Weil ich kein Typ bin, der gut lügt, weil ich auch nicht gerne lüge. Und weil aus meiner Erfahrung, Frauen einen Draht haben, Männer zu erwischen, wenn sie betrügen. Und Männer sind generell keine guten Lügner. Ich lüge jemanden an und in dem Moment, wo ich lüge, spürt die andere Person, sofern sie mir nahesteht, dass ich unehrlich bin. Schon bin ich aufgeflogen. Naja, ich wurde also erwischt und meine Freundin trennte sich von mir. Totales Drama. Sie schrie und heulte, rannte weg, ich hinterher. Sie blieb stehen, wischte mit ihrer Hand von Kopf bis Fuß und sagte: „Das alles wirst du nie wieder haben!“ Ich war am Ende.

Am nächsten Tag hatte ich Nachtschicht im Elbschlosskeller, mit dem Szenario der Trennung im Kopf, betrank mich tierisch und nahm Kokain. Nach meinem Schichtende um acht Uhr morgens ging ich rüber in den Goldenen Handschuh, wollte nur versacken und weitertrinken. Neben mir saß eine auffällige Erscheinung, eine Mulattin, von Beruf Domina. Aber das erfuhr ich erst später. Sie mochte mich oder hatte Mitleid, weil ich da wie ein Häuflein Elend saß. Sie fragte mich, ob ich mit ihr Koks ziehen wolle. Ich sagte ja, wir gingen auf die Toilette, sie nahm eine Nase und ich auch, so ging es immer weiter. Ich verfiel in einen Sabbelrausch, wollte ihr ständig was erzählen. Aber sie guckte nur von oben auf mich runter, ich zwanzig, sie mindestens doppelt so alt und riesengroß, eine gestandene Frau vom Kiez. Und jedes Mal, wenn ich was sagen wollte, meinte sie: „Du bist jetzt ruhig und hältst deinen Sabbel." Ganz streng, ganz Domina. Alles klar, bin ich mal ruhig, dachte ich. Sie gab den Ton an, nahm mich an die Hand, packte mich an den Eiern. Das gefiel mir. Stunden später sind wir bei ihr zu Hause gelandet. Sie hatte eine Bude in der Schanze, legte Musik auf, Depeche Mode. Noch heute, wenn ich Depeche Mode höre, fühle ich mich zurückversetzt in diese Wohnung der Domina. Ihre Bude war nur spärlich eingerichtet. Die Fenster ohne Vorhänge, nur abgedunkelt durch verschiedenfarbige Tücher. Auf dem Wohnzimmertisch lag ein Spiegel, darauf Kokain, mindestens drei Gramm. Sie machte die Lines fertig, setzte sich auf meinen Schoß, zusammen zogen wir uns das Zeug rein. Und wir laberten die ganze Zeit über Gott und die Welt. Sie war sehr streng, ich sehr devot. Und irgendwann guckte sie wieder auf mich herab und fragte: „Weißt du, was ich bin? Weißt du überhaupt, wer ich bin?" Ich: „Nö, keine Ahnung." Daraufhin verschwand sie im Schlafzimmer und kam in einem Latexkostüm zurück, in der einen Hand eine Reitgerte. Stand vor mir und befahl: „Nimm mal noch eine Nase!" Das ließ ich mir nicht zweimal sagen. Im Hintergrund lief immer noch Depeche Mode. Sie setzte sich wieder auf meinen Schoß und sagte: „Meinst du, du kannst mich ficken? Meinst du, du fickst mich? Du fickst mich nicht, schaffst du doch nicht…" Und so weiter. Sie wollte mich provozieren. Und ich ließ mich provozieren. Eine halbe Stunde später habe ich sie gefickt. Hart gefickt.

Wenn du ein bisschen Kokain ziehst, dann wirkt es aphrodisierend, und ich habe die so hart weggeknüppelt mit meinen jungen Jahren, dass sie bis in den Himmel gequietscht hat. Womit sie das verdient habe, nochmal so einen Stecher ins Bett zu bekommen, rief sie. Und jetzt passierte das total Verrückte dieser Nacht. Mitten in dieser Sexorgie musste ich alle halbe, dreiviertel Stunde abbrechen, ging ins Nebenzimmer, schloss die Tür hinter mir und rief mit dem Handy meine Ex an. Sie ging sogar ans Telefon, obwohl es spät war. Und als ich ihre Stimme hörte, fing ich an zu heulen, mir liefen die Tränen übers Gesicht, tropften vom Kinn. „Warum rufst du mich an?", brüllte sie, ich solle mich verpissen, ich sei der letzte Dreck, mit uns sei Schluss. Nachdem ich aufgelegt hatte, ging ich wieder ins Wohnzimmer, nahm noch eine Nase und vögelte weiter. Das Ganze wiederholte sich noch mehrfach. Gegen 19 Uhr war Schluss. Völlig abgeschossen saß ich mit dem Mitbewohner der Domina, einem arbeitslosen, älteren Kettenraucher mit gelben Nikotinfingern und Dreitagebart, zusammen in der Küche an einem wackeligen Tisch. Wir hielten Smalltalk, während ich auf mein Taxi wartete. Ich musste zurück in den Elbschlosskeller, zu meiner nächsten Schicht, die um 20 Uhr begann.

Diese Zeit war ein einziges emotionales Auf und Ab. Ich war gefühlsmäßig verwirrt. Tagsüber kümmerte ich mich um mein Fitnessstudio, dazu kamen meine Schichten im Elbschlosskeller. In dem Alter kannst du das noch ab, du bist voller Power. Ich wusste, durch meinen Betrug hatte ich etwas Gutes, Reines zerstört. Ich hatte das Herz meiner Liebe gebrochen, fühlte mich schlecht. Ich wollte etwas Gutes tun, etwas bewirken. Als Wiedergutmachung. Ich glaube ja fest daran, du erntest das, was du säst, das Resonanzgesetz. Dir begegnet, was du ausstrahlst. Fürs Fitnessstudio hatte ich einen Praktikanten eingestellt. Ich kam vom Einkaufen und er sagte: „Da war jemand für dich, eine Frau, die hat nach dir gefragt. Sie will noch mal wiederkommen." Mehr wusste er nicht. Das passierte ein paar Mal, immer wieder tauchte diese mysteriöse Frau genau dann auf, wenn ich nicht da war. Sie hinterließ keine Nachricht. Schließlich traf ich sie. Ich saß an der Theke, schnurstracks kam sie auf mich zu. „Bist du der Chef?", fragte sie. „Ja", antwortete ich. „Wir müssen reden." Ich hatte keinen blassen Schimmer, was sie von mir wollte. Aber in meiner Familie haben ja alle ein Helfersyndrom. Wir ziehen Menschen an, die in Not sind. Wir spüren, wenn andere etwas brauchen. Sie erzählte mir ihre Lebensstory. Sie war damals um die 30, also zehn Jahre älter als ich, eine kleine Person, Brille, schwarzes schulterlanges, gelocktes Haar, ein hübsches Gesicht. Ihre Eltern stammten aus der Türkei, sie war in Süddeutschland aufgewachsen. Als kleines Mädchen sei sie von ihrem Vater vergewaltigt worden. Sie wurde mit einem wesentlich älteren türkischen Mann zwangsverheiratet, der sie in der Ehe misshandelte und missbrauchte. Sie bekam drei Kinder von ihm, einen Sohn und zwei Töchter. Als sie merkte, dass ihr Mann sich an den Töchtern vergehen wollte, packte sie ihre Koffer und ergriff die Flucht. Ließ alles zurück. Sie kam nach Hamburg. Das alles erzählte sie mir bei unserem ersten Treffen. Neben meinem Fitnessstudio gab es einen separaten Eingang, zum einen ging es dort in den Keller, wo meine Freundin ihre Freier getroffen hatte. Zum anderen war da der Eingang zu der Praxis einer Psychologin, bei der diese Frau in Behandlung war. Es zog sie zu mir. Nach diesem ersten Treffen freundeten wir uns an. Und ich wollte jemandem etwas Gutes tun, etwas wiedergeben, da ich meiner Ex und auch mir so viel genommen hatte. Und so nahm ich die Rolle des Helfers für sie und ihre Kinder ein. Ich wurde ein bisschen zum Ersatz-Papa, spielte mit ihnen, ging mit dem Sohn zum Fußball, kaufte für sie ein, denn Geld hatten sie kaum. Ich kümmerte mich um sie so gut es ging – neben meinen eigentlichen Jobs.

Für mich waren es heilsame Momente, wenn wir zusammen in ihrer Sozialwohnung am Esstisch saßen, alles sehr spärlich eingerichtet, sie besaß nur das Nötigste, Grundausstattung vom Amt, es gab keinen Teppich, nur eine Eckbank mit Tisch, aber der war mit viel Liebe gedeckt. Ich lernte die türkische Kultur kennen, mir gefiel die schöne Musik, die sie immer laufen ließ, genau wie der Yogi-Tee und das türkische Essen. Ich half ihr bei Behördengängen, schaute die Papiere fürs Amt durch und erklärte ihr alles, so gut ich konnte, damit sie klarkam. Etwas, das ich später auch für Gäste im Keller getan habe. Eines Tages erschien der Vater ihrer Kinder auf der Bildfläche. Sie wusste über Bekannte aus München, dass er sie suchte und herausgefunden hatte, dass sie nach Hamburg geflüchtet war. Sie fürchtete um ihr Leben. Er hatte Todesdrohungen gegen sie ausgesprochen. Sie traute sich kaum noch auf die Straße. Gemeinsam gingen wir zur Polizei und schilderten, was geschehen war. Aber wie so oft in solchen Situationen, so lange nur eine Bedrohung vorliegt, aber keine Straftat geschehen ist, kann die Polizei nicht helfen. Zum Glück fand ihr Mann sie nicht. Irgendwann gab er seine Suche auf und verließ Hamburg wieder.

Die Frau und ihre drei Kinder waren meine türkische Familie, es war eine schöne Zeit. Ein dreiviertel Jahr lief es so. Diese Zeit hat mir viel gegeben, weil ich viel geben konnte. Ich fühlte mich wie ein Papa und ein großer Bruder gleichzeitig. Wenn ich heute türkische Klänge höre, dann ist alles wieder da und ich fühle mich geborgen, so als würde ich wieder mit meiner türkischen Familie am Esstisch sitzen.

Leider endete diese Zeit auf unschöne Weise. Gelegentlich übernachtete ich in der Wohnung meiner Bekannten, aber das hatte nichts Sexuelles, wir waren Freunde. Die Kinder schliefen in ihren Zimmern. Ich hatte an dem Tag eine Klappcouch besorgt und in die Wohnung transportiert. Auf der lagen sie und ich im Wohnzimmer, wo sie immer schlief. In dieser Nacht machte sie plötzlich Annäherungsversuche, und das schockierte mich. Ich war kein Kind von Traurigkeit, und es gibt so viele aufregende Momente zwischen Mann und Frau, aber das hier war das Letzte, was ich wollte und womit ich gerechnet hatte. Ich lehnte ihre Avancen deutlich ab, und das irritierte sie und brachte uns in eine unangenehme Situation. Dadurch wurde alles gekappt. Unser Verhältnis änderte sich, und wir gingen wieder auseinander.

Später traf ich sie wieder, mittlerweile hatte sie einen Freund. Ich sah, dass sich alles gut entwickelt hatte. Ich denke, und das macht mich traurig, dass sie zuvor nie erfahren hatte, was Liebe wirklich bedeutet. Weil sie es durch den frühen Missbrauch nicht anders kannte, als sich durch Sex erkenntlich zu zeigen. Für sie bedeutete Liebe, dem Mann zu dienen, sich dem Mann hinzugeben. Mich drängte ihr Verhalten, auch wenn sie es nicht böse meinte, von ihr fort, aber das wurde mir erst später klar.

Ab jetzt bin ich der Chef

Dann war es soweit, mit 27 Jahren habe ich den Elbschlosskeller übernommen. Ich wurde Wirt. Im Gespräch war der Wechsel schon länger gewesen. Mein Vater redete immer mal davon, dass er sich irgendwann zurückziehen wolle, er habe das nun lange genug gemacht. Er plante, den Laden vernünftig an mich zu übergeben. Aber dann kam alles anders, die Ereignisse überschlugen sich. Trotz ihres Zerwürfnisses hatten es meine Eltern all die Jahre ganz gut hinbekommen, das Berufliche und Private zu trennen und weiterhin zusammen zu arbeiten. Meine Mutter als offizielle Pächterin des Elbschlosskellers – das ist sie bis heute – und mein Vater als Betriebsleiter, der sich um das operative Geschäft kümmerte. Das funktionierte gut. Bis die Krankheit meiner Mutter noch mal schlimmer wurde. Sie setzte sich in den Kopf, jetzt und sofort müsse sie sich auch beruflich von meinem Vater trennen, auf Biegen und Brechen. Wir dachten zunächst, dass das mal wieder nur so ein Spruch gewesen war. Drei Tage später machte sie ihre Drohung wahr und nahm meinem Vater seine Lebensaufgabe. Ich war nicht vor Ort, als es passierte und konnte es nicht verhindern. Er tat mir leid. So weit hätte es nie kommen dürfen.

Plötzlich war ein Vakuum entstanden. Wer kümmerte sich von heute auf morgen um die Geschäfte? Susanna sprang ein, übernahm die Betriebsleitung, und ich wurde Geschäftsführer. Danach gab es nur noch einmal ein Gespräch zwischen meinem Vater und mir, ein Telefonat, das keine Versöhnung brachte. Seitdem habe ich keinen Kontakt mehr zu ihm, was ich sehr bedauere. Auch wenn ich seit meinem 18. Lebensjahr im Elbschlosskeller gearbeitet hatte, abgesehen von der Zeit meiner Zimmererlehre, war es doch eine große Umstellung, selbst die Verantwortung zu übernehmen. Man braucht bei aller Menschenliebe auch eine gewisse Härte, um so einen Laden zu führen. Ich gehe soweit zu sagen, dass ich manchmal ganz schön abgestumpft war, der Elbschlosskeller stumpft einen ab. Du lernst, dass du nicht alles ändern kannst, dass du manches, auch wenn es dir nicht passt, akzeptieren musst. Dass es Menschen gibt, die sich nicht helfen lassen wollen, die dem Untergang geweiht sind. So wie Jasmin, von der ich erzählt habe. Und du musst lernen, nach außen hin Härte zu zeigen.

Als ich Wirt wurde, hatte ich schon einige Keller-Jahre auf dem Buckel, lehrreiche Jahre. Schon in meiner ersten Schicht hatte ich eine Prüfung bestehen müssen, eine Elbschlosskeller-Tauglichkeitsprüfung. Eine Gruppe von sieben Mannsbildern, gestandene Kerle, hing im Laden ab. Stammkunden, Obdachlose, Arbeitslose. Die nahmen mich, den Jungspund, genau unter die Lupe und tuschelten ständig. Ich spürte, dass die was ausheckten. Dann schickten sie einen von ihnen los, um bei mir sieben Bier zu bestellen. Ich stellte sie vor ihm hin, und er sagte: „Nö, zahlen tu ich aber nicht." Einfach so. Die wollten wissen, wie ich reagiere, wenn ich die Kohle nicht bekomme. Die wollten sehen, ob ich klein beigebe, wie weit sie es bei mir treiben können.

Ich sagte gar nichts, holte aus und gab dem Typen stattdessen eine Ohrfeige. Nicht wirklich hart, aber heftig genug, dass er aus den Latschen kippte. Er stand auf und gab mir die Hand. Die anderen applaudierten und grölten. Prüfung bestanden. Der Typ zahlte die sieben Bier und setzte sich wieder an seinen Tisch. Alles war in Ordnung, die Stammgäste wussten, okay, der setzt sich durch, der ist hier richtig.

In der ersten Zeit hatte ich noch einen kleinen Zusatzverdienst. Armdrücken mit Gästen. 20 bis 100 Euro Wetteinsatz pro Wettkampf. Kraft hatte ich mir antrainiert und ich war auch richtig gut im Armdrücken. Mein Gegner und ich saßen uns am Tisch gegenüber, ein Arm hinterm Kopf, der andere auf der Tischplatte. Und dann ging's los. Meistens habe ich gewonnen. In meinem ganzen Leben habe ich zweimal im Armdrücken verloren. Es kam vor, dass ein Typ, den ich besiegt hatte, nicht zahlen wollte. Wenn der Verlierer das Geld nicht rausrückte, kam es zu Streit, Rangeleien, Unruhe im Laden. Deswegen verbot mir mein Vater das Armdrücken. Den letzten unfreiwilligen Fight hatte ich mit einem korpulenten Typen um die 40, der mich herausgeforderte, ich sagte nein, Armdrücken sei tabu. „Dann lass uns doch Fingerhakeln machen." Wollte ich auch nicht. Da kippte er sein Bier auf der Theke aus, und als ich mich rüberbeugte, um die Bierpfütze wegzuwischen, packte er meine Hand und schloss seinen Zeigefinger hart um meinen. Also haben wir gehakelt. Hätte er besser sein gelassen. Plötzlich ein dumpfes Geräusch, ein ekliges Gefühl. Sein Finger war gebrochen, der weiße Knochen guckte aus dem gerissenen Fleisch. Kampf beendet. Aber der Typ blieb sitzen, versteckte seine Hand unter dem Tresen, ertrug den Schmerz aus Scham vor seiner Frau und mir, weil er zuvor so sehr auf Welle gemacht hatte. Männer sind schlechte Verlierer. Wollen im Suff die dicksten Eier haben, können aber selten Niederlagen ertragen.

In der Anfangszeit hat mein Vater einem unserer Angestellten aufgetragen, dass er ein Auge auf mich haben sollte. „Pass mal ein bisschen auf meinen Sohnemann auf“, sagte er zu Uwe. Da hatte er sich einen ganz besonderen Typen ausgesucht.

Uwe, einer, der fehlt

Uwe war unser Mitarbeiter mit der größten Kundenbindung. Er ist schon tot, aber unvergessen. Weil er das größte Herz hatte, das man sich vorstellen kann. Das saß bei ihm am rechten Fleck. Weil er auch mal Schwäche zeigen konnte, seine Gefühle rauslassen konnte. Wenn Uwe betrunken war, konnte es vorkommen, dass er während seiner Schicht in Tränen ausbrach. Stand heulend hinterm Tresen. Wer ihn nicht kannte, fragte sich, was mit dem los sei, diesem Mannsbild. Nur wenigen hat er seine Lebensgeschichte erzählt. Eine dramatische Story. Uwe lebte früher in der DDR, führte ein zufriedenes Leben. Es ging ihm gut. In jungen Jahren lernte er seine große Liebe kennen, die beiden heirateten, bekamen ein Kind. Bilderbuchfamilie im Osten. Dann der Unfall. Alles zerbricht. Seine Frau und sein Kind werden von einem LKW überfahren, sind auf der Stelle tot. Der Fahrer lässt sie liegen, Fahrerflucht. Uwe findet den Typen, der seine Familie auf dem Gewissen hat. An einer Raststätte spürt er ihn auf, schnappt ihn sich, prügelt ihn tot, mit den Fäusten. Dann der Prozess, Gefängnis. Für viele Jahre. Im DDR-Knast lässt er sich die Augenlider blau tätowieren, typisch für viele, die mal im Osten im Knast waren. Ich kenne einige. Als die Mauer fiel, kam Uwe raus. Er wollte die Vergangenheit hinter sich lassen und ging in den Westen. In Hamburg war er ein Gefallener, hatte nichts und niemanden. Auf der Reeperbahn sammelte er Pfandflaschen, davon lebte er, irgendwie. In der Zeit lernte er Arno kennen, einen unseren Tischkellner, einer, der schon ewig bei uns ist. Einer, der auch im Knast war und sogar mal ausgebrochen ist. Arno brachte Uwe in den Elbschlosskeller. Mein Vater gab ihm eine Chance, Arbeit. Das war seine Rettung. Wir wurden so was wie seine neue Familie. Vielleicht gerade deswegen, weil ihn hier keiner nach der Vergangenheit fragte. Uwe war ein Hüne, 1,90 groß, 140 kg schwer, zum Schluss sogar 200 kg, mit dicker Plauze, eine echte Respektperson. Mein Vater stellte ihn mir bewusst zur Seite, um auf mich aufzupassen. Denn der Kellerjob kann gefährlich sein. Und sollte mir was passieren, hätte ich mit Uwe den Richtigen an der Seite. Ich habe nie wieder einen Mitarbeiter erlebt, der ein so dickes Fell hatte wie Uwe, der wie kein anderer all die Sorgen der Gäste einstecken und damit umgehen konnte.

Im Elbschlosskeller lernte Uwe seine späte Liebe kennen.

Sabine, Uwes Ex

Sabine: schwarze Haare, sehr lang, bis zum Po, große Brüste, insgesamt ein bisschen kräftig. So wie ich mir 'ne typische Mama vorstelle. Früher liebte sie es zu kochen, sie hat immer gern gegessen. Als sie zu uns kam, ging sie bereits auf die 50 zu, war für ihr Alter hübsch, ansehnlich. Sabine ist ein Beispiel für jemanden, den es irgendwann im Leben aus der Bahn wirft. Genau wie Uwe. Vielleicht fanden sie gerade deswegen zueinander. Sabine hatte das, was Uwe in seinem früheren Leben verloren hatte: eine kleine Familie. Sabines Sohns aus einer früheren Beziehung wurde Uwes Sohn. Uwe war ein paar Jahre mit ihr zusammen, die beiden brauchten sich, passten zueinander, aber lange ging es leider nicht gut. Bei Sabine trat eine bipolare Störung auf. Von da an ging alles zu Bruch. Um selbst nicht kaputtzugehen, brachen Uwe und der Sohn den Kontakt zu Sabine ab. Da drehte sie völlig durch. Sie bekam Hausverbot im Elbschlosskeller, weil sie wiederholt Gäste beleidigte und Uwe angriff. Einige Monate war sie wie vom Erdboden verschwunden. Als ich sie wiedersah, erkannte ich sie kaum. Sabine schlich über den Kiez, barfuß, die Haare grau und kurz, völlig neben der Spur, nicht ansprechbar. Wenn ich nicht gewusst hätte, dass sie es war, hätte ich sie nicht wiedererkannt. Ein komplett anderer Mensch innerhalb kürzester Zeit, wie gesagt, vorher dickes schwarzes Haar, ein Mensch voller Leben, eine richtige Mutti, und jetzt spindeldürr, leerer Blick, dünne Haare, ohne Energie. Alle Leidenschaft und Liebe waren aus diesem Menschen rausgegangen, aufgrund der Krankheit. Das Traurige daran ist, dass Uwe sie noch liebte, es aber nicht mehr mit ihr aushielt. Kurze Zeit später starb er. Ich sage immer, aus Trauer über die zerbrochene Liebe, seine kaputte Leber hatte sicherlich auch ihren Anteil. Immer das zu verlieren, was du liebst. Erst Frau und Kind, später die nächste Liebe. Das alles brach aus ihm heraus, wenn er im Alkoholrausch seine sentimentalen Momente hatte. Dann erzählte er von der DDR, unter Tränen, und hörte nicht auf zu weinen, egal, wer ihn getröstet hat. Aber wegen seines großen Herzens war er auch einer der beliebtesten Wirte, die wir je hatten. Als Uwe tot war, hob ich Sabines Hausverbot auf. Und gelegentlich kam sie wieder zu uns. Sabine hat gerne mal versucht, mich zu reizen. Sie kannte durch Uwe in groben Zügen meine

Familiengeschichte und hat mich provokant gefragt, „na, wie geht's denn deinem Vater? Siehst du ihn noch?" Obwohl sie wusste, wie das Verhältnis zwischen uns ist. Aber ich ging nicht darauf ein. Dieses Sticheln, dieses In-der-Wunde-Bohren, das kannte ich von meiner Mutter, wenn sie ihre psychotischen Phasen hatte. Vielleicht verhalten sich kranke Menschen so, um von ihrem eigenen Schmerz abzulenken. Ich hatte aber auch richtig schöne Momente mit Sabine, wenn sie am Tresen saß. Im letzten halben Jahr ihres Lebens wurde ich so was wie ihr Ersatzsohn. Den eigenen Sohn hatte sie endgültig verloren. Wenn sie im Elbschlosskeller war, lag sie mir oft in den Armen, hat geweint. Ich habe versucht, sie zu trösten und gab ihr auch mal ein Bier aus. Wir hatten immer den gleichen Flachs miteinander, das hat ihr Mut gemacht. Dann konnte sie auch wieder lächeln. Vor wenigen Monaten ist auch sie gestorben. Sabine litt an Diabetes, bekam einen Zuckerschock. Man fand sie tot in ihrer Wohnung. In ihrem kleinen Apartment im Haus über der Meuterei, das jetzt Bines, „Muttis", Zuhause ist.

Ich mag es, wenn Gäste ihre Rituale pflegen. Ist auch was ganz Typisches für den Elbschlosskeller. Eine unserer ältesten Stammgäste ist eine Frau mit drei tätowierten Strichen im Gesicht. Sie kommt seit Jahrzehnten zu uns. Sie ist die Beschützerin aller Frauen. Wenn sie mitkriegt, dass ein weiblicher Gast Hilfe braucht, dann ist sie zur Stelle. Wenn eine Frau belästigt wird, springt sie ihr zur Seite, dann kann sie auch schon mal zur Furie werden und um sich schlagen. Sie macht sich stark für die Schwachen, vor allem gegenüber betrunkenen Männern. Ich warne jeden davor, sich mit ihr anzulegen. Ihr Blick sagt, „noch einen Schritt weiter und ich bretzel dich auseinander."

Sie hat im Laufe des Lebens viel von Männern aufs Maul bekommen und will sich einfach nichts mehr gefallen lassen. Ihr Ritual ist dieses: Sie möchte, dass ich „Jungfrauuu" schreie, wenn sie in den Laden kommt. Auf diese Weise möchte sie begrüßt werden. Das war schon früher bei meinem Vater so. Einmal tat ich es nicht und sie kam zu mir, nahm mich in den Arm und bat darum, es nie wieder zu vergessen. Vielleicht ist das Ritual für sie die letzte Erinnerung an eine bessere Zeit, als sie selbst mal eine kleine Jungfrau war. Wenn sie zu mir kommt und mich fragt, „bin ich noch deine Jungfrau?", dann ist ihre Stimme ganz verändert, sanft, fast kindlich, während sie sonst sehr hart wirkt.

Horst und die Feuerfotze

Wir hatten früher einen Stammgast namens Horst. Der hatte eine Marotte, die ich lustig fand. Immer, wenn er in seiner Ecke im Elbschlosskeller saß und ein neuer Gast den Laden betrat, schrie Horst lauthals: „Feuerfotzeeeee!" Er hockte immer am selben Fleck, manchmal fünf Tage am Stück. Sein Stammplatz war genau gegenüber dem Eingang mit den vier Stufen. Von da aus hatte er einen guten Überblick, wer kam und ging, und wenn der Laden brummte, ertönte sein Schlachtruf – „Feuerfotze!!!" – alle paar Minuten. Es sei denn, er war eingeschlafen, denn er blieb, wie gesagt, manchmal mehrere Tage, trank sein Bier und ließ seinen Schlachtruf erklingen, völlig egal, wer in den Laden kam. Warum er ausgerechnet „Feuerfotze" rief, blieb sein Geheimnis. Eine Zeit lang hatte er keine Bleibe und wohnte bei uns. Ich war achtzehn, als ich Horst erstmals begegnete und seine Story hörte. Er arbeitete früher als Tischkellner in einer anderen Kiezkneipe. Hinter der Eingangstür hing ein schwerer, dichter Vorhang, wie auch bei uns. Den Vorhang kannst du zuziehen, damit im Sommer nicht zu viel Hitze und im Winter nicht zu viel Kälte reinkommt. Und tagsüber hält er das Tageslicht draußen. Als Horst noch als Kellner gearbeitet hat, schmiss er einen Gast raus, weil der Streit suchte und die anderen Gäste blöd anmachte. Horst setzte ihn vor die Tür und schloss den Vorhang. In dem Moment zog der Typ ein riesiges Messer, so ein Crocodile-Dundee-Messer mit 30 cm Klinge. Er rammte das Messer von draußen in die Mitte des Vorhangs und zog es durch den schweren Stoff nach oben. Dabei erwischte er Horst, der noch hinter dem Vorhang stand. Er schnitt ihn einmal der Länge nach auf, die Gedärme fielen Horst aus dem Bauch. Andere Gäste und Kollegen rannten zu ihm und sammelten seine Gedärme ein, drückten sie zurück in die Bauchhöhle. Eine Szene wie aus einem Splattermovie. Der Notarzt kam und nahm Horst mit. Wie durch ein Wunder überlebte er die Messerattacke. Arbeiten konnte er nach der schweren Verletzung nicht mehr. Von da an kam Horst regelmäßig in den Elbschlosskeller. Er war nur noch ein Schatten seiner selbst. Von seiner kräftigen Statur war nicht mehr viel übrig, er hatte viel an Gewicht verloren. Sein hervorstechendes Merkmal: Horst war immer glattrasiert. Egal in welcher Lebenslage. Ob er obdachlos war, bei uns wohnte oder sonst wo unterkam. Mir ein Rätsel, wie er das gemacht hat. Alte Schule. Auch hatte er immer einen Kamm hinten in seiner Hosentasche stecken. Wie oft habe ich, wenn ich pullern war, gesehen, dass er sich auf dem Klo die Haare kämmte. Auch wenn er anschließend versackte, seine Würde hat er immer behalten. Inzwischen wohnt er, soweit ich weiß, in einem

Altenheim, und ja, tatsächlich lebt er noch, trotz aller Widrigkeiten des Lebens. Aber er ist zu schwach, um noch einmal in den Elbschlosskeller zu kommen und „Feuerfotze!" zu brüllen.

Es gab eine frühe Phase, da habe ich den Job nicht immer so ernst genommen wie heute. Ich fühlte mich unantastbar, war ja der Prinz vom Elbschlosskeller. Nach dem Motto: Mir kann keiner was, Papa wird's schon richten, als Sohnemann bin ich unkündbar. Damals hatte ich mit der Tochter vom Goldenen Handschuh ein Verhältnis, und wir klopften Sprüche wie, „du bist die Prinzessin vom Handschuh und ich bin der Prinz vom Keller und das alles wird mal unser Imperium…" Blablabla. Ich trank, auch während meiner Schichten, Unmengen Alkohol, war regelmäßig so blau, dass mir die blödesten Ideen kamen. Einmal stand ich an der Pissrinne und musste so lachen, dass mir die Tränen liefen. Mir war mal wieder was eingefallen. Ich hatte an dem Abend eine Kundin, die immer das Bier der anderen Gäste klaute. Sobald sie glaubte, unbeobachtet zu sein, schnappte sie sich die Flasche und kippte sie sich rein. Der Laden war voll, alle Tische besetzt, ein paar Leute tanzten, einer, der nicht auf der Höhe war, schlief am Tresen. Ein anderer schielte vor sich hin, weil er so voll war. Vor ihm stand ein Bier. Ich unterhielt mich gerade mit einem anderen Gast. Plötzlich schrie der Besoffene zu mir rüber, „Wieso hast du mein Bier abgeräumt?" und „Wer hat mein Bier geklaut?" Auf einmal war alles in Aufruhr, der Gast sauer, weil er dachte, ich hätte ihn um sein halbvolles Glas betrogen. Zu solchen Situationen kam es mehrfach an dem Abend. Nach 'ner Weile bekam ich mit, dass es diese eine Kundin war, die in unbeobachteten Momenten Bier klaute. Alles klar, dachte ich, die kriegt ihre Packung.

Ich schnappte mir eine leere Bierflasche, die kleinen Handgranaten, Holsten 0,33, und ging damit aufs Klo. Da bekam ich den Lachflash wegen meines Plans: Die leere Flasche pinkelte ich bis zum Rand hin voll, ging zurück an meinen Platz hinter der Theke und stellte die Flasche an die Ecke. Kümmerte mich nicht weiter darum, unterhielt mich mit Gästen, während ich die Flasche aber aus den Augenwinkeln beobachtete. Die Diebin schlich sich an, griff die einsame Bierflasche und setzte sie an. Ich dachte, gleich gibt's Geschrei und Gespucke. Stattdessen exte sie die ganze Pulle in einem Zug komplett weg. Ich musste tierisch lachen, ein anderer Gast, den ich eingeweiht hatte, brüllte durch den Laden, während die Alte noch trank, „Daniels Brause, Daniels warme Brause..." In der Sekunde muss die Frau gecheckt haben, was Sache war. Aber zu spät, die Flasche war leer. Sie glotzte mich nur dumm an: „Was denn los, haste da reingepinkelt?" Und ich dachte nur, wie kann die das weggesoffen haben? Ich denke, egal in welchem Zustand man sich befindet, den Unterschied zu Bier sollte man schmecken. Irgendwie tat mir die Frau auch leid, war schon ein wenig eklig, aber sie hatte mich so genervt, dass sie eine kleine Strafe verdient hatte.

Ein paar Gäste aus dem Elbschlosskeller begleiten mich seit meiner ersten Schicht, mit denen bin ich älter geworden. Manche sind tot, wie Jasmin, andere leben noch.

Dave, eine Stimme wie Joe Cocker

Dave war wie ich 18, als wir uns kennenlernten. Ein jugendlicher Obdachloser, der regelmäßig im Elbschlosskeller verkehrte. Seit er 14 war, lebte er auf der Straße. Ein geselliger Typ. Er läuft am liebsten in St.-Pauli-Klamotten rum, hat immer einen Plastikbecher mit St.-Pauli-Logo dabei, mit dem er auf der Straße Kleingeld sammelt. Dave wuchs auf im Hamburger Stadtteil Rahlstedt. In einem schwierigen Elternhaus, wie er mir erzählte. Seine Eltern trennten sich, als er noch klein war. Er kam zur Mutter, ihr neuer Freund schlug Dave. Sie ließ ihren Sohn im Stich, hielt zu ihrem Liebhaber, gab dem recht und redete schlecht über ihr eigenes Kind. Dass er ungewollt sei, ein Unfall, und solche Sachen. Irgendwann, mittlerweile 14, hat Dave dieses Leben nicht mehr ertragen, die Schläge und den Druck, die Mutter, die nicht zu ihm stand, ihm keinen Halt gab und keine Liebe. Er wollte nicht länger von seinem Stiefvater auf die Fresse kriegen. Mit vierzehn bist du rebellisch und denkst, du weißt alles, kannst alles, brauchst keinen. Also haute er von zu Hause ab. Das Leben auf der Straße war ihm lieber. Blacky, einer unserer Stammgäste, traf Dave auf der Straße und kümmerte sich um ihn. Er wurde so was wie sein Ziehvater. Dave sagte sogar, für ihn sei Blacky sein richtiger Vater. Wie so viele andere unserer alten Gäste ist Blacky mittlerweile tot. An die 40 Gäste und Angestellte sind in den letzten Jahren gestorben. Diese Typen fehlen, sie haben den Keller geprägt. Als ich Dave kennenlernte, hatte er schon seine unverwechselbare Joe-Cocker-Stimme, sein Markenzeichen, heiser, rau. Wenn du dir vorstellst, du bist mit 14 obdachlos, die Winter sind eisig, dein Umfeld ist brutal, und um alles auszuhalten, kippst du dir viel harten Alkohol in die Birne, dazu kommen Zigaretten, Drogen, das ganze Programm. Das verändert dich, alles verändert sich, auch deine Stimme. Wenn Touris in den Elbschlosskeller kommen und Daves Stimme hören, sind alle begeistert. Eine

Zeit lang habe ich meine Späße mit ihm getrieben, dann wurde mir klar, dass er selbst das gar nicht lustig fand. Daves Hauptgetränk ist Pernod mit Wasser. Wenn er in den Keller kam, griff ich mir die Pernod-Flasche und kippte den Schnaps einmal längs über den gesamten Kellertresen. Und rief dabei „Dave, saufen!" Und Dave kam angerannt und leckte die Flüssigkeit vom Tresen von links nach rechts weg. Ich war am Lachen, die Touris waren am Lachen, und Dave hatte kostenlos Sprit im Körper, alle waren happy. Irgendwann fanden wir, dass es nicht mehr witzig war und wir ließen es sein. Dave und ich haben viele Nächte zusammen verbracht, viel geredet. Ich war für ihn manchmal eine Art Seelsorger, weil er mir sein Herz ausschütten und ich ihn trösten konnte. Wenn er kein Geld hat, bekommt er bei mir ein Freibier. Er saß schon mal im Gefängnis – wegen Schwarzfahrens. Wenn du obdachlos bist, hast du kein Geld fürs Bahnticket. Und wenn du Geld hast, gibst du es aus, um dir den nächsten Alkohol zu besorgen. Weil er die Strafen fürs Schwarzfahren nicht bezahlen konnte, kam Dave in den Knast. Auch wieder so ein Teufelskreis. Wenn du irgendwann wieder Fuß fassen möchtest, wenn du es schaffst, vom Alk wegzukommen, dann steht in deiner Akte, dass du im Knast warst, und sei es nur wegen Schwarzfahrens. Ich mag Dave, er ist mir ans Herz gewachsen, ein bisschen wie ein Bruder. Er ist immer noch Stammgast, kommt allerdings nicht mehr so häufig zu uns. Irgendwann war er zum Entzug in einer Klinik. Während der Therapie habe ich gelegentlich mit ihm telefoniert. Wir haben davon gesprochen, dass ich ihn besuchen komme, hat aber nie geklappt. Er verlor sein Handy und war nicht mehr erreichbar. Monate später sah ich ihn wieder, auf dem Kiez. Da war er schon wieder auf dem alten Alkohollevel, die

Stimme tief wie eh und je, versoffen. Wenn du seit deinem 14. Lebensjahr draußen bist und säufst, kann dich auch eine Therapie nicht so einfach da rausholen. Bei den wenigsten klappt das, meistens geht es so aus wie bei Dave. Er hat einen Spitznamen. Dom-Dancer-Dave. Wenn der Dom, die Hamburger Kirmes auf dem Heiligengeistfeld, öffnet, ist Dave immer am Start. Alles, was er an Kohle zusammenschnorrt, gibt er aus für den Dom Dancer, ein Karussell, sieht aus wie Autoscooter, die sich auf einer Scheibe drehen. Darauf hat er Bock. Das ist sein Highlight. Es gibt noch eine ganz abgefahrene Story von Dave. Ich hatte Nachtschicht. Thorsten, ein Stammgast, kam zu mir an den Tresen und erzählte eine Geschichte, die ich erst nicht glauben konnte: Thorsten ging aufs Klo, stand an der Pissrinne und sah da einen Urinstein rumliegen. Den fischte er mit der bloßen Hand heraus. Allein das ist eine ekelhafte Vorstellung. Mit dem Urinstein ging er zurück an den Tisch, wo er mit anderen Typen saß, auch Dave. „Hier nimm schnell, die Bullen kommen", sagte er. Und Dave? Nahm den Pissstein und steckte ihn sich in den Mund. Weil er dachte, das wäre ein Klumpen Drogen. Und wenn die Bullen anrücken, muss man die Drogen verstecken. Also ab damit in den Mund – und raus vor die Tür. Während Thorsten mir all das brühwarm berichtete, war Dave noch draußen auf der Straße. Normalerweise glaube ich jedem jeden Mist, aber das war wirklich zu weit hergeholt, dachte ich. Aber dann kam Dave wieder rein. Ich sah blaue Schaumblasen an seiner Nase. Vor der Tür hatte er versucht, den Urinstein in kleine Stücke zu hauen, ihn zu pulverisieren. Die kleineren Klumpen hatte er sich in die Nase geschnieft. Er hat an dem Abend noch weiter gesoffen. Das ist die eine Seite. Die andere Seite ist ein Mensch, der auch Träume hat. Dave hat mal eine

Lehre als Tischler angefangen, brach sie aber ab. Das hat für ihn nicht funktioniert. Sein Traum ist es, denke ich, eines Tages von den Drogen und von der Straße wegzukommen. Ich kenne viele, denen es ähnlich geht. Sie sitzen fest in dieser Spirale: Du bist obdachlos, hast keinen Wohnsitz, keine Arbeit, und wenn du eine Arbeit haben willst, brauchst du eine Meldeadresse und einen Wohnsitz. Haste nicht. Willst du einen Wohnsitz, brauchst du aber Arbeit. So dreht es sich im Kreis. Dave hat es noch nicht da raus geschafft. Lebt bis heute auf der Straße, liebt den Dom und geht zu St. Pauli, wenn er sich eine Karte leisten kann oder ihn jemand einlädt. So sieht seine Welt aus.

Wenn man so viele Jahre auf der Straße ist, immer nur säuft, dann ist irgendwann Schluss. Ich sag es ganz ehrlich, ich habe Angst, dass auch er in einigen Jahren nicht mehr da sein wird. Du willst helfen und kannst nichts tun. Fast nie, manchmal aber doch. Ich war Mitte 20. Mike, ein Stammgast, am Tresen. Ein kräftiger Typ, um die 100 Kilo schwer, immer in Lederjacke, mit einer Frisur wie ein Vogelnest, oben Glatze, rundherum ein Haarkranz, hinten ein dünner Zopf. Trotz seiner Statur vertrug er kaum Alkohol. Nach drei, vier Bier war er ausgeknockt. Er hatte nicht nur eine imposante Erscheinung, er fiel auch durch seine große Fresse auf. Und er war Epileptiker. An dem Tag, als es passierte, hatte ich eine Frau am Tresen sitzen, die es optisch mit Mike aufnehmen konnte. Sie war mir fremd. Ein Riesenweib. Sah aus wie eine Wikingerkriegerin, fast zwei Meter groß, schwer, mit einem Riesenkopf, dicke Knollennase. Alles an ihr war groß und laut. Sitzend so groß wie ich stehend auf dem Sockel hinter der Theke. Während ich Gläser spülte, verdunkelte es sich zu meiner Linken, weil die Riesenfrau die Türöffnung versperrte, um zur Toilette zu gehen, dachte ich. Falsch gedacht. Ich traute meinen Augen nicht. Da saß die Riesin hinten im Kickerraum auf der Fensterbank, in der Hocke mit heruntergelassenen Leggings und war am Pinkeln. „Ey, bist du nicht ganz dicht?", rief ich ihr zu. Sie lallte nur: „Ich mach das raus." „Wie, du machst das raus?", fragte ich und bekam keine Antwort. Dann wurde mir klar, dass sie zu betrunken war, um die Toilette zu finden und versuchte stattdessen, aus dem Fenster nach draußen zu pinkeln. Was nicht gelang. Ich lief nach hinten, um sie von der Fensterbank zu zerren. In dem Moment knallte es vorne. Ich zurück zur Theke, Mike lag am Boden. In Bier und Scherben. Er zitterte, hatte Schaum vorm Mund, japste nach Luft. Es sah aus, als würde er gleich seine Zunge verschlucken und dran ersticken. Ich zog seinen Kiefer nach unten und steckte einen Kugelschreiber in seinen Mund, um die Zunge rauszuholen. Mit der einen Hand hielt ich die Zunge fest, mit der anderen das Telefon, um den Rettungswagen zu rufen. Währenddessen sah ich, wie die seltsame Frau unbeeindruckt von allem weiter ihr Geschäft verrichtete. Die Sanitäter erschienen schnell und übernahmen. Ich hätte alles richtig gemacht, lobten sie meine Erste-Hilfe-Maßnahme. Dann übernahmen sie. Ich holte währenddessen einen Putzeimer und brachte ihn der Wikingerdame, damit sie ihr Malheur wegmachte. Plötzlich war sie wieder ansprechbar, konnte klar reden, ohne zu lallen. Das sei ihr alles sehr peinlich, meinte sie, und bat um Verschwiegenheit. Ich sah sie nie wieder. Mike hat überlebt, aber er zog aus Hamburg weg. Warum ich diese Geschichte erzähle – es ist dieses skurrile Bild einer Elbschlosskeller-Story, das mir nie mehr aus dem Kopf ging. Ich beim röchelnden Mike, hinten die pinkelnde Wikingerin, eine völlig verrückte Situation.

Körperkunst

Ich mag Sachen, die benutzt worden sind, Menschen, die gelebt haben, die bis zu einem gewissen Punkt verbraucht sind. Ich bin selber komplett tätowiert, das ist mein Ideal von Schönheit. Wenn ich überall an meinem Körper reine Haut hätte, würde ich mich unwohl fühlen. Kopf, Schultern, Arme, Brust, Beine, Füße bis hin zum Nagelbett – überall Tattoos. Ein paar freie Stellen habe ich noch: der rechte Oberschenkel, beide Pobacken, der rechte Bizeps, die rechte Achsel, die Mitte meines Bauches, eine Brustwarze.

Mein erstes Tattoo bekam ich gemeinsam mit meiner Mutter mit 16 von einem Bekannten von ihr. Meine Mutter ließ sich Indianerschmuck aufs Schienbein stechen, Federn mit Banderole und Perlen. Ich bekam einen Pitbull auf mein rechtes Schulterblatt gemalt. Das fand ich cool. Leider war der Pitbull misslungen, er sah aus wie ein dreibeiniger Tiger. Später ließ ich ihn lasern und übertätowieren. Bei meinen ersten Tattoos machte ich das Dümmste, was ich hätte tun können. Ich blätterte einen Katalog mit Motiven durch und entschied mich spontan für eine Nummer. Warum das dumm war? Ich finde, jedes Bild, das man auf seinen Körper tätowieren lässt, sollte für etwas stehen. Man sollte etwas Persönliches damit verbinden. Ganz schlimm finde ich Tattoos als Modegag, weil's grad angesagt ist.

Die meisten meiner Tattoos sind einfach entstanden, weil es der richtige Ort, der passende Moment dafür war. In Barcelona entstand aus einer Schnapslaune heraus mein Anker-Tattoo auf meinem rechten Handgelenk. Ich lernte den Tätowierer abends in einer Bar kennen und wir entschieden spontan, in sein Studio zu gehen. Den Anker wählte ich als Zeichen meiner Verbundenheit zu Hamburg und aufgrund meiner guten Zeit in der Hafenstadt Barcelona. In Thailand am Strand, mit Joint im Mund und Cocktail in der Hand, wurden mir Gebetszeilen in die Haut gerammt. Ich war stoned, betrunken und ließ mich tätowieren, weil auch diese Situation eine besondere war. So sind im Laufe der Jahre die Tattoos auf meinem Körper entstanden. Wenn jemand kommt und sagt, denk dran, wie das im Alter aussieht, wenn alles schlaff ist. Dem antworte ich, alte Haut sieht scheiße aus, ob sie tätowiert ist oder nicht. Der Prozess des Tätowierens hat etwas Meditatives und Bewusstseinserweiterndes. Manchmal dauert er bis zu sieben, acht Stunden. In dieser Zeit musst du dich mit dir und deinen Gefühlen auseinandersetzen, mal heftiger, mal weniger, ein bisschen wie in einer Therapiesitzung. Meine Schwester hat sich geritzt, hat sich in Arme und Beine geschnitten, und ich habe mich stundenlang tätowieren lassen. So hat jeder seine Art, um sich zu spüren. Ja, es kann schmerzhaft sein, sehr sogar. Auf Brust und Schulter habe ich einen brüllenden Löwenkopf tätowiert, die schwarze Mähne des Löwen geht über eine meiner Brustwarzen. Ich dachte, es sehe besser aus, wenn auch die Brustwarze schwarz ist. Und ich wollte die körperliche Erfahrung machen, wie es sich anfühlt, wenn die empfindliche Haut der Brustwarze tätowiert wird. Ich ließ das auf einer Tattoo Convention, der *Ink & Ride*, machen. Um mich herum standen viele Zuschauer. Ich wollte auf ganzer Kerl machen, biss die Zähne zusammen, aber vor Schmerz liefen mir die Tränen übers Gesicht. Ähnlich ist es im Bereich der Achsel, wo die Haut megasensibel ist. Aber auch das habe ich geschafft. In die Achsel habe ich mir das aufgerissene Maul eines Ungeheuers, ähnlich wie Venom, der Bösewicht von Spiderman, stechen lassen. Wenn ich den Arm hebe, sieht es aus, als schaue man in den Schlund eines Monsters.

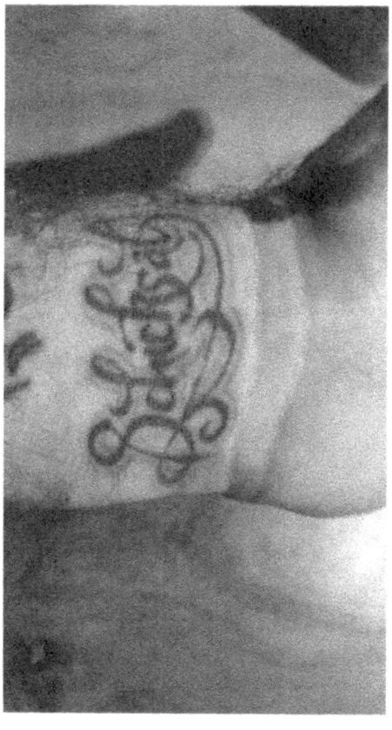

Das ist das Tattoo, das mir am meisten bedeutet. Weil meine Schwester Jana sich das gleiche Motiv stechen ließ. An dem Tag, an dem sie sich das Leben nahm. SCHICKSAL stand bei ihr an der gleichen Stelle wie bei mir, auf dem Handgelenk. Am Tag nach ihrem Tod ging ich zu ihrem Tätowierer und erzählte, was passiert war. Ich fragte, ob er noch das Matrizenpapier habe, das er für Janas Tattoo verwendet hatte. Das ist eine Art Abziehbild, an dem sich der Tätowierer orientiert. Er erlaubte mir, in seinem Mülleimer zu suchen. Ich fand das Matrizenpapier tatsächlich, auch Tücher mit Janas Blut, mit ihrem Schweiß. Ich ließ den Tätowierer dieselbe Matrize nehmen, die sie schon auf ihrer Haut trug, um mir an meinem Handgelenk das gleiche Tattoo stechen zu lassen. Seitdem steht das Wort Schicksal gut sichtbar auf meiner Haut, als hätte es immer dahin gehört. Nur noch dort war Platz. Jeden Tag erinnert es mich an meine kleine Schwester. Das Tattoo gehört zu mir. Es musste so kommen. Es gibt keine Zufälle im Leben. Mögen andere denken, Dinge geschehen zufällig, denen sage ich, daran glaube ich nicht. Gäbe es Zufälle, würde meine Philosophie des Lebens keinen Sinn machen. Nichts passiert einfach so, alles hat einen Grund.

Auch das Tattoo auf der Vorderseite meiner linken Hand ist eine Erinnerung an Jana. Und noch viel mehr. Es ist meiner Schwester gewidmet und Lennox, meinem Sohn. Die 5 steht für das Datum 5. August, der Tag, an dem sich Jana das Leben nahm. Am 12., sieben Tage später, hätte sie Geburtstag gehabt. Und am 15., wiederum drei Tage später, kam Lennox zur Welt. Das Tattoo zeigt außerdem rote Rosen und zwei ineinander verwachsene Schädel. Sie symbolisieren unsere Verbindung, die niemals zu trennen ist, auch nicht durch den Tod. Bruder und Schwester. Ein Jahr, nachdem Lennox geboren war, ließ ich mir das Tattoo stechen. Das Besondere daran ist auch, es war das erste Tattoo auf einer nicht verdeckbaren Stelle, bevor ich auch Kopf und Hals tätowieren ließ, die erste Stelle also, die zeigte, jetzt bist du gebrandmarkt.

Die beiden Ruder sind das Partner-Tattoo von Susanna und mir. Es sollte einen Neuanfang symbolisieren, wir wollten das Ruder rumreißen, als wir eine Krise durchmachten. Man erkennt deutlich, dass Susanna bessere Heilhaut hat als ich. Ihr Tattoo ist klar und deutlich, während meines dreimal nachgestochen werden musste. Manche denken sogar, Susannas Tattoo sei ein Abziehbild und wollen es wegrubbeln. Wenn ich früher gewusst hätte, wie mein Körper auf Farbe reagiert, hätte ich die Farbe sein lassen. Alle meine Tattoos musste ich mehrfach nachtätowieren lassen und sie sehen dennoch blass aus.

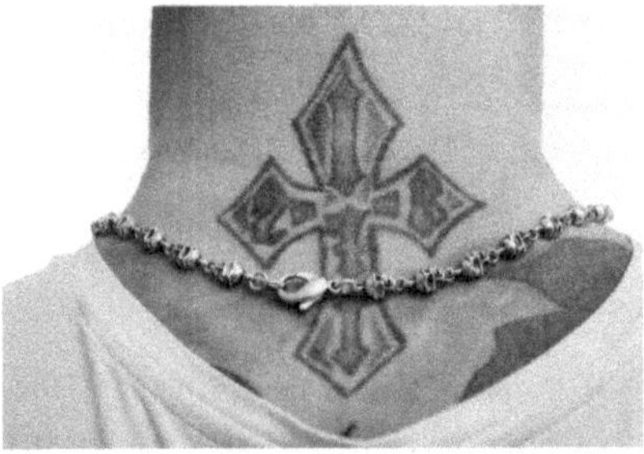

In dem Kreuz in meinem Nacken steht das Todesdatum meiner Uroma, der weißen Hexe: 17.1.2006. Lange war es das Tattoo an der höchsten Stelle meines Körpers, meine Verbindung zu Gott. Für das Kreuz entschied ich mich, da meine Uroma eine sehr religiöse Frau war, in ihrem Schlafzimmer hingen Kreuze und Jesusbilder. Das Kreuz-Tattoo spielte eine Rolle, als ich in Thailand war. In einem Kloster – zwei Stunden von Bangkok entfernt – wollte ich mich tätowieren lassen. Der Ort hat eine abgefahrene spirituelle Aura. Alle, die sich tätowieren lassen wollten, mussten sich vor einem Mönch niederknien und eine Opfergabe mitbringen, wie Blumen und Zigaretten, weil der Großteil der Mönche raucht. Anschließend knieten wir uns hintereinander in einer Reihe hin und berührten dabei mit einer Hand den Vordermann, während der Mönch, der die Tattoos machte, dem ersten in der Reihe eine große Nadel in die Haut rammte. Dabei murmelte er Gebete. Alles sehr feierlich. Als ich dran war, sah der Mönch das Kreuz in meinem Nacken und sagte auf Thai abfällig: „Farang“, so bezeichnen die Thais Ausländer mit weißer Hautfarbe. An diese Stelle meines Körpers hätte nämlich eigentlich das Tattoo gehört, das er mir stechen wollte. Ein Tattoo muss eine besondere Position am Körper haben, damit seine Energie Wirkung zeigt. Ich hatte Glück, dass mir der Mönch wohlgesonnen war, denn an manchen Tagen werden Farang überhaupt nicht behandelt. Der Mönch tätowierte mir unter das Kreuz das Bild einer Gebetspyramide.

Eine Zeit lang hatte ich in Hamburg mein eigenes Tattoo-Studio. Parallel zu meinem Fitnessstudio und den Schichten im Elbschlosskeller. Über einen Bekannten kam ich an eine 100 Quadratmeter große Wohnung, die für mich allein viel zu groß war. Also dachte ich mir: Warum nicht ein weiterer Geschäftszweig? Mike (Name geändert) war ein Tätowierer, den ich aus dem Elbschlosskeller kannte. Ein Autodidakt. Er kam aus der DDR, saß lange im Knast, wo er sich sein Können angeeignet hatte. Mit Werkzeug Marke Eigenbau – Motoren aus gebrauchten Rasierapparaten – hatte er seine Zellengenossen tätowiert. Mir hat er mal den linken Arm und den linken Oberschenkel tätowiert, das war handwerklich ganz okay, heute würde ich ihn nicht mehr ranlassen. Ich heuerte ihn an, weil in meiner Wohnung viel Platz war und ich mich damals noch mehr als heute für dieses Kunsthandwerk interessierte. In einem Zimmer mit separatem Hauseingang richteten wir ein kleines Tattoo-Studio ein. Ich kümmerte mich nur um die Buchhaltung. Eines Nachts im Elbschlosskeller kam Uli (Name geändert), eine Stammkundin, zu mir und bettelte darum, jetzt und sofort ein Tattoo zu bekommen.

Uli, die Rockerbraut

Sie konnte weder lesen noch schreiben, wuchs ohne Eltern auf und strandete als junges Mädchen in Hamburg und auch irgendwann bei uns. Später heiratete sie und brachte ihren Mann mit, der vor ein paar Jahren starb. Ulis Markenzeichen waren ihre langen roten Haare, sie war klein, trug Brille und machte auf Rockerbraut, immer in Lederkluft. Was lustig aussah. Wenn sie tanzte, bewegten sich die Fransen ihrer Lederjacke in sämtliche Richtungen. Es war eher ein unkoordiniertes Zucken, dabei ballte sie die Faust und lächelte. Um drei Uhr in der Frühe, Uli war strunzenvoll, quatschte sie mich an. Sie wollte jetzt und sofort ein Tattoo. Es gibt die Regel, tätowiere niemals einen Betrunkenen, zum einen ist er nicht Herr seiner Sinne, zum anderen wird das Tätowieren schwierig, weil das Blut wesentlich dünnflüssiger ist. Uli gab aber keine Ruhe. Sie wolle das auf Biegen und Brechen, und wenn ich ihr den Scheiß nicht mache, dann gehe sie zum nächstbesten Tätowierer aufm Kiez, drohte sie. Außerdem zahle sie mir das Vierfache. Das hat mich überzeugt. Ich klingelte meinen Tätowierer aus dem Bett, stellte meinen Tischkellner Arno hinter den Tresen, setzte Uli ins Auto, lieferte sie bei Mike ab und fuhr wieder zu meiner Schicht. Am nächsten Tag erzählte Mike, Uli sei so betrunken gewesen, dass sie während des Tätowierens mehrfach einschlief und vom Stuhl fiel. Irgendwie bekam er das Tattoo hin: zwei Schwalben. Aber es war natürlich megascheiße, und Uli unzufrieden. Ein paar Wochen später sagte sie mir, dass sie das Tattoo noch mal hatte nachstechen lassen und wollte sich nachträglich bei mir beschweren. Ich erinnerte sie daran, wie sie auf mich eingeredet hatte und dass ich sie gewarnt hatte. Sie stimmte mir schließlich zu. Uli habe ich jetzt seit zwei, drei Jahren nicht mehr gesehen. Ich weiß nur, unter dem Tod ihres Mannes hat sie sehr gelitten. Vielleicht ist auch sie schon tot oder sie lebt in einem Pflegeheim. Wer weiß…

Nach eineinhalb Jahren machte ich mein Tattoo-Studio dicht, weil ich herausgefunden hatte, dass mich mein Tätowierer nach Strich und Faden beschissen hatte. Von Gästen hatte ich gehört, dass sie sich für 800 Euro ein Tattoo hatten stechen lassen. Davon wusste ich aber nichts, das Geld hatte Mike eingesackt und für Speed verjubelt. So was kam mehrfach vor, also schmiss ich ihn raus. Lange blieb das Zimmer nicht verwaist, denn Daniel zog ein.

Daniel, ein Freund fürs Leben

Wir fanden sofort einen Draht zueinander. Daniel war Anfang 20, ein bisschen jünger als ich, als wir uns trafen. Er arbeitete auf dem Kiez als Koch. Seine Chefin war eine alte Hexe, behandelte Daniel wie den letzten Dreck, schmiss Bratpfannen nach ihm, während er sich wundgebuckelt hat. Er saß an der Theke und klagte mir sein Leid, und er erzählte von seiner Kindheit. Die hatte es in sich. Geboren in Zwickau, als Kind zweimal an Leukämie erkrankt, das erste Mal mit drei Jahren, zwei Jahre später erneut. Mit sieben dann die Diagnose Hodenkrebs. Mit der Folge, dass ihm ein Hoden entfernt werden muss. Das bedeutet: zu wenig Testosteron. Daniel hat keinen Bartwuchs und ein weiches Erscheinungsbild. Als ich ihn kennernlerne, wog er 110 Kilo. Dann Tragödie Nummer Vier. Die Mutter starb bei einem Autounfall, Daniel war 14. Bis dahin habe er trotz der Krankheiten eine Superkindheit gehabt, sagt er, aber sie war sehr kurz. „Nach Mamas Tod musste ich erwachsen werden.“ Seinen leiblichen Vater kannte Daniel nicht, er wollte zu seiner Oma, „der einzigen Person, die nett zu mir war.“ Stattdessen steckte man ihn ins Heim. „Das war die beschissenste Zeit meines Lebens.“ Daniel war mittlerweile 19 und hing mit Punks ab. Irgendeiner von denen hatte die Idee, mal nach Hamburg zu fahren. Daniel war dabei. Sie schliefen nachts im Schanzenpark, tagsüber machte jeder sein Ding. Als er eines Abends wieder zum Nachtlager kam, waren seine Kumpels alle verschwunden, abgereist. Daniel hatten sie einfach vergessen. Er blieb, um sein Glück in Hamburg zu versuchen. Er fand ein Zimmer in einer Notunterkunft und einen Job als Kellner auf dem Kiez. Das war seine Welt. Hier fühlte er sich zu Hause. Das Problem war nur, dass er immer mehr trank. Meistens Schnaps, zu Höchstzeiten zwei Pullen Jägermeister am Tag. Bald verlor er seinen Job, häufte Schulden an und wurde obdachlos. Dann musste er in den Knast, weil er beim Schwarzfahren erwischt worden war und die Strafe nicht zahlen konnte, die alte Leier.

Im Knast lernte er Holger kennen, der, wenn er mal nicht einsaß, Stammgast bei uns war. Holger brachte Daniel mit in den Elbschlosskeller. In dieser Phase seines Lebens lernte ich ihn kennen. Und da saß er nun an meiner Theke und redete und redete. Weil er nirgendwo Anschluss fand, keine Bleibe hatte und ich ihn mochte, nahm ich ihn bei mir zu Hause auf. Seitdem sind wir Freunde. Als ich die Wohnung später aufgab und mit Susanna zusammenzog, nahmen wir Daniel als Untermieter mit in unser neues Haus. Jetzt lebt er wieder in Zwickau. Ich besuche ihn regelmäßig, oder er kommt nach Hamburg. Sein Alkoholproblem hat er mittlerweile im Griff. Drei Entzüge waren dazu nötig. Beim ersten hat er schon nach zwei Wochen wieder getrunken. Beim zweiten schaffte er es ein dreiviertel Jahr ohne Alk. Der dritte Entzug war erfolgreich. Jetzt ist er seit viereinhalb Jahren trocken. Die Entgiftung dauerte drei lange harte Wochen. Daniel musste es schaffen, er war nur noch ein körperliches Wrack. Ihm war klar, wenn er so weitermacht, säuft er sich tot. Wenn ich ihn zu seinen Saufzeiten morgens weckte, kullerten die leeren Schnapsflaschen neben seinem Bett rum. Am Ende war er so schwach, dass er sich kaum auf den Beinen halten konnte. Das erste Jahr ohne Alkohol sei richtig schwer gewesen, sagt er. Um nicht in Versuchung zu geraten, verließ er sechs Monate seine Wohnung nur, um zur Arbeit zu gehen. Keine Feiern, kein Ausgehen, alles aus Selbstschutz. Er hat widerstanden, und es wurde von Tag zu Tag, von Monat zu Monat, von Jahr zu Jahr besser. „Wenn ich jetzt die vielen Kaputten sehe, frage ich mich: War ich damals auch so?“ In Zwickau arbeitet Daniel jetzt als Koch, festangestellt und in Vollzeit in einem Traditionshaus mit gutbürgerlicher Küche.

Daniels Geschichte ist für mich eine echte Erfolgsstory. Er hat sein Leben neu sortiert. Er bekam dank Privatinsolvenz seine Schulden in den Griff und hatte endlich auch mal Glück. Er fand eine Betreuerin, die ihm guttut und ihm dabei hilft, seine Schulden zu tilgen. Und er bekam wieder einen

Draht zur Familie. Er lernte endlich seinen leiblichen Vater kennen. Bei unserer letzten Begegnung sagte er allerdings etwas, das ich sehr traurig finde, nämlich, dass er es aufgegeben habe, eine Freundin zu suchen. Seit ich Daniel kenne, war er auf der Suche nach der Liebe. Aber sein Erscheinungsbild ist eine Bremse, kein Bartwuchs, weich, unmännlich, von seiner Umwelt wird er oft nicht ernst genommen.

Daniel und ich haben schöne Zeiten erlebt. Bevor ich Susanna kannte, war ich noch voll im Nachtleben unterwegs und bin mit Daniel losgezogen. Aber es sind vielmehr die stillen Momente, die uns verbinden. Wenn wir nachts noch eine Pizza holten und von einer Fleetmauer die Füße baumeln ließen, stundenlang aufs Wasser schauten, quatschten und lachten. Wir blödeln viel herum. Einmal musste er sich die Haare schneiden lassen. „Kein Problem", sagte ich, „mach ich." Und habe ihm aus Gag die Haare mit der Schneidemaschine richtig scheiße geschnitten: eine halbe Seite ganz ab und einmal noch quer drüber. Dann gab die Maschine ihren Geist auf. Da war gar nichts mehr zu retten. In dieser Aufmachung musste er zur Arbeit gehen. Wenn er uns heute besucht, kochen wir immer zusammen, das ist ein Ritual. Am Herd ist Daniel in seinem Element. Irgendwann will er wieder zurück nach Hamburg ziehen, das ist sein Traum. Auf dem Kiez seien die Menschen entspannter als sonst wo. „Hier grinst dich jeder Penner an", sagt er, „und so was wie den Elbschlosskeller gibt es nicht noch mal. Der Keller macht alle gleich. Einmal die vier Stufen runter und es spielt keine Rolle, ob du reich oder arm, jung oder alt, Anwalt oder Heckenpenner bist. Jeder wird akzeptiert, das hat was Familiäres."

Kiezgören wie wir…

… verlieben sich auf dem Kiez. Wo sonst. Susanna hatte schon länger ein Auge auf mich geworfen, wie sie mir später gestand, sie war verknallt in mich, weil ich genau ihr Typ gewesen sei. Das ist jetzt zehn Jahre her. Sie wollte zum Goldenen Handschuh, und ich hockte auf der Treppe vom Elbschlosskeller, mit dem Rücken zur Straße. Ich war betrunken und wollte Luft schnappen. Da sah sie mich und wusste gleich: Den will ich. Am nächsten Wochenende war sie wieder unterwegs und in bester Stimmung, weil sie gerade den Job für die Betriebsleitung des Thomas Read klar gemacht hatte, der größten Irish-Party auf dem Kiez. Sie steckte sich den unterschriebenen Vertrag in die hintere Hosentasche und zog los, um sich einen anzutrinken.

Bevor sie ins Thomas Read kam, hatte sie im Frieda B. gearbeitet, einer Bar auf dem Hans-Albers-Platz. Dort hatte sie es geschafft, innerhalb eines Jahres den Umsatz um 95 Prozent zu steigern. Mit ihrem Chef hatte sie eine Wette am Laufen. Wenn sie den Umsatz verdoppeln würde, hatte er gesagt, bekomme sie von ihm einen Porsche. Sie brachte es dann „nur" auf über 90 Prozent und bekam einen Smart. Nun hatte sie den neuen Job in der Tasche und wollte einfach nur feiern.

An dem Abend arbeitete ich im Keller. Wie es immer mal wieder vorkommt, haute uns ein Gast ab, ohne zu zahlen.

Ich wusste, dass die Chancen gut standen, ihn gegenüber im Goldenen Handschuh zu finden. Ich sagte meinem Tischkellner Bescheid und rannte rüber. Da saß er dann auch an der Theke, der Zechpreller. Ein paar Meter neben Susanna. Sascha Nürnberg hatte Dienst, der Sohn vom alten Nürnberg, der den Handschuh groß gemacht hatte. Sascha ist heute einer der besten Wirte auf dem Kiez. Ich kam also rein, sah meinen Gast und stellte ihn zur Rede. Der rückte die Kohle ohne Widerstand raus. Ich setzte mich zu Sascha, um noch kurz einen mit ihm zu trinken. Da fiel mir Susanna auf. Wer denn die Hübsche sei, fragte ich ihn. Sascha kannte Susanna schon länger, sagte aber zu mir: „Keine Ahnung, die kenne ich nicht." Witzigerweise stellte Susanna Sascha die gleiche Frage und er gab ihr die gleiche Antwort. Um sie zu schützen, weil ich zu der Zeit einen sehr hohen Frauenverschleiß hatte. Ich beugte mich an der Theke zu Susanna rüber und fragte, ob sie Bock habe, mit mir einen zu saufen. „Ja, hab' ich", sagte sie. Ihre freche und selbstbewusste Art – beflügelt vom neuen Job – machte mich spitz. Ich habe sie ganz direkt gefragt, ob sie mit mir knutschen wolle. Sie wollte. Dann setzten wir uns hinten in die letzte Bank im Goldenen Handschuh. „Aber nur Knutschen, nicht Poppen!" sagte sie. Und ich: „Das passt mir ganz gut, ich bin eh zu voll. Lass uns mal nur knutschen." Und das haben wir dann getan. Drei Stunden lang.

Danach sahen wir uns immer wieder. Einmal hat sie nackt, nur mit High Heels, einen Spagat auf dem Tresen gemacht und dabei den Wirt angeschrien: „Gib mir Wodka!" Als sie noch Betriebsleiterin vom Frieda B. gewesen war, war sie auf einer Weihnachtsfeier auf die grandiose Idee gekommen, als Rädelsführerin voran in die Elbe zu springen. Mir gefiel ihre Art zu leben. „Laissez-faire“, wie sie es selbst nennt. Susanna kommt aus einem guten Elternhaus und hat das Abitur mit 1,0 gemacht. Sie kam zu spät zu den Prüfungen, schrieb ihre Eins und ging wieder. Hat sich von den Lehrern nichts sagen lassen. Trotz Bestnoten stand ihr Abi auf der Kippe – da sie so selten wie möglich zum Unterricht erschienen war. Schon damals hieß es bei ihr laissez-faire.

Susanna ist gelernte Fremdsprachenkorrespondentin, hat aber gleich nach der Ausbildung entschieden: „Ich will auf dem Kiez kellnern. Alles andere interessiert mich nicht.“ Sie ist sehr sportlich, früher fuhr sie Downhill-Mountain-Bike-Rennen in der Bundesliga und gewann Pferdekutschen-Wettbewerbe, außerdem war sie Schleswig-Holstein-Meisterin im Staffellauf. Sie gab immer Vollgas, auch wenn sie mittlerweile drei Bandscheibenvorfälle hat.

Nach unserer Kennenlernnacht trafen wir uns eineinhalb Jahre lang, feierten zusammen und hatten wilden Sex. Aber wir waren kein Paar. Sie war für mich die beste Freundin, mit der ich ins Bett ging. So eine Beziehung hatte ich bis dahin nicht kennengelernt. Ich war schon verknallt in sie, und sie in mich, aber mehr war da noch nicht. Sie besuchte mich im Elbschlosskeller und ich war oft bei ihr im Thomas Read. Einmal wollten mich die Türsteher nicht reinlassen, weil ich so abgefuckt herumlief, zerrissenes T-Shirt, voll tätowiert. Da hieß es an der Tür, „der tätowierte Proll kommt hier nicht rein.“ Ich rief Susanna an, die Chefin, und sie gab Anweisung, mich durchzulassen. War ein gutes Gefühl, da durch zu stolzieren. Eineinhalb Jahre lang hatten wir Spaß zusammen, waren tanzen, holten uns gegenseitig nach den Nachtschichten ab und gingen in die Frühclubs. Wenn ich gut im Training bin, dann tanze ich mir richtig was von der Seele. Ich tanze mit dem Pfeiler, mit dem Fußboden, mit jedem Kerl, mit jeder Frau, ich tanze einfach, weil ich Bock darauf habe. Und am liebsten tanze ich mit Susanna. Wir tun das mit voller Leidenschaft, und weil wir uns gut bewegen können, sieht das dementsprechend gut aus. Tanzen ist wie Therapie. Das sehe ich auch im Elbschlosskeller. Wenn Angie im Tanz alles um sich herum vergisst. Oder wenn Domenika, die im Rollstuhl sitzt, zur Musik im Kreis um die Stange fährt. Oder wie Christian.

Christian, Tänzer der Nacht

Ein ausdrucksstarker Typ, der ein bisschen aussieht wie Klaus Kinski, er hat etwas Diabolisches an sich, ein Exzentriker, ein Exzessiver. Christian ist mir sehr wichtig. Ein hochintelligenter Mensch. Und er ist bipolar. Er hat mir kürzlich stolz erzählt, dass er nie wieder Drogen nehmen muss, weil er jetzt Medikinet vom Arzt bekommt, ein Medikament, das zur Behandlung von ADHS eingesetzt wird. Die Wirkung hält acht bis neun Stunden an. Du nimmst morgens eine Tablette, und Leute, die ADHS haben und bipolar sind, kommen in geordnetere Bahnen. Christian sah gut aus, fit, gepflegte Haare, die Augen klar. „Du hast ein bisschen zugenommen", sagte ich, worüber er sich tierisch freute. „Daniel, genau das wollte ich hören." Er braucht positives Feedback, damit er auf dem richtigen Weg bleibt.

Er sagte mir: „Ich bin Mitte 50 und kann zum ersten Mal im Leben mein ganzes Potenzial ausnutzen." Das Leben dieses Mannes ist eine Achterbahn. Er ist gelernter Flugzeugingenieur, war früher selbstständig, hatte ein eigenes Unternehmen, machte im Auftrag von Pharmafirmen Face-to-Face-Interviews mit Ärzten. Er hat alles verloren und wieder von vorne angefangen. Alles ist bei ihm extrem. Einmal kaufte er sich für sein letztes Geld ein Ticket nach New York, flog hin und verjubelte das Geld für sein Rückflugticket. Er fand einen Job als Gogo-Tänzer in einem Club. Er hat getanzt, richtig gerockt, jede Nacht, so lange, bis er das Geld für das Ticket wieder zusammen hatte. Wenn du ihn im Elbschlosskeller tanzen siehst, weißt du, dass die Geschichte stimmt. Ich schaue ihm gerne zu, wenn er sich zur Musik bewegt, weil er das mit Leidenschaft macht. Er schließt die Augen und lässt seinem Gefühl freien Lauf, egal zu welcher Musik, da ist so viel Passion. Alles an Christian ist echt, jedes Gefühl, er könnte niemals etwas vortäuschen. Als die Polizei einmal bei ihm zu Hause vor der Tür stand, um seine Bude wegen Drogen zu durchsuchen, wollte er die Tür nicht öffnen. Er dreht durch, wenn er Polizei sieht, war sofort auf Attacke. Die Polizei brach seine Tür auf und stürmte die Wohnung. Ein Drogenspürhund biss sich an ihm fest und riss ihm fast die halbe Wade ab. Die Narbe sieht heute noch abgefahren aus. Seit einigen Jahren ist er berufsunfähig. Neunmal saß er in der geschlossen Psychiatrie. Als ihn das letzte Mal ein Rettungswagen da hinbrachte, wurde er an der Pforte abgewiesen. Weil er dort Hausverbot hat. Weil er sich da völlig danebenbenommen und randaliert hatte. Ich frage mich, was für einen abgefahrenen Scheiß muss man machen, um Hausverbot in der Psychiatrie zu bekommen? Christian lag mir mal weinend in den Armen und sagte, die Arbeit von mir und Susanna hätte ihm mindestens sechs weitere Aufenthalte in der Geschlossenen erspart, einfach weil wir immer für ihn da waren, mit ihm geredet und ihn akzeptiert haben. „Ihr habt mich immer bei euch reingelassen, egal in welchem Zustand ich war." Er bleibt dann schon mal eine ganze Woche. Kürzlich saß ich mit Christian zusammen im Elbschlosskeller, als Petra dazu kam. Stammgast seit zehn Jahren. Ich hatte sie längere Zeit nicht mehr gesehen. Ich kenne ihre ganze Leidensgeschichte: Ihr Mann, die große Liebe, ist gestorben ist. Mit ihrem Sohnemann hat sie sich überworfen. Sie war einsam, als beide weg waren. Jetzt erzählte sie mir von ihrem neuen Typen und davon, dass der gewalttätig sei. „Warum bleibe ich bei ihm, obwohl er mich schlägt?", fragte sie mich. „Weil du Verlustängste hast, nicht allein sein kannst, und bevor du das bist, nimmst du den Schläger in Kauf", habe ich ihr auf die Stirn zugesagt. „Du hast Probleme, dich zu spüren. Und bevor du gar nichts spürst, erträgst du lieber die Schmerzen." Da hatte sie Tränen in den Augen. „Du bist besser als jeder Taxifahrer, jede Friseuse und selbst jeder Psychologe", sagte da Christian zu mir. Tod und Leben, Liebe und Hass, oben und unten, gut und böse. Alles gehört zusammen. Wenn ich am Tresen stehe und den Gästen ehrlich von meinem Leben berichte, dann ist das meine Form von Therapie. Ich erzähle, was mir widerfahren ist, und sie glauben mir das alles zuerst nicht. „Blödsinn", sagen sie, „wenn dir das alles passiert wäre, könntest du jetzt hier nicht so locker drüber sprechen." Viele, denen Schlimmes widerfahren ist, sind gut im Wegschlucken und Wegdrücken, sie öffnen sich erst dann, wenn sich andere ihnen öffnen. Offenheit gilt hier auf dem Kiez, im Milieu, als Form von Schwäche. Dabei ist sie eine Form von Stärke.

Nachdem wir uns schon zwei Jahre lang getroffen hatten, saß Susanna eines Tages während meiner Schicht am Tresen und machte einen nachdenklichen Eindruck. Irgendwann rückte sie mit der Sprache raus. „Du, Daniel, wir haben uns ja schon öfters drüber unterhalten, was dem Leben einen Sinn gibt. Ich bin jetzt 40 und wo ich hinschaue, sehe ich nur noch Frauen mit Kinderwagen. Keine Ahnung, was das mit uns ist. Theoretisch könnte ich mir noch einen anderen Kerl suchen, aber ich treffe nur Idioten." Und dann: „Du bist es, den ich will, du hast tolle Gene, hast was in der Birne und ein gutes Herz. Mach mir doch ein Baby!" So direkt hat sie mir das gesagt. Ich war sprachlos. Ganz schön plump, dachte ich. Und ganz schön ehrlich. Wie sie die Sache anging, gefiel mir. Völlig straight. Sie sagte alles mit so einer Überzeugung. Die nächsten beiden Nächte hockten wir zusammen und sabbelten ohne Ende. Was wäre, wenn? Was würde es bedeuten, wenn wir ein Kind hätten? Was würde sich verändern? Und würden wir das überhaupt schaffen? Wäre unsere Beziehung stabil genug für diese Verantwortung? Wir haben es uns nicht leicht gemacht, gerade auch angesichts dessen, was wir selbst als Kinder erlebt hatten. Unschöne Erfahrungen, die wir unserem eigenen Kind ersparen wollten. Die Fehler unserer Eltern wollen wir nicht wiederholen, sagten wir. Und dann trafen wir eine Abmachung, richtig mit Handschlag. Ja, wir wagen es und trauen es uns zu. Wir machen ein Baby! Aber wenn irgendwas passiert, und das war klare Abmachung, egal was, sei es, dass ich drogensüchtig werde oder Susanna eine Pornoproduzentin wird oder die größte Hure vom Kiez, sei es, dass wir uns das Herz brechen oder welche Szenarien auch immer es in dieser kranken Welt gibt – über allem steht das Wohl unseres Kindes. Das haben wir uns in die Hand versprochen. Niemals werden wir einen Krieg über das Kind ausfechten, werden es niemals als Druckmittel benutzen, um dem anderen in die Brust zu bohren. Ich wusste: Was wir uns vorgenommen hatten, würden wir hinbekommen. Seitdem wir uns kannten, hatten wir niemals Streit miteinander gehabt, keine größeren Meinungsverschiedenheiten. Wir tickten gleich, waren immer zu 100 Prozent auf einem Nenner, auch wenn wir noch nicht zusammenwohnten. „Dir mache ich ein Baby", sagte ich, als alles besprochen war. Wir saßen an der Theke und riefen laut in den Laden: „Wir gehen jetzt ein Kind machen!" Ich nahm Susanna an die Hand, wir gingen nach hinten in das kleine Büro, hatten Sex. Es dauerte nicht lange und Susanna war schwanger. Unser Wunschkind, unser Elbschlosskeller-Wunschkind. Während der Schwangerschaft habe ich am Tresen ganz gerne meine Reden geschwungen: Wenn das Kind zur Welt kommt, bin ich auf keinen Fall dabei. Hab keine Lust, mir so was im Kreißsaal anzusehen. Da verliert man ja die Lust auf ne Muschi, so prolliges blödes Zeug halt. Das sagte ich auch zu Susanna: „Bei der Geburt, da tauch' ich aber nicht auf." Als es so weit war, hatte ich gerade Schichtende. Susanna rief aus dem Krankenhaus an: „Daniel, unser Baby kommt!" Hinter mir lagen zwölf Stunden Elbschlosskeller, ich roch nach Schnaps, Rauch und Schweiß. Und ich: „Alles klar, ich komme!" Das ganze vorherige Rumgedruckse und

Geprolle: kein Thema mehr. Nur eine Sache zählte: Ich wollte dabei sein. Sagte zu meiner nachfolgenden Schicht: „Du musst die Kasse machen, ich habe keine Zeit, scheißegal, scheiß auf den Umsatz, ich muss los." Und raste mit einem Taxi zum Krankenhaus, kam nach Kneipe stinkend in den Kreißsaal. Susanna lag in den Wehen. Von da an dauerte es noch acht Stunden. Sie brüllte wie am Spieß und ich brüllte zurück – ein skurriler Dialog: „Du Miststück, stell dich nicht so an, ist das alles was du kannst?" Und sie: „Halts Maul, du Idiot!" Der Arzt und die Krankenschwester, die sagten gar nichts, guckten sich nur an. Was sind denn das für zwei Beknackte, müssen die gedacht haben, von oben bis unten tätowiert, pöbeln sich an, und der Vater stinkt auch noch nach Kneipe. Für uns aber hat das die Situation aufgelockert und die Spannung genommen. Später haben wir oft darüber lachen müssen. Diese acht Stunden waren so intim, so innig, die haben Susanna und mich für immer zusammengeschweißt. Egal, was kommen wird.

Susanna musste oft die Position wechseln, weil der Zwerg nicht raus wollte, sie saß in der Hocke, mir gegenüber, breitete ihre Arme aus, ich hielt sie an den Schultern fest und wir haben praktisch zusammengedrückt. Ich spürte ihre Anspannung, wir sahen uns in die Augen, spürten uns in diesen Stunden nochmal ganz anders. Ich war hellwach, völlig nüchtern, kein Alkohol mehr im Körper. Zwischendurch schickte sie mich raus, wenn es alles zu heftig wurde. Aber im Endeffekt haben wir es zusammen durchgestanden.

Dann war der Zwerg da. Zwölf Stunden Elbschlosskeller, acht Stunden Kreißsaal, ich war so im Arsch, hätte eigentlich umkippen müssen. Aber ich war lebendig wie nie zuvor, voller Endorphine und Adrenalin. Im selben Krankenhaus, wo mein Sohn geboren wurde, war erst zehn Tage zuvor meine Schwester gestorben. Ich war noch voller Trauer um Jana, aber im Moment der Geburt, da war nur Liebe. Da war alles vergessen. Vor lauter Verliebtheit in meinen Sohn konnte ich später, zu Hause, noch stundenlang nicht einschlafen. Ich lag wach im Bett, als wäre ich auf Droge, starrte an die Decke, hatte Schmetterlinge im Bauch. Ein abgefahrenes Gefühl, an das keine Droge der Welt rankommt. Ähnliches haben mir auch Jungs aus dem Milieu erzählt: „Alter, da kommt kein Koks ran, an das Gefühl, wenn dein Kind zur Welt kommt." Ja, es ist unbeschreiblich, mit Abstand das Beste, was ich je erlebt habe.

Noch als Susanna im sechsten Monat war, fand ich ein Haus am Stadtrand, in dem wir heute wohnen. Ein gutes Umfeld, um den Lütten großzuziehen, fanden wir. Und wo wir drei – zusammen mit unseren Hunden – seitdem eine tolle Zeit haben. Das Zusammenziehen war ein Riesenschritt für uns beide. Absolutes Neuland. Bis dahin hatte Susanna immer alleine gewohnt, und für mich war es normal, Mädels um mich zu scharen. Das hatte ich immer genossen: angehimmelt zu werden. Ich kam immer ganz gut an. Susanna war das sehr bewusst. Sie kannte mich nur so. Sie sagte zu

Mit meiner Frau Susanna

mir: „Ich bin eine gestandene 40-jährige Frau, du bist 24. Ich weiß, du musst dir die Hörner abstoßen. Ich habe keine rosarote Brille vor den Augen. Hab' auch nicht die Illusion, dass ich deine einzige Frau sein werde bis ans Lebensende. Wenn du mal mit einer abstürzt, dann ist das so. Wir sind beide Kiezgören und kennen die Versuchungen hier. So was passiert im Suff, aber – und jetzt pass auf – ich will nichts davon wissen, wenn es passiert. Erzähl mir bloß nichts davon. Du kannst alles machen, wenn du das brauchst, für deine Erfahrung, für deine Reife, für was auch immer, aber triff dich nie wiederholt mit einem Mädel, tausch keine Nummern aus." Ich hatte dann auch ein paar Affären, aber es machte mich nicht mehr an, der Reiz war weg.

Einmal habe ich allerdings was angestellt, das für Susanna einem Verrat gleichkam. Sie erwischte mich mit meiner Ex-Freundin. Ich war selbst schuld, hätte mich an unsere Abmachung halten sollen. Ich hatte Susanna erzählt, ich würde einen Kumpel besuchen. Sie muss die Lüge gerochen haben, meine Stimme war anders, ich guckte anders. Verrat lag in der Luft. Klar, sie hat mich erwischt. Ich hatte gerade Oralsex mit meiner Ex gehabt, kam aus ihrer Wohnung und ging mit ihr zum Parkplatz, wo ihr Wagen stand. Da sah ich Susanna in ihrem Auto sitzen. Meine Ex schrie Susanna an: „Du hässliche Oma, was willst du hier, verpiss dich!" Sie kannte Susannas wunden Punkt, das Alter. Susanna sah rot, legte den Rückwärtsgang ein und donnerte zweimal ins Auto meiner Ex, das vor ihr parkte. Die rief die Polizei. Und eigentlich wäre Susanna ins Gefängnis gewandert, hätte sie sich vor Gericht nicht so gut verkaufen können. Auch sie kann ja sabbeln und überzeugen. Sie konnte glaubhaft machen, dass so was nie wieder vorkommen würde und bekam fünf Punkte in Flensburg, ohne Möglichkeit diese in den nächsten Jahren abzubauen, dazu 900 Euro Geldstrafe. Dieser Präzedenzfall schaffte es damals sogar in die Presse, was Susanna ziemlich nervte. Als das passierte, war unser Sohn schon auf der Welt. Und es war höchste Zeit, dass ich erwachsen wurde.

Ich sage gerne, dass Susanna mich zum Mann gemacht hat. Mit ihr habe ich eine Frau an der Seite, die normal tickt und die es versteht, Grenzen zu ziehen, wenn dein Umgang schlecht für dich ist. Ich bin ein Grenzgänger und erkenne oft nicht, wer oder was mir guttut oder schadet. Manchmal spüre ich mich zu doll, mal zu wenig, und so waren dann auch immer meine Beziehungen, bevor ich Susanna traf – aufbrauchend, aufreibend. Susanna hat mir gezeigt, dass, wenn du wirklich etwas willst, musst du dich hinsetzen, dem anderen in die Augen gucken und sagen: „Hier ist Ende." Seitdem ich das gelernt habe, gibt es nur noch Susanna in meinem Leben.

Liebesglück im Elbschlosskeller

Bei allen Tragödien, die ich im Elbschlosskeller sehe, gibt es auch viele schöne Momente. Menschen finden zusammen, bleiben zusammen, selten für immer, oft nur für eine Nacht. So ist es Angie nicht nur einmal ergangen. Hier eine Liebesbeziehung mit einer Haltbarkeit von zwei Kellerschichten: Angie lernte einen Typen kennen, mit dem sie am ersten Abend wild rumknutschte. Die beiden waren verliebt wie Teenager und fuhren am nächsten Morgen, sobald die Geschäfte öffneten, zu einem Juwelier und kauften Verlobungsringe. Zurück im Elbschlosskeller machte er ihr auf den Knien einen Heiratsantrag, mit allem Drum und Dran. Sie völlig verliebt, mit funkelnden Augen. Er steckte ihr den Ring an den Finger. Aber die Leidenschaft überlebte nicht das Ende meiner nächsten Schicht. Denn dann ließ die Wirkung des Kokains nach, der Drogenvorrat war erschöpft. Der Bräutigam wurde langsam klar im Kopf, entschuldigte sich und verschwand, fuhr nach Hause in seine Wohnung. Angie, die Braut, blieb zurück, wieder mal. Ohne Ring übrigens, denn den hatte der Verlobte wieder mitgenommen. Für die Nächste oder zum Umtauschen.

Nicht immer ist die Liebe so flüchtig.

Mario & Daniela, zwei fürs Leben

Da war zum Beispiel Mario. Er war auf der Suche nach der Liebe. Er kam in den Elbschlosskeller und blieb eine ganze Woche. Alles, was ich von ihm wusste: Er war früher mal Handwerker gewesen und musste in ein paar Tagen ins Gefängnis, weil er Steuern hinterzogen hatte. Jetzt aber wollte er noch mal Spaß haben, wollte es krachen lassen. Am ersten Tag beugte er sich zu mir rüber und sagte, er habe einen Wunsch. „Ich will mich neu verlieben." Ich solle mal die Augen nach einer passenden Frau offenhalten. In den nächsten Tagen passierte nichts. Kein Geflirte, kein Anbandeln, keine neue Liebe. Dann kam er an einem Tag nicht zu uns, aber eine Touristin aus der Schweiz, Daniela, hatte sich in den Elbschlosskeller verirrt. Sie fragte mich, ob ich nicht einen netten Typen wisse, sie würde gern jemanden kennenlernen. Da fiel mir sofort dieser Kerl ein, Mario, der sich verlieben wollte. „Ich wüsste da vielleicht jemanden", sagte ich, „normalerweise sitzt er genau hier." Die beiden könnten gut zueinander passen, dachte ich. Er: meine Größe und schlank, sympathisches Gesicht, Halbglatze. Sie: mütterlicher Typ, hübsch, geschieden. Dummerweise war Mario nicht da. Eine Stunde später betrat er den Laden. Ich winkte ihn zu mir, stellte die beiden einander vor. Ich setzte sie zusammen an einen Tisch und gab ihnen Piccolo Sekt aus. „Den trinkt ihr jetzt auf den Beginn einer neuen Liebe." Die tatsächlich entstand. Sie redeten den ganzen Abend, dann übernachtete er bei ihr im Hotel. Vom ersten Moment an waren sie Feuer und Flamme füreinander und sind es bis heute. Ein paar Tage später musste Mario in den Knast, aber das änderte nichts. Im Gegenteil. Sie beschlossen sogar, im Gefängnis zu heiraten. „Wir haben uns an einem verrückten Ort kennengelernt, dann können wir auch verrückt heiraten", sagten sie. Zu ihrer Hochzeit schaffte ich es leider nicht. Später zogen sie in die Schweiz, Danielas Heimat. Sie schreiben mir regelmäßig, wie es ihnen geht und was es Neues gibt. Und wie dankbar sie dem Elbschlosskeller sind.

Der schönste Heiratsantrag

Den bekam Spinne. Seit vielen Jahren unser Stammgast. Er stammt aus der ehemaligen DDR, hat auch diesen blauen Lidschatten tätowiert, Erkennungszeichen für den DDR-Knast. Er trägt einen zotteligen, weißen Bart wie die Typen von ZZ Top, hat nicht mehr alle Zähne im Mund. Ist ein ganz feiner Kerl. Er arbeitet für *Hinz & Kunzt*, das Hamburger Obdachlosen-Magazin, dort macht er Thekendienst. Alkohol gibt's da aber nicht, sagt er immer. Zum Trinken kommt er in den Keller. Wie vor ein paar Jahren, an einem Samstag, während meiner Nachtschicht. Spinne brachte seine Freundin mit, die beiden waren schon ewig zusammen. Die Hütte war gerammelt voll, man kam zur Tür rein und musste sich zur Theke durch die Menge quetschen, wie in einer vollgestopften U-Bahn. Spinnes Freundin schaffte es zu mir und meinte: „Du, hör mal genau zu." Ich musste mich zu ihr beugen, um sie bei dem Höllenlärm zu verstehen. „Ich möchte Spinne einen Heiratsantrag machen", sagte sie, „kannst du die Musik gleich ein bisschen leiser drehen?" „Kein Problem, mache ich", sagte ich. Sie drückte sich durch die Menge zur Stripteasestange, damals noch mit Tisch, auf den sie kletterte. Während sie da oben stand, sich ein bisschen hilflos an die Stange klammerte, fing sie irgendwas zu brabbeln an. Man verstand kein Wort. Ich drehte, wie versprochen, die Musik ab und rief: „So, jetzt alle mal die Schnauze halten und auf die Stange gucken. Da gibt's eine wichtige Ansage!“ Schlagartig war Ruhe, keiner quatschte mehr. Und jeder schaute auf Spinnes Freundin. Spinne selbst saß an einer Tischgruppe rechts um die Ecke, wenn du in den Laden kommst, seitlich zu seiner Freundin. Er war der Einzige im Raum, der nicht zu ihr rüber guckte. Stattdessen hockte er wie eingefroren auf seinem Stuhl, starrte auf sein Bier und beobachtete alles nur aus den Augenwinkeln. Wagte es aber nicht, sich seiner Freundin zuzuwenden. Jetzt sagte sie in seine Richtung: „Spinne, wir kennen uns schon so viele Jahre, du bist die Liebe meines Lebens.“ Pause. „Möchtest du mich heiraten?“ In dem Moment hättest du 'ne Stecknadel fallen hören können. Alle warten auf die Antwort. Und Spinne? Der klammert sich an sein Bier, guckt seine Freundin immer noch nicht an und schreit nach ein paar Sekunden: „Wenn's sein muss.“ Alle lachen herzlich, klatschen, jubeln und umarmen die beiden. Eine witzige Story. Nun waren die zwei verlobt, sind es, Jahre später, immer noch. Geheiratet haben sie nämlich nie. Aber zusammen sind sie noch, seit 25 Jahren. Was ich so berührend fand, war diese Reaktion von Spinne. Der hat garantiert geahnt, was passiert, als seine Freundin da oben stand. Und er wusste, wenn er sie jetzt ansieht, dann bricht es aus ihm raus, dann heult er hier so ab, und um sein Gesicht zu wahren, ließ er lieber einen tapsigen Spruch los.

Dann gab es da noch die Hochzeitstory von Monika (Name geändert).

Monika, die vergilbte Braut

Sie kommt aus gutem Elternhaus, wurde als Baby adoptiert. Sie hatte mal einen Autounfall und seitdem eine große Narbe im Gesicht, unter der sie leidet, weil sie sich damit hässlich findet. Das hat sie mir mal anvertraut. In meinen Augen ist sie bildhübsch, denn genau dieser Makel macht sie aus. Er macht aus ihr etwas Besonderes. Für mich macht ein Makel einen Menschen erst schön. Monika kam schon in jungen Jahren in den Elbschlosskeller. Was oder wer sie dahintrieb, kann ich nicht sagen. Aber ihre Eltern sorgten sich immer um sie. Als Monika für einige Zeit verschwunden blieb, zogen die Eltern mit einem Foto los und fragten überall auf dem Kiez herum, wer ihre Tochter gesehen hatte. Auch im Elbschlosskeller. Zu dem Zeitpunkt hatte auch ich sie schon länger nicht mehr gesehen. Sie lebte exzessiv, und ich kannte das schon, dass sie irgendwann abtauchte. „Kennt jemand dieses Mädchen, kennt jemand unsere Tochter?", fragten die Eltern verzweifelt. Monika war Mitte zwanzig, lange schwarze Haare, stahlblaue Augen, schlanke Figur, ein wunderschönes Lächeln. Und eben die unverkennbare Narbe. Als Monikas Eltern zu mir kamen, sagte ich, sie sollen sich keine Sorge machen, Monika würde schon wieder auftauchen. Eine Woche später war es auch so. Als ich zu meiner Schicht kam, sah ich Monika und ihre Eltern hinten in einer Ecke zusammensitzen und reden. Das freute mich. Später nahm ich Monika zur Seite. Fragte sie, warum sie ihren Eltern so was antut, sie in dieser quälenden Ungewissheit lässt. Ihre Eltern hatten sich echte Sorgen gemacht. Ich habe gespürt, da war Liebe im Raum und ebenso viel Unverständnis. Aber Monika gab keine Antwort, zuckte nur mit den Schultern. Im Laufe der Jahre habe ich gelernt, dass sie mit der heilen Welt, in die sie durch die Adoption gekommen war, nicht klarkam. Vom Verstand her wusste sie, sie könnte es eigentlich gut haben. Es gab Menschen, die sich um sie kümmerten. Ihre Eltern hätten ihr eine Ausbildung ermöglicht und sie finanziell unterstützt. Sie hatten sie großgezogen und mit Liebe vollgepumpt. Aber das hat nicht gereicht, oder all das hat sie im Inneren nicht erreicht. Ich konnte sie verstehen, sie war zu stolz. Du kannst manchmal nicht Dinge annehmen, auch wenn du weißt, sie wären gut für dich. Weil dein Weg halt ein anderer ist. Monika hat dann einen Typen geheiratet. Nach der Trauung kamen die Frischvermählten zu uns in den Elbschlosskeller. Was für ein Bild! Da musste man zweimal hingucken: Monika im weißen Brautkleid, der Bräutigam im Hochzeitsanzug. Man kann ja vieles über den Elbschlosskeller sagen, für eine Hochzeitsfeier taugt er nicht. Monika hatte sich in den Kopf gesetzt, bei uns zu feiern. Okay, na dann, dachte ich mir, mal sehen, was das wird. Ich hatte schon den Eindruck, Monikas Mann meinte es ernst mit ihr. Er wollte wirklich, dass es mit den beiden klappt. Das Ehepaar nicht nur zu spielen, sondern eins zu sein. Es wurde gemunkelt, dass es anfangs ein Deal war – er hatte keinen deutschen Pass, sie brauchte Geld. Sie haben sich dann wirklich ineinander verknallt. Er mehr in sie als umgekehrt. Und jetzt die

Hochzeitsfeier im Elbschlosskeller. Trinken, tanzen, quatschen. Ohne ein Ende zu finden. Nach zehn Stunden hat der Bräutigam genug und will nach Hause. Sie: „Sei nicht so spießig. Ich will noch bleiben." Der Zoff geht langsam los. Aber für ihn ist's in Ordnung. Er geht, sie bleibt. Nach ein paar Stunden kommt er zurück, will sie holen. Sie sagt nein, sie bleibt, er geht. Dieses Schauspiel zieht sich über – Achtung! – ganze drei Tage. Für Monika normal, so lange bei uns zu versacken. Für ihren Mann unbegreiflich. Drei Tage am Stück saufen. Zwischendurch mit dem Kopf auf dem Tisch einschlafen, aufwachen, weitersaufen, Speed ziehen, um noch länger durchzuhalten. Noch mehr saufen, sich zwischendurch ausheulen, mit anderen rumknutschen. Die Zeit vergessen. Alles vergessen. Das volle Programm. Weil die schweren Vorhänge an der Tür immer geschlossen sind, kommt kein Sonnenstrahl in den Laden. Du verlierst jedes Zeitgefühl. Ich hatte drei Nachtschichten hintereinander und verfolgte den Verfall von Monika in Etappen mit. An ersten Tag sah sie noch gut aus. Ich fuhr nach meiner Schicht nach Hause, zwölf Stunden Pause, habe geschlafen, geduscht, Zähne geputzt, gegessen, dann wieder in den Elbschlosskeller. Monikas Hochzeitskleid hatte inzwischen diverse Brandlöcher, war vom Nikotin angegilbt. Sie sah fertig aus, die Frisur derangiert, ungewaschen, das Makeup verschmiert. Ich stand zwölf Stunden am Tresen, dann wieder zwölf Stunden zu Hause, das gleiche Programm. Und wieder in den Elbschlosskeller. Monika sah jetzt noch fertiger aus, vom weißen Kleid war kaum etwas übrig, und was noch an ihr hing, das war verdreckt und zerfetzt. Während dieser Schicht kam der Bräutigam rein, in normalen

Klamotten, ausgeschlafen, sah seine fertige Frau. Und hat ihr den Ehering an den Kopf geschmissen. Er scheiße auf das ganze Ding hier, rief er. Und rannte weg. Monika hat geheult, blieb sitzen und machte weiter. Und das war das Ende ihrer Lovestory. Dieses Drama zu beobachten, war schon hart. Später haben sie sich wieder zusammengerauft und sind noch verheiratet. Gelegentlich kommt Monika zu uns und bleibt bis zu einer Woche. Ihr Mann holt sie dann ab. Auch das ist Liebe.

Der Elbschlosskeller ist wie ein Strudel. Wenn du einmal drinnen warst, zieht er dich immer wieder rein – selbst, wenn du jahrelang weg gewesen bist. Und du kannst nichts dagegen tun. Es muss nicht immer so drastisch enden wie bei Monika.

René, der Abenteurer

Es gibt Elbschlosskeller-Fans, die kommen zu uns, um hier ihren Urlaub zu verbringen. Wie René aus der Schweiz, Mitte 30, Lkw-Fahrer, ein sympathischer Glatzkopf. Letztes Frühjahr war er in Hamburg, entdeckte den Elbschlosskeller und verliebte sich in den Laden. So sehr, dass er sich auf den Unterarm ein Tattoo mit unserem Logo hat stechen lassen. Im November verbrachte er dann seinen Urlaub im Keller: Er blieb zwölf Tage am Stück. Jetzt musste er für drei Monate den Führerschein abgeben und ist wieder bei uns, sitzt tagsüber an der Theke, trinkt, quatscht mit den anderen Gästen und schläft nachts bei Tina, einer Angestellten. Die mit dem Hobby Panzerfahren.

Und dann gibt es sogar Gäste, die das Gegenteil brauchen. Die kommen zu uns, weil sie einen ruhigen Ort suchen. Das muss man sich mal auf der Zunge zergehen lassen.

Joe, der Leser

Er nennt sich Joe, aber so heißt er nicht wirklich. Er ist zu schlau, um seinen echten Namen preiszugeben, denn Joe ist Inhaber einer gutgehenden Folien-Firma in Schleswig-Holstein. Er ist Stammgast im Elbschlosskeller, seitdem ich hier arbeite. Ein gemütlicher Zeitgenosse mit grauem Haar und Rauschebart, immer sehr gepflegt. Früher ein Schwergewicht von über 100 Kilo, aber er hat bestimmt 20 Kilo abgenommen. In der Regel kommt er zwei- bis dreimal in der Woche vorbei, raucht eine Zigarre, trinkt Cola und liest dabei ein Buch. Er sitzt da wie ein Fels in der Brandung, um ihn herum wird gepöbelt, gesoffen und manchmal gekloppt, gekotzt oder sogar gepisst. Er mag den Kontrast. Er erzählte mir, dass er keinen Fernseher besitze und seine Bücher jährlich in Metern lese. Am liebsten Bücher, die mit Kosmologie und Science Fiction zu tun haben, alles mit Physik interessiert ihn. Wenn man sich mit ihm unterhält, merkt man, dass das stimmt. Joe ist einer der klügsten Köpfe, die mir je begegnet sind. Vor Kurzem habe ich erfahren, dass Andy, ein Altrocker, der bei uns arbeitete, regelmäßig Bücher mit Joe austauschte. Joe kommt immer zu bestimmten Uhrzeiten zu uns, und Andy legte sich seine Schichten entsprechend. Ich wusste gar nicht, dass er Bücher so liebt. Andy hatte schon zwei Schlaganfälle und ich hoffe, er kann noch lesen. Auch unsere Stammgäste kennen und schätzen Joe, denn er hat immer ein offenes Ohr und steht selbst den Obdachlosen Rede und Antwort. Es sei denn, man rückt ihm zu sehr auf die Pelle, dann kann auch er anders. Denn wenn sie merken, dass du zu schwach bist, kann es passieren, dass sie dich fressen. Joe lässt sich nicht fressen, er trinkt seine Cola, raucht seine Zigarre, liest sein Buch, ist höflich und geht.

Fast alles verloren

Der Elbschlosskeller hat mittlerweile seinen 68. Geburtstag gefeiert. Das meiste von der Inneneinrichtung stammt noch aus den Fünfzigerjahren. Die Holzvertäfelung, der Stützpfeiler in der Mitte, der gesetzt wurde, als man das Haus baute, der Tresen, die Holzbänke. Die muss ich regelmäßig reparieren, weil sie sonst auseinanderfallen. Die Eigentümer des Gebäudes haben gewechselt. Früher gehörte es zwei netten alten Damen, vornehm, wohlhabend, meine Mutter kam mit den beiden immer gut aus. Eine Zeit lang gab es die Option, das Gebäude zu kaufen, was leider versäumt wurde.

Die Krankheit meiner Mutter war auch der Grund, weshalb wir vor drei Jahren beinahe alles verloren hätten. Susanna und ich leiteten den Laden schon ein paar Jahre, meine Mutter war weiterhin die Mieterin. In dieser Zeit wurde ihre Krankheit so massiv, dass sie ganz irre Sachen anstellte, zum Beispiel zehn Mitarbeiter einfach mal so rauszuschmeißen. Weil sie das Gefühl hatte, sie würde von allen verraten werden. Sie war nicht mehr in der Lage, Gut und Böse voneinander zu unterscheiden, gab Geld für sinnlose Dinge aus, kaufte für Tausende von Euro Schuhe, und zwar in unterschiedlichen Größen, die sie kurz getragen hat, so dass ich sie nicht mehr zurückgeben konnte. Ich kam kaum hinterher, den Schaden zu beheben, mich bei Leuten, die sie beleidigt hatte, zu entschuldigen, unsere gefeuerten Angestellten zurückzuholen. Zehn Tage länger und alles wäre weg gewesen, weil wir mit der Miete für den Elbschlosskeller im Rückstand waren. Das war die einzige Zeit, in der der Elbschlosskeller jemals geschlossen war, wenn auch nur an manchen Tagen für mehrere Stunden. Das Spiel „Stille Post" machte auf dem Hamburger Berg seine Runden. Von Gerüchten über Todesfälle bis hin zu wildesten Spekulationen, dass andere Gastronomen das Ruder übernommen hätten – alles war dabei. Dieses Phänomen begleitet mich übrigens, seit ich im Elbschlosskeller arbeite. Kein anderer Ort, an dem ich jemals zuvor war, ist so anfällig für Verschwörungstheorien und Märchen aller Art. Ich erzähle gerne, dass die „Stille Post" auf dem Hamburger Berg erfunden wurde.

Wir haben es damals geschafft, den Untergang abzuwenden, weil ich das nötige Geld auftrieb, Leute beruhigte und vor allem dafür sorgte, dass meine Mutter endlich ihrer Krankheit entsprechend behandelt wurde. Ich muss zugeben, ich selbst kam danach auch in eine der schwierigsten Phasen meines Lebens. Meine Acht von oben nach unten und zurück. Damals war ich ganz unten. Zu viel Leid, zu viel verdrängte Emotionen und zu viel Kokain. Die Krankheit meiner Mutter und der Tod meiner Schwester – bis dahin hatte ich geglaubt, mit all dem gut umgehen zu können. Und bis dahin hatte ich Drogen lediglich als gelegentliches Genussmittel betrachtet. Doch zu diesem Zeitpunkt machten sie es mir möglich, mein zerrissenes Inneres zu verdrängen. Ich konsumierte 20 Gramm in nur drei Tagen. Ich wusste, wenn mir jetzt ein Arzt Blut abnimmt, der würde sagen, es ist ein Wunder, dass du lebst. Noch etwas länger, und das wäre es für mich gewesen. Viel hat nicht gefehlt. Ich bin ein Suchtmensch. Meine Oma sagt immer, Sucht kommt von Suchen. Ich übertrieb Dinge generell. Ich tätowierte mich zu doll, ich aß, bis ich fett wurde, hatte Sex, bis der Pimmel wund war. Und wenn ich Drogen konsumierte, dann so viel, bis ich ein Wrack war. Damals habe ich so exzessiv konsumiert, bis ich eines Tages aufwachte und gar nichts mehr ging. Vorher hatte ich einen Sixpack, volles Haar, war durchtrainiert, jetzt saß ich nackt auf dem Bett und hatte Ringe am Bauch, schmale Schultern, die Haare fielen mir aus. Ich schaute in den Spiegel und dachte: „Alter, du hast einen Sohn, trägst Verantwortung und lässt dich so gehen." Was war nur aus mir geworden? Ich fühlte mich so dreckig, war enttäuscht von mir selbst. Ich hatte Susanna mit unserem Kind allein gelassen. Zum Glück war unser Sohn noch so klein, dass er nicht viel davon mitbekam. Susanna versuchte alles, mich da rauszuholen. Wir stritten viel. Wenn es gar nicht mehr anders ging, haute sie mit unserem Sohn ab. Oder ich schloss mich zu Hause ein, verbarrikadierte mich im Schlafzimmer oder im Keller, um mich ungestört der Droge hinzugeben. Ich konnte einfach nicht mehr aufhören. Alle Dämme waren gebrochen. Ich kam da nicht mehr raus und wusste, wenn ich aufhöre, folgt die Depression, dann falle ich in ein richtig tiefes Loch. Und davor hatte ich eine Riesenangst. Susanna sagte damals oft, sie hätte sich vorstellen können, mich an eine andere Frau zu verlieren, aber nicht an die Droge.

Was mich rettete? Am Ende hatte ich diesen lebensmüden Moment. Ich dachte: Vielleicht folgst du jetzt besser deiner Schwester. Das war der Wendepunkt. Ich erinnere mich noch ganz genau: Ich werde wach, sitze auf meinem Bett, schau an mir runter, innerlich tot, im Zustand eines Leerlaufs. Mein Körper war taub. Dann kam eine gleichgültige, depressive Phase. Ich habe nicht an meinen Sohn gedacht, nicht an Susanna, ich dachte an meine Schwester, dachte: Der folgst du jetzt einfach, gehst den leichteren Weg und nahm noch eine Nase. Das war die letzte, an die ich mich erinnern kann. Auf einmal knallte es hinten im Kopf, die Pupillen wurden klein. Mein Puls ging langsam weg. Ich versuchte, ihn zu fühlen, fand ihn aber nicht. Bekam Panik. Susanna und mein bester Freund Björn haben mich damals gerettet. Die kümmerten sich um mich und holten mich runter. Und als ich wieder klar war, sagten sie mir, dass ich zu Hause bleiben solle, weil wir das gemeinsam durchstehen würden. Sie gaben mir zu essen, zu trinken, waren da, wenn ich reden wollte. Sie deckten mich zu, mit Sanftmut, mit Liebe. Auch mein Freund David, mein Trainingspartner, besuchte mich in dieser Zeit regelmäßig und machte mir Mut. Langsam ging es wieder bergauf. Nicht von heute auf morgen. Es dauerte einige Wochen, bis ich wieder einen geregelten Tagesablauf hatte, normal arbeiten konnte, wieder Ehemann und Vater sein konnte. So tief wie damals will und werde ich nie wieder sinken. Diese Person, die ich im Spiegel sah, hatte nichts mehr mit dem zu tun, der ich sonst war. Seit diesem Absturz habe ich alles ganz gut im Griff. Vor allem habe ich mich im Griff. Ich bete regelmäßig, mache wieder viel Sport, bin mit mir im Einklang.

Hätten wir vor ein paar Jahren den Elbschlosskeller verloren, wie wäre es dann wohl für mich weitergegangen? Wie hätte ich mich gefühlt? In gewisser Weise wäre der Verlust eine Befreiung gewesen, weil ich mit vielem aus meiner Vergangenheit hätte abschließen können. Ich merke, dass mir die Trennung von meinem Vater doch schwerer fällt, als ich lange Zeit dachte. Es ist schade, dass mein Sohn seinen Opa nicht kennt, dabei sehen die beiden sich so ähnlich.

Aber ohne den Elbschlosskeller würde mir etwas fehlen. Ich weiß nicht, ob ich ohne ihn leben könnte. Irgendwie war er immer meine Bestimmung. Wir haben mit der Meuterei einen weiteren Laden auf dem Kiez eröffnet, aber der ist anders. Das spüre ich, sobald ich im Keller stehe. Wenn ich eine Zeit lang nicht da war, merke ich, wie sehr mir die Gäste gefehlt haben. Wenn ich an der Theke bin, machen wir den doppelten Umsatz. Weil es sich herumspricht, „Daniel ist da", und dann kommen die Leute aus anderen Kneipen zu uns rüber.

Für mich sind alle gleich

Zu Beginn einer Schicht gehe ich zu jedem Gast an der Theke und gebe ihr oder ihm die Hand – das ist ein Ritual, egal ob das eine schlafende Prostituierte ist, ein zahnloser Junkie, ein Obdachloser, ein Millionär, ein Immobilienmakler, ein Handwerker, ich schüttele jedem einmal die Hand, jeder bekommt von mir dieselbe Aufmerksamkeit und ein „Hallo, hier bin ich". Ganz wichtig ist das vor allem für die, die abgeschrieben sind von der Gesellschaft, für die ist das immer ein toller Moment. Ich sehe in ihren Augen ein Funkeln, als würdest du einem kleinen Kind etwas schenken. Wenn du Menschen deine Wertschätzung zeigst, bekommst du auch etwas zurück. Es ist ein Geben und Nehmen. In solchen Momenten merke ich, dass ich da hingehöre. Im Elbschosskeller zu arbeiten, ist was ganz anderes, als wenn ich in der Meuterei stehe. Ich sag' manchmal im Scherz: „Der Unterschied zum Keller ist, hier muss ich keine Gummistiefel auf der Toilette anziehen." Tatsache ist, dass ich im Elbschlosskeller jeden Zentimeter kenne, jeden Winkel. Du kannst mir die Augen verbinden, mich im Kreis drehen und trotzdem weiß ich blind, wo ich was an welcher Stelle finde. Jeder Griff sitzt. Wenn der Laden richtig voll ist, bin ich bombenschnell, laufe zur Hochform auf. Manchen fällt da die Kinnlade runter. „Alter, was hast du für Bewegungen drauf?" Der Elbschlosskeller ist mir in Fleisch und Blut übergegangen, das bin da wirklich *ich* am Tresen.

Ich werde oft gefragt, ob ich keine Berührungsängste kenne. Also, wenn ich betrunken bin, dann schon mal gar nicht. Weil ich einfach vergesse. Wenn ich nüchtern bin und komme frischgeduscht von zu Hause oder vom Sport, stehe im Laden und habe da jemanden sitzen, der wirklich hart betrunken ist, vielleicht blutverschmiert, mit Schorfkrusten im Gesicht, selbst der bekommt von mir Respekt und Wertschätzung. Manche Erlebnisse sind aber auch mir zu hart. Wie bei der Geschichte mit dem Opa, der während meiner Schicht sturzbetrunken in der Ecke saß. Gegen Ende der Schicht versuchte er, auf Toilette zu gehen, dort pinkelte er sich aber in die Hose, die auf halb acht hing. Er fiel um, knallte auf die Armatur, er blutete stark. Das Blut vermischte sich mit Wasser auf dem Boden. Der Rettungswagen kam, doch die Sanitäter nahmen den Opa nicht mit, weil er sich mit Händen und Füßen wehrte. Ich ging nach Hause schlafen, essen, dann die zweite Schicht. Der Opa war immer noch da. Die ganze Geschichte wiederholte sich. Er wieder aufs Klo, wieder gestürzt und so weiter. Der Rettungswagen kam und fuhr wieder ohne ihn weg. Dann meine dritte Schicht. Der Opa war im Sitzen eingepennt. Mir ist diese Szene im Kopf geblieben: Wie sich das Blut mit der Wasserpfütze am Boden vermischte. Das sah aus wie bei einem Schlachter. Keine schöne Story. Normalerweise gehe ich nach Hause und schalte ab, aber an dieses Bild denke ich noch heute. Warum hat der Opa sich nicht helfen lassen? Das frage ich mich bis heute.

Der Elbschlosskeller zieht Menschen an, schräge Vögel, die siehst du nirgendwo sonst. Kiezgewächse, wie es sie nur bei uns gibt. Typen, die aus dem Nichts auftauchen und sich treiben lassen.

Mausi, ein ganzer Kerl

Ist auch so ein liebenswerter Zeitgenosse. Mausi wackelt zwei-, dreimal in der Woche in einem engen silbernen Paillettenkleid, mit blonder Perücke und auf High Heels übers Pflaster auf dem Hamburger Berg, pendelt zwischen Elbschosskeller und Handschuh. Mausi stolziert – und das mit ganz viel Stolz. Finde ich toll. Denn Mausi ist ein großer Kerl mit breitem Kreuz und tiefer Stimme. Früher war er Schließer in einer JVA, hat die schweren Jungs weggeschlossen und bewacht. Da gab es abgefahrene Szenen im Elbschlosskeller: Mausi steht am Tresen, hält mit seinen breiten Händen das Glas fest, im Gesicht so viel Makeup und Puder, dass schon alles abbröckelt. Neben ihm ein Typ, der frisch aus dem Knast kommt. Der schaut zu Mausi hoch, erst kurz, dann länger, Fragezeichen auf der Stirn, verdutzter Blick. Denkt sich, „den kenn ich doch von irgendwo…" – bis er in Mausi seinen Gefängniswärter wiedererkennt. Nur nicht in Uniform, sondern im Fummel. Was der Typ dann für ein Gesicht macht, das muss man gesehen haben. Mausi geht damit ganz locker um. Viele auf dem Kiez kennen ihn, und er kennt Gott und die Welt. Mit den Beamten auf der Davidwache kann er gut, sind quasi seine Ex-Kollegen. Ich habe gehört, dass er einem von denen manchmal seine neuesten Fummel präsentiert und sich ein Lob abholt. Ohne Kleid, Schminke und Perücke führt Mausi ein anderes Leben fernab vom Kiez, aber das soll sein Geheimnis bleiben.

Alwin, Oldschool

Alwin arbeitete früher im Silbersack, auch eine der Kiez-Legenden. Er ist selbst nicht vom Kiez wegzudenken, auch wenn er ausgemustert wurde. Legendär waren seine Auftritte beim Schlagermove. Er fuhr immer auf dem Silbersack-Truck mit, saß oben drauf auf einem Sessel, der mehr ein Thron für Alwin war. Auf seinem Kopf ein blinkender Zylinder. Die Menschenmassen jubelten ihm zu. Alwin war in seinem Element. So wie die Leute in den Elbschlosskeller gehen, um mich zu sehen oder früher meinen Vater, kamen sie in den Silbersack, um Alwin zu erleben. Vor ein paar Jahren verlor er seinen Job wegen Streitigkeiten mit den Besitzern. Eine tragische Geschichte, denn seitdem hat Alwin nie wieder Fuß gefasst. Weil er mit dem Job viel mehr verloren hat als nur seinen Arbeitsplatz. All seine Energie, ihm wurde ein Stück Seele geraubt. Das sehe ich öfters, wenn die alte Garde ersetzt wird, dass die kaputt gehen, weil ihnen der Lebensinhalt genommen wurde. Die Süddeutsche Zeitung hat mal ein Porträt über den Elbschlosskeller geschrieben und darin war auch von Alwin zu lesen: „Er fingert ein abgegriffenes Passfoto aus seinem Geldbeutel. Er vor 18 Jahren. Dunkle Haare, fester Blick. ‚Ich habe mich nicht als Schönling gesehen, nur als Mensch, aber ich war es für viele', sagt er. Dicke Tränen rollen über seine Wangen, als er von dem Generationswechsel im Silbersack erzählt, den er nicht überstand. ‚Ich habe einfach aufgegeben, verstehst du.' Er erzählt von seinem Kleiderschrank mit den feinen Sachen von früher. ‚Mir kommt's vor, als ob ich nicht mehr reinpasse in meine Anzüge.'"

Alwin sitzt dreimal die Woche bei uns im Elbschlosskeller. Manchmal erzählt er von früher. Trauert der guten alten Zeit hinterher, als er noch wer war. Dabei ist er wer, finde ich: ein besonderer Mensch, auch ohne den Job. Egal wie sehr er in seinen Erinnerungen schwelgt – wenn ein guter Song erklingt oder ein alter Kumpel vorbeikommt, ist sein Strahlen zurück. Alwin, einer, der andere mit seiner guten Laune ansteckt.

Der Kiez hat sich in den vergangenen Jahren verändert. Alte Kneipen wurden verkauft, die neuen Besitzer setzen nur noch auf die junge Kundschaft. Viele alte Kiezianer müssen wegziehen, können sich die Mieten nicht mehr leisten. Durch ihren Weggang verändert sich das Bild von St. Pauli – und damit auch der besondere Geist dieses besonderen Stadtteils. Von all dem ist der Hamburger Berg noch ziemlich unberührt. In warmen Sommernächten stehen die Menschen auf der Straße, pendeln zwischen den Läden hin und her, streiten sich, prügeln sich, verbrüdern sich, lieben sich, manchmal fliegen Herzen hin und her, manchmal auch Flaschen. Das alles ist der Hamburger Berg. Früher war er die schlimmste Straße in Hamburg, derzeit ist er eine der angesagtesten, weil gerade die alten Läden cool sind und auch junge Leute anziehen, ohne aber ihre Stammkundschaft zu verprellen. Früher wurde das Leben auf dem Hamburger Berg beherrscht von der Konkurrenz zwischen Handschuh und Keller. Jeder von uns wollte der Bessere sein. Konkurrenz ist gut fürs Geschäft, aber wenn daraus Neid und Missgunst werden, läuft etwas falsch. Heute haben Sascha Nürnberg, der Wirt vom Handschuh, und ich ein gutes Miteinander. Als ich im Keller anfing, erzählte mir Sascha: „Als ich das erste Mal deinen Vater im Elbschlosskeller am Tresen gesehen habe, ist mir die Kinnlade runtergefallen. Noch nie hatte ich so einen großartigen Kellner erlebt." Als ich das hörte, ausgerechnet von ihm, dem Konkurrenten, war ich total stolz. Sascha hat mich anfangs auch erst mal beäugt. Wie ist der so, wie macht der seinen Job? Irgendwann kam er während meiner Schicht zu uns rüber, ging zu einem meiner Gäste und haute den so um, dass der regelrecht durch den Laden flog. Und ich dachte: Du Arschloch machst mir hier die Stimmung kaputt, kompromittierst mich vor meinen Gästen! Wahrscheinlich hatte der Gast drüben im Handschuh die Zeche geprellt und sich zu uns davon gemacht.

Zwei, drei Wochen später bin ich rüber zu Sascha. Einem Zechpreller hinterher, der in sich in den Handschuh absetzen wollte. Solche Sachen regeln wir allein, zur Polizei laufen ist nicht, die Zeit hat man gar nicht und am Ende sieht man sein Geld dadurch auch nicht wieder. Vor allem aber verliert man sein Gesicht. Man muss sich in der Szene behaupten. Im Handschuh stellte ich den Typen, der mir Geld schuldete, also zur Rede. Der kam mir blöd: „Hol's dir doch, na, mach schon." Und so weiter. Ich schaute Sascha mit einem fragenden Blick an. Nach dem Motto: „Darf ich?" Er nickte. Ich verpasste dem Zechpreller einen Schwinger, so dass er zu Boden ging, und nahm mir mein Geld. Mit stolz geschwellter Brust ging ich zurück in meinen Laden. Mit Sascha war ich jetzt quitt. Und dachte, alles klar, wie du mir, so ich dir.

Seit damals ist viel passiert. Inzwischen muss ich mich vor anderen und vor mir selbst nicht mehr beweisen. Ich bin jemand, der handelt, ohne nachzufragen, wenn es die Situation verlangt. Vor nicht allzu langer Zeit erschien in der Hamburger Morgenpost ein Artikel mit der Schlagzeile „Die Wut der Kiezwirte". Es ging darum, wie sich der Kiez zum Negativen verändert hat. Wie der Verkauf von Billigalkohol an den Kiosken uns Kiezwirten das Geschäft kaputtmacht. Die Kritik richtet sich nicht gegen die alteingesessenen Kioskbesitzer. Ohne die wäre der Kiez für mich nicht der Kiez. Ohne unsere Perser, Russen, Türken, Kurden und Jugos würde etwas fehlen. Man kennt sich, man lacht zusammen. Und selbst die neuen Kioskbesitzer haben ihre Daseinsberechtigung und nutzen die Gunst der Stunde. Ich wollte ein Zeichen setzen, dass die Politik der Stadt aufpassen muss, damit der Kiez demnächst nicht nur noch aus Kiosken besteht. Irgendwann ist's halt genug. Den Artikel hatte ich initiiert, weil mich die Sache nervte. Ich schaffte es, sechs der wichtigsten Kiezwirte an einen Tisch zu kriegen. Obwohl mir viele das nicht zugetraut hätten. Ich war zu Sascha gegangen und hatte gesagt: „Pass auf, lass uns gemeinsame Sache machen, dann ist die Aufmerksamkeit größer. Und nebenbei ist es eine geile Werbung, auf dem Titelbild der Mopo zu sein." Er war einverstanden. Als Sascha mit an Bord war, habe ich die anderen Wirte zusammengetrommelt. Der Artikel erschien mit dem Aufmacher: „Billig-Fusel, Drogen, Grabscher – die Wut der Kiezwirte", dazu wir alle gemeinsam auf dem Titelbild. Von Sascha gab es dafür Schulterklopfen, nach dem Motto: Bist ein anständiger Kerl. Das fühlte sich gut an. Seitdem ist das Verhältnis zum Handschuh noch besser geworden. Wir halten zusammen wie in den guten alten Zeiten. Das ist seit Generationen so gewesen, und das bleibt auch so.

Die Gewalt nimmt zu

In dem Mopo-Artikel haben wir Kiezwirte auch klar Stellung zu der zunehmenden Gewalt bezogen: „Alle fünf Meter stehen auf dem Kiez Gruppierungen von zehn bis 15 Mann, klagen die Wirte. Teilweise stellen sie sich direkt vor die Eingänge der Lokalitäten, dass Gäste und vor allem Frauen sich nicht trauen reinzugehen. Die Kiez-Gänger fühlen sich unwohl, Frauen haben Angst vorbeizugehen. Bei den Gruppen handelt es sich oft um Nordafrikaner, schildern die Bar- und Clubbetreiber. Wir sind kein bisschen ausländerfeindlich, 75 Prozent unserer Gäste sind Ausländer. Der Kiez ist multikulti und das ist auch gut so. Doch diese Männer benehmen sich daneben. Sie begrapschen Frauen und beklauen Gäste. Wenn man dann dazwischen geht oder sie aus dem Club wirft, muss man mit allem rechnen. Auf alle Fälle wird man sofort als Nazi beschimpft. Und teilweise zücken die Männer Messer oder auch mal ein Hackebeil aus der Tasche."

Dass es brutaler zugeht als früher, das ist Fakt. Dafür gibt es viele Gründe, aber keine Lösung. Die Politik schaut weg, und sie lässt auch die Polizei im Stich. Die wiederum kann das Problem nicht allein aus der Welt schaffen. Ich kenne viele gute, alte Jungs, die jahrzehntelang an der Tür gearbeitet haben. Die sagen: „Wir verdienen 15 Euro die Stunde und riskieren jeden Tag unser Leben. Wofür?" Die haben aufgehört.

Bei uns leben mittlerweile viele Menschen aus fremden Ländern, die Dinge gesehen haben, die für uns unvorstellbar sind. Die bekommen hier gesagt, dass sie sich gefälligst integrieren sollen und zwar schnell. Man drückt ihnen Zettel mit Benimmregeln in die Hand, auf denen erklärt wird, wie das Zusammenleben in Deutschland funktioniert. Wir, die hier aufgewachsen und sozialisiert sind, verstehen, was auf diesen Zetteln steht. Aber Menschen, die aus anderen Ländern zu uns kommen, sind kulturell anders geprägt. Ich muss mir manchmal an die eigene Nase fassen, wenn ich merke, dass ich mich über sie aufrege, und dann nehme ich diejenigen, gegen die gehetzt wird, auch in Schutz. Ich kann beide Seiten verstehen. Es muss schwer sein, wenn man aus einem Land kommt, in dem ein ganz anderes Frauenbild vorherrscht, und dann in Deutschland überall schöne Mädchen in Miniröcken sieht. Niemand nimmt diese Männer an die Hand und sagt: „Komm, ich zeig dir mal, wie es bei uns funktioniert. Wie Männer mit Frauen umgehen und welche Regeln es im Miteinander gibt." Alle wollen, dass Integration klappt, aber keiner übernimmt die Verantwortung. Das Ergebnis dieser verkorksten Politik sieht man tagtäglich auf dem Kiez. Wir sind hier sozusagen an der Front, dort, wo die Konflikte eskalieren. Und niemand hilft. Ein komplettes Versagen. Vor allem Nordafrikaner haben eine niedrigere Hemmschwelle, weniger Skrupel, als wir es von den Gangs bislang kannten. Sie stechen schneller zu, schon bei kleineren Konflikten. Die Polizei ist oftmals machtlos. Viele Beamte sind gefrustet, sie haben es satt, bespuckt und bepöbelt zu werden. Wenn du sie rufst, weil Typen im Laden sind, die unsere Gäste beklauen, werden die zwar abgeholt, sind aber maximal zwölf Stunden in Gewahrsam. Die lachen die Polizei nur aus. Und stehen ein paar Stunden später wieder vor unserer Tür. Dann oftmals mit einem Messer in der Hand. Das Problem ist, dass diese Menschen nichts zu verlieren haben. Sie stammen aus Ländern, wo manche von ihnen hautnah miterleben mussten, wie Familienmitglieder und Freunde misshandelt und getötet wurden, einige wurden selbst Opfer brutaler Gewalt. Sie sind abgestumpft und traumatisiert.

Ich hatte früher einen Freund aus Bosnien, der vor dem Krieg nach Deutschland geflüchtet war und mir Dinge erzählte, die ich mir in meinen schlimmsten Alpträumen nicht vorstellen konnte. Und hier heißt es nur, dass du dich schnell anpassen musst. Stattdessen lernen sie auf dem Kiez ganz schnell, dass sie damit durchkommen, wenn sie Leute einschüchtern. Es sind aber nicht nur Migranten, die auf dem Kiez Straftaten begehen. Das Gewaltlevel insgesamt ist gestiegen, auch bei den Deutschen. Besonders bei jungen Männern aus so genannten sozialen Brennpunkten. Auch die laufen mit Messern in der Tasche rum. Aber sie sind nicht so organisiert. Ich habe selbst viele Situationen erlebt, in denen es gefährlich wurde. Vor gar nicht langer Zeit hat mich ein Nordafrikaner mit einem Schlachterbeil angegriffen. Ich hatte ihn aus dem Laden geschmissen, weil er eine schlafende Frau befummelt hatte. Diese Art der Belästigung hat leider extrem zugenommen. Wenn ich jemanden rauswerfe, bin ich freundlich, aber sehr bestimmt. Ich sagte also: „Kannst du bitte meinen Laden verlassen!?“ Doch der Grapscher wollte nicht gehen, stattdessen fing er mit mir eine Diskussion an. Daraufhin drängte ich ihn mit meinem Körper aus dem Laden. Ich habe ihn nicht geschlagen, nicht geschubst, nur geschoben. In dem Moment zog er ein Schlachterbeil aus seiner Manteltasche, zwei Kilo glänzender Stahl. Ich versuchte, cool zu bleiben, bloß jetzt Ruhe bewahren, aber mir ging ganz schön der Stift. Ich griff mir einen Barhocker, um damit den Typen und sein Beil auf Distanz halten. Aber wenn er das Beil in meine Richtung schmeißt, ging es mir durch den Kopf, dann nutzt dir auch der Hocker nichts. Damit spaltet er dir mal ganz schnell den Schädel. Ich griff mir trotzdem diesen Barhocker und schob ihn damit Richtung Ausgang. Kurz vor den Treppenstufen gelang es mir, ihm das Beil aus der Hand zu schlagen und er floh.

Ein anderes Mal kam einer mit einer Crocodile-Dundee-Klinge in den Elbschlosskeller. Er stellte sich an das eine Ende vom Tresen und ging ganz langsam die Theke entlang, während er immer wieder seine Klingenspitze ins Tresenholz stieß. Dabei schaute er mir die ganze Zeit in die Augen. Ich wusste, gleich ist er bei mir, noch ein Meter, ein halber Meter, dreißig Zentimeter, der Abstand wurde immer geringer. Zum Schutz griff ich mir auch da einen Hocker, aber in dem Moment kamen zwei Polizisten in den Laden. Sie waren gerade in der Nähe und irgendwer musste sie gerufen haben. Einer der beiden schlug dem Typen mit dem Schlagstock das Messer aus der Hand, der andere zog seine Pistole und zielte ihm direkt ins Gesicht. Sie legten ihm Handschellen an und nahmen ihn mit. Dann aber, ein halbes Jahr später stand der Typ wieder vor mir im Laden, guckte mich an und wollte wissen, ob ich es gewesen war, der die Polizei gerufen hatte. Der war gekommen, um sich rächen. Ich tat so, als wenn ich ihn nicht bemerken würde. Ließ ihn links liegen. Mir ging die Pumpe. Doch plötzlich war er so schnell verschwunden, wie er gekommen war.

Damit ich nicht falsch verstanden werde: Nicht jeder Flüchtling wird zum Täter. Im Gegenteil. Dafür würde ich gerne die Geschichte von Said erzählen.

Said

Er ist ein Opfer, so wie viele. Er ist Flüchtling. Er stammt aus Somalia. Unsere erste Begegnung im Elbschlosskeller war ganz schön schräg. Ich ging die Treppe runter und sah ihn an der Theke taumeln, er war schon ziemlich dicht. Ein dünner, kleiner schwarzer Junge, der allein gelassen wirkte. Ich bin zu ihm hin und schüttelte ihm, wie allen anderen auch, die Hand. Dann lud ich ihn auf ein Bier ein. Irgendwie mochte ich diesen Kerl von Anfang an. Er tat mir leid, er strahlte etwas aus, dass man ihn schützend umarmen wollte. Er hat mir von seinem Schicksal erzählt. In Somalia war er mit seinem Vater unterwegs gewesen, um ein Auto zu verkaufen. Bei dem Deal kam es zu Schwierigkeiten, und der Vater wurde von den vermeintlichen Käufern erschossen. Er starb in Saids Arm. Auch Said wurde von einer Kugel getroffen. Sie traf ihn an der rechten Hand, er verlor seinen kleinen Finger. Jetzt war Said ganz alleine auf der Welt, der Rest der Familie tot oder verschollen. Irgendwie schaffte er es nach Deutschland. Kam erst nach München, später nach Hamburg. „Du denkst, du bist endlich in Sicherheit, und dann wirst du aber überall als Scheißneger beschimpft", erzählte er mir. „Keiner will dich." Aber Said versucht alles, um Kontakt zu bekommen, er sucht menschliche Nähe. Und weil er das nicht besonders geschickt anstellt, kriegt er auch hier und da immer wieder aufs Maul. Er versteht es nicht, wenn jemand in Ruhe gelassen werden will. Ist schon eine tragische Nummer. Da steht zum Beispiel einer am Tresen, der völlig genervt ist, weil er vielleicht einen harten Arbeitstag hatte, weil er vielleicht eine nervige Alte zu Hause sitzen hat, vor der er geflüchtet ist. Und alles, was er möchte, ist in Ruhe sein Bier zu trinken und ein bisschen Musik aus dem Daddelkasten zu hören. Und Said steht daneben und lechzt nach Kontakt, nach Aufmerksamkeit, nach Berührung, menschlicher Wärme, weil er hier niemanden hat. Der andere aber hat keinen Bock auf Said, der an ihm rumfummelt, der ihn ständig anlacht. „Ich will nicht", strahlt der andere aus. Said erkennt die Signale nicht, weil er nicht aus dieser Gesellschaft kommt und weil er eine kaputte Kindheit hat. Und dann bekommt er aufs Maul. Nicht einmal ist das passiert, immer wieder. Ihm wurden auch ein paar Zähne ausgeschlagen. Um ihn vor sich selbst zu schützen, musste ich ihm Hausverbot erteilen. Weil er ständig Prügeleien provozierte, und das Opfer war am Ende immer Said. Ich ließ ihn nur in den Elbschlosskeller rein, wenn ich Schicht hatte, weil ich dann auf ihn aufpassen konnte. Eines Tages stand er vor mir und grinste mich breit an. Präsentierte mir stolz seine neuen Zähne. Aber nur eine Nacht später waren sie ihm schon wieder aus dem Gesicht geprügelt worden. Ich habe noch nie erlebt, dass einem so oft Zähne rausgeschlagen wurden. Aber sein Lachen – ob mit oder ohne Zähne – bleibt. Er hat trotzdem immer gute Laune und das steckt an. Dann kam er eine längere Zeit nicht mehr. Als er wieder auftauchte und wieder in den Elbschlosskeller durfte, hatte er eine große Einkaufstasche bei sich. Darin waren mehrere Äxte. Ich habe sie ihm weggenommen. Aber er forderte sie zurück. Das Problem ist: Wer diese Dinger besitzt, der benutzt sie auch. Davor wollte ich Said sowie meine Gäste und mich bewahren. Das könnte schlimm enden. Saids großer Traum war es immer, eine Ausbildung zu machen, sein eigenes Geld zu verdienen – davon träumen ja viele bei uns. Und er fand anfangs sogar eine Lehrstelle als Mechaniker. Dann kam eins zum anderen: Er trank zu viel, kam deswegen immer wieder zu spät zur Arbeit, wurde rausgeschmissen, Ende der Lehrzeit, stattdessen noch mehr Alkohol, noch mehr in diesen Trott rein, irgendwann kam er aus dieser Spirale nicht mehr raus.

Weil Said einen Finger verloren hat, gehört er zum Neun-Finger-Club. Den gibt's natürlich nicht wirklich, uns ist irgendwann aufgefallen, dass ein paar unserer Gäste aus unterschiedlichen Gründen nur neun Finger haben. Die eine hat einen verloren hat, weil sie sich geschnitten hatte und nie damit zum Arzt ging. Stattdessen war sie tagelang auf Speed, bekam Dreck in die Wunde und in Folge eine Infektion. Die Infektion war so schlimm geworden, dass der Finger nicht mehr zu retten war. Die Ärzte pflanzten ihr ein Stück Haut aus dem Unterarm auf die Stelle, wo vorher der Finger gewesen war. Dann gibt es einen Musiker, früher Frontmann bei einer Punkband. Gerüchteweise hat er sich einen Finger selbst abgenagt. Keine Ahnung, ob das stimmt. Er ist bipolar, mal verhält er sich wie ein Spinner, dann wieder ist er ganz klar. Er hatte mal den Plan, sich umzubringen, indem er sich vergammeln lässt. Susanna rief den psychiatrischen Notdienst, ließ ihn abholen, seitdem haben wir ihn nicht mehr gesehen. Es gibt ein Foto mit ihm, darauf hält er eine aufblasbare Gummigitarre und macht so eine Art Luftgitarre. Mit nur neun Fingern kann er das, was er im Leben am liebsten tat, nicht mehr tun: echte Gitarre spielen. Traurig.

Noch ein Wort zur Gewalt auf dem Kiez: Mit der alten Garde war auch nicht gerade zu spaßen. Auch mit denen hat man sich besser nicht angelegt. Aber der Umgang miteinander war anders als heute. Die haben sich aufs Maul gehauen und waren sich nicht zu schade, dem anderen hinterher die Hand zu schütteln und zu sagen: „Warst heute besser" oder „Ich war im Unrecht." Ein Handschlag, ein Bier und alles war wieder in Ordnung. Das ist für mich eine Form von Ritterlichkeit, die es heute kaum noch gibt. Ich kann gar nicht genau sagen, wie viele Messer, Säbel, Äxte oder Schlagstöcke ich schon bei uns konfiszieren musste. Susanna hat sich mal den Spaß gemacht, eine Sporttasche mit den Waffen zu packen, die wir in den Monaten zuvor eingesammelt hatten. Mit der Tasche ging sie zur Davidwache, wuchtete sie auf den Tresen und öffnete den Reißverschluss. Die Polizisten konnten es gar nicht glauben. Und das sei nur der Bestand aus den letzten 48 Stunden, hat Susanna damals gesagt, war aber nicht ernst gemeint, aber sie wollte die mal ein bisschen aufrütteln, „schaut mal, was auf dem Kiez wirklich los ist."

Manche von den Storys, die wir erleben, sind auch echt skurril. Einmal tauchte ein Typ bei uns auf, der frisch aus dem Knast entlassen war. Der wollte sein erstes Bier in Freiheit trinken und suchte Streit. Er ging einen anderen Gast blöde an, machte eine richtige Welle. Pöbelte ihn an, schüttete sein Bier um, spuckte ihn an. Der andere war die Ruhe selbst, doch dann wurde es auch dem zu viel. Kurz bevor es wirklich knallte, riss der Ex-Knacki den Mund auf und holte sein komplettes Gebiss raus. Das legte er auf die Theke. Der andere war baff und ließ die Faust sinken. Der Ex-Knacki steckte die Zähne wieder in sein Maul. Dann ging das Spiel von vorne los. Pöbeln, spucken, Bier umschütten. Kurz bevor der andere zum Schlag ausholte, kam das Gebiss wieder raus. Wieder war die Luft raus. Und dann noch einmal alles von vorn. Ich stand hinter der Theke und fragte mich, was das für ein Theater war. Wie lange sollte das noch weitergehen? Beim vierten Mal passierte Folgendes: Als der Ex-Knacki schon seine Zähne ausspuckte, holte auch der andere seine Kauleiste raus und legte sie auch auf den Tisch. Beide Gebisse nebeneinander. Dann fingen beide an zu lachen und fielen sich in die Arme. Ende der Auseinandersetzung.

Unvergessen auch der Sumo-Kampf, der einst den Elbschlosskeller lahmlegte. Da hatten sich keine echten Sumo-Ringer duelliert, dafür aber zwei Typen, die so aussahen, jeder um die 150 Kilo schwer. Fleischberge. Und beide tierisch besoffen, konnten sich kaum noch auf den Beinen halten. Die Riesen fingen einen Streit an, erst mit Worten, bald mit Fäusten. Es war der kürzeste Fight, den ich gesehen habe. Sie wankten schwerfällig aufeinander zu, holten mit den Fäusten aus, aber anstatt den Gegner zu treffen, hauten sie aneinander vorbei, die Fäuste flogen ins Leere, dabei drehten sich die fetten Körper mit voller Wucht um die eigene Achse, beide fielen um wie gefällte Bäume und landeten aufeinander, waren nicht mehr ansprechbar. Doppelter K.o. Das Problem war nur, dass sie vor dem Eingang lagen und mit ihren Fleischmassen alles versperrten. Keiner kam rein, keiner kam raus. Mit drei Mann, alles starke Kerle, versuchten wir die Klöpse aus dem Eingangsbereich zu entfernen. Keine Chance. Wir zogen und drückten, die Sumos bewegten sich keinen Millimeter. Nach einiger Zeit kamen sie von selbst wieder zu sich und verschwanden in die Nacht. Solche Geschichten von Verrückten und Bekloppten gab es immer wieder und wird es immer wieder geben, solange es den Elbschlosskeller gibt. Und nicht immer enden solche Storys so witzig und friedlich.

Rum-Karlo

Ein früherer Stammgast, Mitte dreißig, der manchmal seine Frau mitbrachte. Jeder, der die beiden sah, wusste, diese Ehe musste der Horror sein. Das wird nicht gut enden. Sie redete immer auf ihn ein. Sabbel, sabbel, sabbel. Dann gab es jedes Mal Zoff. Mit ihrem Gesabbel ist sie ihm so tierisch auf den Sack gegangen, dass Rum-Karlo eines Tages ausgerastet ist. Die beiden sitzen an der Theke, sie redet, er starrt nur, winkt Andi, der Thekendienst hat, zu sich: „Du, ruf mal einen Krankenwagen." „Ne, warum?", fragt Andi. „Ruf einfach einen Krankenwagen", sagt Rum-Karlo. Und dann: „Ich mach die jetzt weg." Und meint damit seine Frau. Dann zieht Karlo ein Kartoffelschälmesser aus seiner Tasche und, bopp, steckt es seiner Frau in den Hals, einfach so, mit einer Bewegung, direkt an der Theke. Das Blut spritzt nur so aus der Frau heraus. Eine Riesenfontäne. Andi hat natürlich einen Krankenwagen gerufen. Die Frau hat überlebt. Und Rum-Karlo kam für lange Zeit in die geschlossene Psychiatrie. Das letzte Mal sah ich ihn vor fünf Jahren. Er konnte nicht mehr ganz so viel Rum trinken wie früher, die Leber war matschig geworden. Ich habe ihn mal drauf angesprochen, warum er damals seine Frau schwer verletzt hat. Und er guckt mich an, dickes Gesicht mit wulstiger Zunge, und sagt, „joa, die hat mich halt genervt und dann hab' ich die weggepickt, ne."

Ich habe in meiner Reeperbahn-Karriere so viele Tote und Angestochene gesehen, ich weiß, wann etwas gefährlich wird und wann nicht. Wenn sich bei uns ein Pärchen beharkt, beobachte ich das länger und entscheide dann, ob ich dazwischen gehe. Ich kenne ein Paar, das prügelt sich regelmäßig im Kickerraum. Die brauchen das und wollen nicht, dass man sich einmischt. Aber ich habe ein Auge drauf. Die Touristen können das nicht verstehen, für die ist das unterlassene Hilfeleistung, die wollen dann manchmal selbst dazwischengehen. In dem Moment, wo sie versuchen, die Randale zu stoppen, hört das Pärchen immer auf, und verprügelt stattdessen die Touris. Dann muss ich wirklich einschreiten.

Ein paar Mal habe ich Leuten, die verprügelt wurden, helfen wollen und war hinterher selbst der Dumme. Ich war zum Beispiel mal privat auf dem Kiez, auch im

Elbschlosskeller. Als es dämmerte, ging ich auf die Straße und sah, wie ein Typ einem Mädchen mit der Faust ins Gesicht schlug. Ich bin hin und stellte mich zwischen die beiden. „Du hast wohl Eier so klein wie TicTacs?", sagte ich zu dem Typen, dann knallte er mir eine. Ich versuchte, zurückzuschlagen. Wir tänzelten um einander herum, er bedrohte mich mit einer abgebrochenen Flasche, rannte weg und verschanzte sich in einer anderen Kneipe. Ich bin hinterher, habe die Tür aufgerissen und ihm eine geknallt. Dumm nur, dass mir in dem Moment zwei Zivilbeamte über den Weg liefen. Kurz darauf lag ich fixiert auf dem Boden, ein Fuß im Nacken, Hände in Handschellen. Der Schläger stand da, redete mit den Beamten und behauptete, er sei das Opfer. Ich wurde auf die Davidwache gebracht. Leibesvisitation. Ein Polizist guckte mir in den Hintern, ich musste mich nach vorne beugen und husten, total entwürdigend. Dann kam ich in die Zelle. Harte Holzbank, es stank. Nach sechs Stunden durfte ich endlich wieder gehen und bekam meine Sachen zurück. Ich fragte eine Polizistin, was ich denn hätte tun sollen. „Mir wurde immer Zivilcourage eingetrichtert, und das habe ich getan." „Dann müssen Sie den Täter festhalten, bis die Polizei kommt", antwortete sie. „Wie soll das gehen?", fragte ich. Darauf hatte sie keine Antwort. Ein Nachspiel hatte dieser Abend für mich zum Glück nicht.

Eine ähnliche Situation gab es kurz danach noch einmal. Ich war nachts auf dem Heimweg. U-Bahnhof Berliner Tor. War mit einem Kumpel unterwegs. Ein Mädchen stand weinend an der Rolltreppe. Sie sagte, sie könne nicht nach Hause, weil drei Typen auf sie am Bahnsteig warten würden, die sie bedrohten. „Wir helfen dir", sagten wir. Und gingen runter. Die drei Typen bewegten sich drohend auf uns zu. Es kam zur Schlägerei, am Ende lagen die Typen auf dem Bahnsteig. Das alles passierte innerhalb weniger Sekunden. Als die Polizei erschien, behauptete das Mädchen, das gerade noch geweint hatte, dass wir die Täter seien und ihre Freunde aus dem Nichts angegriffen hätten. Mein Kumpel und ich fielen fast vom Glauben ab. Wir hatten geholfen und waren nun die Gelackmeierten. Erneut wurden wir mitgenommen und mussten das gleiche Prozedere wie zuvor auf der Davidwache über uns ergehen lassen. Aber die Auswertung der Kamerabilder am Bahnsteig bewies zum Glück letztlich unsere Unschuld.

Damals war ich nur angepisst von der Polizei, heute bin ich den Beamten für ihre Arbeit auf der Reeperbahn sehr dankbar. Die Kommunikation mit den Polizisten ist wesentlich besser geworden, sie sind engagiert und zeigen – gerade mit den gelben Warnwesten – Präsenz. Wenn ich jungen Polizisten begegne, dann gehe ich oftmals auf sie zu. Und sage ihnen, dass ich als Wirt des Elbschlosskellers spüre, wie die Polizeipräsenz den Menschen auf dem Kiez ein Sicherheitsgefühl gibt. Und ich sage ihnen, dass sie so weitermachen sollen. Es ist toll zu sehen, wie sie, die oft genug beschimpft werden, in dem Moment plötzlich strahlen.

Hooligans

Früher war ich St. Pauli-Fan. Mein Vater nahm mich als Kind mit zum Millerntor. Das erste Fußballspiel meines Lebens sah ich allerdings beim HSV. Daran habe ich keine gute Erinnerung. Im Stadion wurde ich von Besoffenen brutal eine Treppe heruntergetreten. Ich war sechs Jahre alt und so geschockt, dass ich nie wieder ein Stadion betreten wollte. Dann nahm mich mein Vater ein paar Jahre später mit zu St. Pauli. Pauli verlor zwar an dem Tag, aber ich bekam ein Bier geschenkt, irgendjemand drückte mir einen Zehnmarkschein in die Hand und hängte mir einen Pauli-Schal um den Hals. Kiffgeruch lag in der Luft, trotz der Niederlage waren alle in Feierstimmung. Bisschen Woodstock am Millerntor, alle chillig, alle gut drauf, überall wurde geknutscht. Da wusste ich: Cool, das ist dein Verein! Und der ist dann damals auch aufgestiegen. Ich kann heute noch die Namen der Spieler von damals aufzählen. Ich habe auch noch St.-Pauli-Willi, einem echten Urgestein, als Steppke die Hand geschüttelt. Mein Vater kannte ihn aus dem Elbschlosskeller. Willi lief bei jedem Wetter in kurzer Hose rum. Die letzten Monate seines Lebens lag er wegen seiner Zuckerkrankheit im Krankenhaus. Er konnte nicht mehr reden, war nahezu erblindet, die Füße mussten ihm amputiert werden. Bei seiner Beerdigung lag die braun-weiße

Vereinsfahne über seinen Sarg. Wenn man im Stadion war, hörte man überall „Willi, Willi!“-Rufe.

Als Kind saß ich im Millerntor in den Bäumen, die Füße braun, die Knie matschig, um einen vernünftigen Blick aufs Spielfeld zu haben. Nach der Trennung meiner Eltern ging ich jedes zweite Wochenende mit meinem Papa zum Fußball. Das waren gute Vater-Sohn-Momente. Als ich mit 18 als Austauschschüler in die USA ging, verlor ich zwangsläufig den Kontakt zu meinem Verein, und als ich zurückkam, waren viele alte Paulianer zu Altona 93 abgewandert. Der FC St. Pauli verkörperte für mich immer den Stadtteil, und so wie der sich veränderte, veränderte sich auch der Verein. Es waren viele Hipster neu dazugekommen und die USP, Ultra St. Pauli, waren relativ neu. Dazu kam ein Erlebnis im Elbschlosskeller. An der Theke saß ein Obdachloser und trug ein Thor-Steinar-T-Shirt, was in der rechten Szene eine beliebte Marke ist. Eine Gruppe von USPlern war auch im Keller. Sie pöbelten rum, beschimpften den Obdachlosen als Nazi. Und als ich mich weigerte, ihn wegen des T-Shirts aus dem Laden zu werfen, fingen sie an, auch mich als Nazi zu beschimpfen. Ich fragte: „Wie kann das angehen, ihr predigt Toleranz und Weltoffenheit und ich bediene hier einen Obdachlosen. Der besitzt drei T-Shirts und setzt sich nicht mit der politischen Bedeutung des T-Shirts auseinander. Er zieht das an, was er gerade hat. Der hat gar keine Wahl.“ Doch die Typen wurden immer aggressiver. Der Obdachlose müsse sich mit seinem T-Shirt auseinandersetzen, meinten sie. Es war ein stumpfes und dummes Gespräch, das nirgendwo hinführte. Irgendwann zogen sie ab. Als ich das nächste und letzte Mal beim FC St. Pauli am Millerntor war, traf ich die Gruppe wieder. Sie kamen auf mich zu, mit mehreren Personen, und wollten mir aufs Maul hauen. Die Situation drohte zu eskalieren, bis sich ein paar alte Paulianer zwischen uns stellten und dafür sorgten, dass ich abziehen konnte.

Danach war für mich Schluss am Millerntor. Ich wusste, mit dem Verein kannst du dich nicht mehr identifizieren. Für mich sind alle Menschen gleich, egal welcher Nationalität. Aber nur wer andere respektiert, den respektiere ich auch. Wie du mir, so ich dir, egal woher du kommst oder was du bist, wie du tickst, wie du denkst. Mein Cousin sagte dann: „Komm doch mal mit zum HSV." Und ich: „Auf keinen Fall, ich bin doch Paulianer." Und beim HSV hatte ich ja bekanntlich auch keine guten Erfahrungen gemacht. Aber dann bin ich doch mitgegangen, wurde HSV-Fan und bin es bis heute. Und ich muss sagen, ich habe noch nie etwas Toleranteres erlebt als diesen Haufen. Das hat mich fasziniert und mein Fußballherz erobert.

In die Hooliganszene kam ich dann mit Anfang 20 und war einige Jahre lang aktiv dabei. Ich bin gut gewesen als Hooligan, nicht weil ich ein guter Schläger bin, sondern weil ich gut einstecken kann. Und ich wirke deeskalierend. Um eines mal klar zu sagen: Hooligans sind nicht die, die im Stadion Krawall machen. Die Flaschen- und Steineschmeißer, die Typen, die Sitze rausreißen und Randale machen, das sind in der Regel Ultras. Das wird in der Öffentlichkeit oft falsch dargestellt. Ein Hooligan zu sein hat auch meistens nichts mit einer politischen Gesinnung zu tun. Jedenfalls nicht bei unserem Haufen. In meiner Truppe waren alle vertreten, jede politische Orientierung, jeder Berufsstand, vom Banker bis zum Türsteher. Wir hatten einen Südafrikaner, einen Japaner, einen Kurden, einen Portugiesen. Manche waren links orientiert, andere rechts orientiert. Und ich kam ursprünglich vom verhasstesten Klub überhaupt. Jeder wurde so akzeptiert, wie er ist. Warum ich das gemacht habe? Ich wollte lernen, nicht unterzugehen, nicht liegen zu bleiben. Ich wollte niemandem wehtun, sondern mit meinen Jungs in die Schlacht ziehen. Ich wollte mich spüren. Ehrlich, ohne Ausreden, ohne Gelaber. Wir machten das, um uns aufs Maul zu hauen. Wir fühlten uns wie die letzten Ritter, die letzten wahren Krieger. Körper, Geist und Seele, eine Einheit – was du ausstrahlst, ziehst du an, und weil ich eigentlich ein lammfrommer Kerl bin, ein weiches Herz habe, habe ich die Herausforderung gesucht, wollte mich der Situation eines Kampfes stellen, das Adrenalin spüren, das Testosteron riechen, das du fast schmeckst, wenn du mit 40 Jungs, die nur kaputt machen wollen, auf die Wiese gehst. Auf die Wiese fahren, so nennen wir das in der Hooligan-Szene. Wir fahren Hunderte Kilometer zu einem Ort irgendwo in Deutschland oder im benachbarten Ausland. Bis wir irgendwo auf einer grünen Wiese landen, wo nicht mal ein Trecker lang fährt. Dort treffen wir uns mit Hooligans eines anderen Klubs. Wir tragen unterschiedlich gefärbte T-Shirts. Eine Mannschaft ist in der Regel schon vorher da, um die Lage zu checken. Man sucht die Locations danach aus, dass sie möglichst einsam sind. Wenn uns dann doch mal eine Joggerin oder ein Hundebesitzer begegnete, wurden die ziemlich blass. Dann sahen die eine Horde Kerle, alle mit Vaseline im Gesicht, mit Bandagen um den Händen, Mundschutz zwischen den Zähnen, eine martialische Szene. Wie vor einem Boxkampf machen sich alle warm. Der eine massiert dir den Nacken, einer schreit links, einer rechts, vor uns steht einer, der die Gruppe anheizt. Weil auch ausländische Jungs dabei sind, wird auf Englisch geschrien: „Let's make war!" Und dann hauen wir uns, bis das Spektakel beendet ist. Das muss man sich mal reinziehen: Du stehst morgens auf, hast wochenlang trainiert, sitzt sechs Stunden im Auto, alles ist bis ins letzte Detail organisiert, und das für nur wenige Sekunden Kampf. Aber diese Sekunden können verdammt lang sein, wenn man sich prügelt. Es wird zugeschlagen und zugetreten, bis die Gegner auf dem Boden liegenbleiben, und wenn einer wieder aufsteht, tritt man nach, damit er wieder zu Boden fällt.

In jeder großen Stadt gibt es Hooligan Clubs. Einer von uns nimmt mit einem anderen Klub aus der anderen Stadt Kontakt auf, kümmert sich um die Organisation, trifft Absprachen, trommelt seine Hools zusammen. Die meisten sind berufstätig, machen viel Sport. Vor jedem Fight leben fast alle diszipliniert, man konsumiert keine Drogen, trinkt keinen Alkohol. Konditionell musst du auf dem höchsten Level sein. Während des Fights werden am Rand der Wiese ein paar Mann abbestellt. Die beobachten und passen auf, wo muss jemand aufstehen, und dann schreien sie die Leute hoch. Im Vorfeld wird eine Taktik besprochen. Die besten Boxer stellt man zum Beispiel in die erste Reihe, dann kommt eine Reihe von Kämpfern, die gut in Bodentechnik sind. Denen werden welche an die Seite gestellt, die von außen attackieren sollen. Alles ist durchdacht. Und wenn du diesen Haufen siehst, denkst du, niemand kann uns was. Wir wollen uns einfach nur prügeln. Das ist Adrenalin pur und ja, es geht auch um Zusammenhalt. Nicht nur darum zu gewinnen, sondern gemeinsam seinen Mann zu stehen. Dann siehst du den gegnerischen Haufen, und sie sehen genauso so fit aus wie deine Gruppe. Auf der anderen Seite stehen genauso viele Kämpfer. Sollte zumindest so sein, die beiden Organisatoren laufen vorab hin und her und zählen durch. Wir wurden auch schon mal abgefuckt, als die Gegner in doppelter Mannstärke über uns herfielen. Hat wehgetan. Ich selbst stand manchmal in der ersten Reihe, manchmal ganz hinten, manchmal an der Seite, manchmal in der Mitte, je nach Tagesform. Wenn du ganz vorne bist und den anderen Haufen siehst, dann kriegst du schon ein bisschen Schiss, das Adrenalin steigt und du wirst tierisch nervös. Und dann gehen alle aufeinander zu, in der Regel sehr geschlossen. Am Rand stehen Typen, die genau beobachten, wer sich gedrückt hat, wer gut gekämpft hat. Ich habe Männer erlebt, 120 kg schwer, eineinhalb Köpfe größer als ich, die zurückwichen, als es hart auf hart kam. Das war einfach nichts für sie.

Du erkennst erst, was in dir steckt, wenn es wirklich losgeht. Wenn beide Mannschaften aufeinanderprallen. Wenn es knallt, wie wir sagen. Und das ist kein Hollywoodfilm. Du stehst da, dir gegenüber der Gegner, du kriegst von einem, der 100 Kilo wiegt, zwei, drei Dinger ins Gesicht. Unkoordiniert, wild, animalisch. Ich musste dabei an die alten Asterix-und-Obelix-Filme denken. Wenn da gekämpft wurde, sah man nur eine riesige Rauchwolke. So in etwa kann man sich das vorstellen. Weil du nicht viel siehst. Es kann sein, dass du der technisch beste Boxer bist, aber auf der Wiese läuft es eben anders. Du bist in einem Schwall von 80 Beknackten, die sich wirklich prügeln wollen. Du kannst nicht wie im Boxring dein Bein heben oder dich drehen, wie du es trainiert hast. Du willst zuschlagen, kriegst aber in dem Moment von hinten einen Tritt.

Ich bin, wie gesagt, nicht der beste Schläger, aber gut im Einstecken. Und ich bin gut am Boden. Ich geh rein, lass mir eine hauen, spüre mich und bin voll da. Viele sind voller Hass, ich nicht. Ich bin ausgeglichen, für mich findet alles wie in Zeitlupe statt. Ich bin voll in meiner Mitte, überall um mich herum platzt etwas, explodiert etwas. Je abgefuckter die Situation ist – vergleichbar mit dem Elbschlosskeller –, desto besser werde ich, desto klarer und ruhiger. Beim Fighten gab's intensive Begegnungen ganz anderer Art. Ich habe erlebt, dass jemand unter mir lag, der eindeutig schwächer war als ich, dem ich in die Augen schaute und mit ruhiger Stimme sagte: „Du bleibst jetzt liegen!" Er zappelte rum. Ich redete auf ihn ein. Irgendwann hörte er auf mich. Ich hätte ihm auch, was mir selbst oft passiert ist, eine Kopfnuss geben, oder mit dem Ellenbogen das Gesicht zerschlagen können. Aber darauf hatte ich keinen Bock. Ich war haushoch überlegen und das wollte ich nicht ausnutzen. Aus Nächstenliebe, ja, eigentlich ist es das gewesen, Nächstenliebe. Das klingt für Außenstehende sicherlich total widersprüchlich, aber eigentlich bin ich voller Liebe, wenn ich auf die Wiese fahre. Ich trete diesen Leuten gegenüber und habe sie lieb. So begegne ich auch den Menschen im Elbschlosskeller, und es ist egal, aus welcher Schicht sie kommen, ob es ein Rechter, ein Linker ist, ein Dicker, ein

Dünner, ein Armer, ein Reicher ist. Ich habe erzählt, dass mein Leben oft wie eine Acht ist, manchmal bin ich wie Jesus, manchmal das komplette Gegenteil. Wenn ich meinen Jesus habe, fühle ich mit allen verbunden. Ich wollte schon aufhören, ein Hooligan zu sein, als mein Sohn geboren wurde. Alles klar, dachte ich, jetzt ist er da, jetzt verkaufe ich mein Motorrad und höre auf, mich auf der Wiese zu prügeln. Als Susanna das hörte, sagte sie: „Das machst du auf keinen Fall. Wenn du das tust, wirst du ein unausstehliches Arschloch, du machst also lieber weiter."

Damals brauchte ich das Ventil noch. Vor allem nach dem Tod meiner Schwester. In dem Jahr habe ich auf der Wiese mal so richtig zugelangt. Mit einer Powerbomb. Du nimmst einen Typen, steckst den Kopf zwischen deine Beine, hebst den Kerl hoch, die Beine nach oben, kerzengrade, springst nach vorne und knallst ihn auf den Boden. Ich hatte Riesenglück, dass meinem Gegner nichts Schlimmes passierte. Unser Anführer sagte hinterher: „Daniel, du bist ein Knallkopf. Erzählst immer, du willst keinem ins Gesicht schlagen, und dann machst du 'ne Powerbomb!" Das war 2011, zwei Tage nach Janas Selbstmord. Ich war nicht zurechnungsfähig. Das Schlimmste, was mir mal passiert ist, war eine Verletzung am Mund. Mir fehlt seitdem das untere Lippenbändchen, das ist komplett abgerissen. Weil ich kräftig bin, habe ich die meisten Zweikämpfe immer gewonnen. Diesmal aber saß der Gegner auf mir drauf. Ich habe seine Arme festgehalten und dachte: „Super, jetzt kann er mich nicht mehr schlagen." Dann holte er mit seinem Kopf aus und knallte mir seine Stirn dreimal ins Gesicht.

Ich konnte trotzdem aufstehen und noch einen anderen in den Schwitzkasten nehmen. Die anderen haben später gesagt, ich sei der Mann des Tages gewesen. Es gibt ein Foto von einem meiner Jungs und mir Arm in Arm, er mit dickem Auge, mein Gesicht geschwollen. Bis dahin war alles in Ordnung, dann trank ich einen Schluck Wasser und es brannte wahnsinnig. Gerissenes Lippenbändchen, hört sich ja nicht besonders schlimm an. Tat aber höllisch weh.

Meine Knochen sind zum Glück immer heile geblieben. Mein bester Freund sagte oft: „Bitte, lass das bleiben, du hast ein hübsches Gesicht, irgendwann wird es dir kaputtgeschlagen." Ich bin der Meinung, dass das Risiko größer ist, wenn man Motorrad fährt oder im Elbschlosskeller arbeitet. Mein Motto war immer: Ich weiß, was ich kann. Ich weiß, was ich tue, ich bin vorbereitet, und der Gegner ist das auch.

Viele von den Hools sind gefrustet von der Gesellschaft, von ihrem beruflichen Alltag. Du hast einen Chef, der ein großes Arschloch ist, und musst den Duckmäuser vor ihm machen. Ich bin davon überzeugt, dass manche von den Jungs ihrem Chef an die Gurgel gehen würden, wenn sie dieses Ventil nicht hätten. Unser harter Kern bestand vielleicht aus 25 Männern, insgesamt waren wir 40 bis 50 Leute. Ein paar sind im Laufe der Zeit aus familiären oder beruflichen Gründen weggezogen, doch die meisten sind dabeigeblieben. Wir sind auch alle älter und reifer geworden, und die meisten von uns haben Kinder. Deswegen zog ich mich dann auch zurück. Auch weil es härter geworden ist. Heute brauche ich das alles nicht mehr.

Was ist schon normal?

Das frage ich mich auch manchmal. Wie mein Leben bis hierher ablief und was ich im Elbschlosskeller erlebe, sprengt für die meisten den Begriff der Normalität. Ich kenne es nicht anders. Als ich jünger war, hatte ich eine ganze Reihe Macken, regelrechte Zwangsneurosen. Ich war zwanghaft ordnungsliebend. Vor allem in der Zeit, als ich meine erste Wohnung hatte. T-Shirts mussten auf DINA4 gefaltet sein. Im Teppich durften keine Laufspuren zu sehen sein. Nach dem Staubsaugen habe ich die Teppiche nicht mehr betreten, um die Ordnung nicht zu zerstören. In Gardinen durften keine Falten sein. Wenn nicht alles korrekt war, bin ich sogar nachts aufgestanden, und konnte erst einschlafen, wenn alles geordnet und geglättet war. Ich lebte ganz nach strukturierten Mustern, konnte weder nach links noch nach rechts ausweichen. Als ich dann wegen des Rheumas längere Zeit im Krankenhaus lag und das Buch über die Macht der inneren Kraft las, habe ich es gelernt, mein zwanghaftes Handeln abzulegen. Nicht immer alles so exzessiv zu machen, mal runterzukommen, nicht ständig auf 180 zu sein. Mein Körper wurde zur Ruhe gezwungen, das war gut.

Dass in meiner Familie nicht alles normal ablief, habe ich durch Susanna erkannt. Weil sie mir gezeigt hat, dass die Verletzungen, die ich erlitten habe, die Grenzen, die überschritten wurden, und die Schmerzen, die ich erfahren habe, nicht normal waren. Was ist schon normal? Alle Normalen sind unnormal und alle Unnormalen sind normal. Das ist meine Antwort. Ich hatte mal einen Burschen an der Theke sitzen, ein Millionärssöhnchen, mit Eigentumswohnung an der Alster, Porsche vor der Tür und teuren Klamotten im Schrank, voll das Klischee. Er war auf Kokain und hat versucht, mir sein Herz zu öffnen. „Ich spüre nichts", hat er gesagt, „ich bin kalt, nichts berührt mich, gar nichts." Da dachte ich, das ist doch nicht normal. Der hat alles, dem fehlt nichts und doch alles. Jeder Obdachlose ist normaler, als du es bist, dachte ich. Gesagt habe ich ihm das nicht.

Zecke, der Punk

Zecke kommt zu uns, um aus seiner Normalität auszubrechen. Alle paar Monate ist es soweit, dann muss er ausflippen, muss raus aus dem Angepasstsein, muss mal wieder aus der Reihe tanzen. Er war ein Punk und lebte auf der Straße, und da kommst du nie ganz raus. Die Straße zieht dich zurück, das ist auch eine Form von Freiheit. Jetzt in seinem bürgerlichen Leben auf dem Land trägt er keinen Irokesenschnitt, sondern hat die Haare gekämmt, die Piercings sind raus, er ist ausgeschlafen und Papa mit Leib und Seele. Er ist Mitglied bei der freiwilligen Feuerwehr. Ein komplett anderer Mensch ist er bei uns. Dann ist der Punk zurück. Tina, die bei uns arbeitet, hat viele Punks mit in den Elbschlosskeller gebracht. Zecke habe ich das erste Mal gesehen, als er mit Tina am Tresen rumknutschte. Ich fragte Tina, ob sie nicht mehr mit Michi zusammen sei. Doch, doch, sagte sie, „ich bin noch mit Michi, das Dicke und Runde und ich sind immer noch liiert, aber wenn ich Bock habe, darf ich mit Zecke rumknutschen." Das also war meine erste Begegnung mit Zecke. Ein feiner Kerl, ich hatte viele gute Gespräche mit ihm, er kontaktet mich oft auch über Facebook. Wenn Zecke seine Auszeit im Elbschlosskeller nimmt, plant er mit drei bis vier Wochen. Daraus wird schnell die doppelte Zeit. Wenn's ausufert, ruft Zeckes Mutter an. „Ist er da? Richte ihm aus, der soll jetzt mal wieder zurückkommen, der muss sein Kind sehen." Das klappt dann auch, und er macht sich auf den Heimweg. Bis zum nächsten Mal.

Ist schon erstaunlich, wie sich Menschen verwandeln, wenn sie in den Elbschlosskeller kommen. Einmal tauchte ein Geschäftsmann auf, den man sich typischer nicht vorstellen kann. Teure Uhr, teurer Zwirn, teure Schuhe, alles vom Feinsten. Stocksteif. Er stand an der Theke, und ich dachte erst, na, der hat sich ja wohl verlaufen. Er bestellte bei mir ein Bier, sah das Glas an und schob es zu mir zurück. Es war ihm nicht sauber genug, er wollte ein neues haben, das ich vor seinen Augen polieren musste. Der ist ja drauf, dachte ich. Wie der wirklich drauf war, sah ich dann ein paar Stunden später. Mister Etepetete kniete vor einer Transe und hat ihr einen geblasen. Die Transe hatte Bartstoppeln, die durchs Make-up wuchsen, war spindeldürr, 1,90 Meter groß, vorne Halbglatze, hinten lange schwarze Haare, verschmierter Lippenstift. Kein guter Versuch, eine Frau darzustellen. Irre. Ich musste schmunzeln. Als ich nach 24 Stunden zu meiner nächsten Schicht kam, war der Anzugträger immer noch da.

Ein Star am Elbschlosskeller-Himmel ist Domenika, Stammgast bei uns. Vor Kurzem hat Astra einen Werbespot produziert, für den die Band „Die Boys“ den Track geschrieben haben, eine geile Kiez-Hymne mit dem Titel „Was dagegen?“. Hier schließt sich ein kleiner Kreis. Denn „Die Boys“ kenne ich noch aus meiner Schulzeit. Der Werbefilm wurde teilweise im Elbschlosskeller gedreht. Auf die Frage, warum man sich für den Elbschlosskeller entschied, schrieb die verantwortliche Werbeagentur Philipp und Keuntje: „Ein Paralleluniversum fernab von jeder Veränderung oder Gentrifizierung. In dieser Kneipe auf dem Hamburger Berg ist St. Pauli noch so wie es immer war: lebensfroh und unangepasst, gleichzeitig auch hart, aber immer 100 Prozent tolerant und herzlich.“ Im Werbespot zu sehen ist Domenika. Sie sitzt im Rollstuhl. Ich habe mit ihr mal ein Video gedreht, in dem sie sich an der Tanzstange im Elbschlosskeller festhält und zur Musik im Kreis fährt. Das Video ist ein echter Facebook-Hit geworden, wurde schon eine Million Mal geklickt. Mit einem Foto von Domenika an der Stange hat Astra dann auch eine Zeit lang auf großen Plakaten geworben: „So läuft das auf St. Pauli.“ Der Slogan war zu lesen auf der Reeperbahn und in anderen deutschen Großstädten.

Domenika, die Künstlerin

Sie wurde als Dominik Pawlowski in Danzig geboren. Aber darüber spricht sie nicht so gern. Jetzt ist sie Domenika. Sie ist Künstlerin und Kiez-Original. Pinke Haare, bunte

Fingernägel, farbenfroh im Gesicht und als Mensch. 1977 kam sie zur Welt, seit Jahren lebt sie in Hamburg. Kam mit ihrer Mutter nach Deutschland, wo der Opa schon lebte. Ging hier zur Schule, verlor zeitweise ihr Gehör und damit den Anschluss. „Ich habe dafür gebetet, wieder hören zu können." Wir nennen sie Prinzessin und versuchen, sie als eine solche zu behandeln. Sie wurde lange von vielen nicht für voll genommen, aber seit sie mit dem Rollstuhl um die Stripstange rollte und dabei gefilmt wurde, ist sie bekannt wie ein bunter Hund. Sie ist schon lange Stammgast bei uns, kommt seit über zehn Jahren. Im Elbschlosskeller trinkt sie immer Bier, hier kann sie mit dem Rollstuhl problemlos aufs Klo rollen. In der Meuterei, meinem anderen Kiez-Laden, trinkt sie nur Wein und davon wenig, weil die Toiletten im Keller sind. Im Rollstuhl sitzt sie von Geburt an, sie kam mit verkümmerten Beinen zur Welt. Domenika ist Künstlerin, arbeitet in der Ateliergemeinschaft „Die Schlumper". Ich war schon auf ihren Vernissagen, habe sie auch in ihrer Wohnung besucht, wo ihre Kunst entsteht. Peniskunst. Sie hat ein Faible für Penisse. Sie malt Hunde mit Penissen, Männer mit Penissen, Penisse mit Penissen. Und sie übermalt schon vorhandene Bilder. Sie hat zum Beispiel die barbusige Domenica, die Kiezlegende, übermalt. Ich habe übrigens eines ihrer Bilder erworben. Darauf sieht man einen Hund, dessen Schwanz ein Penis mit Eiern ist. Domenika kann auch mal stinkig werden, wenn ihr was gegen den Strich geht, da muss man sie zu nehmen wissen. Aber wenn man sie trifft, ist sie meistens gut drauf, hat Spaß und Bock aufs Leben. Sie ist aktiver als manch gesunder Mensch, denke ich oft, wenn ich sie sehe. Sie lebt in einem alten Haus, das behindertengerecht eingerichtet ist und in dem man sich auch um sie kümmert. Sie ist ein kleiner Star geworden, durch die Astra-Werbung und Facebook. Und das genießt sie in vollen Zügen.

Die Chronistin des Elbschlosskellers

„Wenn man sich vom Elbschlosskeller angezogen fühlt, dann hat man irgendeine Geschichte. Menschen, die unbescholten durchs Leben gegangen sind, die können mit ihm nichts anfangen", sagt Fotografin Paul, die seit Jahren das Leben auf dem Kiez dokumentiert und die Menschen im Elbschlosskeller porträtiert hat. In der St. Pauli Kirche wurden ihre Fotografien über die Menschen im Elbschlosskeller ausgestellt, und viele der Porträtierten besuchten immer wieder die Ausstellung, weil sie stolz darauf waren, Teil davon zu sein. Weil sie endlich gesehen werden. Paul (CP Krenkler) ist nicht nur eine tolle Fotografin, sie ist einer der wichtigsten Menschen für mich, meine beste Freundin. Unsere Freundschaft entstand vor vier Jahren durch ihr Fotoprojekt. Ich kam zurück aus einem Thailand-Urlaub und wollte, gerade gelandet, im Elbschlosskeller nur mal nach dem Rechten schauen. Da sah ich sie. Paul stand im Kickerraum und unterhielt sich mit Jan, einem Freund, der zu der Zeit für mich als Kellner gearbeitet hatte. Ich fand sie toll, obwohl sie mich noch nicht mal bemerkt hatte. Sie arbeitete gerade an ihrer Kiez-Porträt-Serie. Dafür fotografierte sie die Menschen, während sie vor ihren Läden stehen, Friseure, Wirte, Luden, dafür machte sie Fotos von Jan. Wir beide haben uns erst später kennengelernt, aber schon bei unserem zweiten Treffen sagte ich zu ihr: „Ich hätte dich gerne als meine Prinzessin, aber das geht nicht. Ich habe Frau und Kind. Aber ich habe nachgedacht. Können wir nicht einfach Freunde sein?" Daraufhin haben wir uns die Hand gegeben, seitdem sind wir Freunde. Wie so ein Gangsterding – ein Deal mit Handschlag. Normalerweise entwickeln sich Freundschaften. Wir beide wussten sofort, wer der andere ist und dass wir Freunde sein müssen.

Wir hatten nie was miteinander. „Wir sind Geschwister im Geiste", sagt Paul immer. Sie ist die einzige Freundin, die ich habe. Hätte ich früher nie für möglich gehalten, mit einer Frau befreundet zu sein. Wir haben einige Parallelen in unserem Leben, in unserem Denken und wie wir die Welt sehen. Wir sind beide gläubig. Glauben an etwas Höheres. Paul meint immer lachend, dass sie katholisch sei. Es ist ein Kontrast, da die Institution nicht zu ihr passt, aber sie setzt sich mit dem christlichen Glauben auseinander und lebt das auch. Dreifaltigkeit und so. Letzten Sommer war sie für ein paar Tage in einem Benediktinerkloster. Schon zum zweiten Mal. Da würde ich auch mal gerne hin.

Paul und ich sind immer füreinander da. Wenn sie meine Hilfe braucht, egal worum es geht, bin ich für sie da, zu jeder Tages- und Nachtzeit. Paul sagt, ich gebe ihr Halt. „Alle denken immer, ich sei stark", sagt Paul, „du bist der einzige, der versteht, dass Starksein keine Fähigkeit ist, sondern eine Notwendigkeit. Ich darf schwach sein, und das ist ein schönes Gefühl."

Paul kommt aus Stuttgart, sie wusste immer, dass sie nicht in der Provinz bleiben wollte. Schon als Kind träumte sie von Berlin, blieb dann aber doch in Stuttgart, war in Punkerkreisen unterwegs und fühlte sich dort wohl. Mit

21 assistierte sie einer Fotografin, Monica Menez, und das wurde ihr Ding. Nach drei Jahren Festanstellung in einem Porträt-Studio machte sie sich selbstständig. Mit 26 dachte sie sich: „Jetzt bist du doch in Stuttgart geblieben.“ Berlin war für sie durch, sie hatte in Punkerzeiten dort viel Zeit verbracht und das Gefühl, Berlin so gut wie Stuttgart zu kennen. Sie wollte etwas ganz Neues entdecken, und als ein Freund nach Hamburg zog, besuchte sie ihn und blieb. Sie bewarb sich an der Kunsthochschule für ein Fotografiestudium und wurde sofort angenommen. Hamburg sei keine Liebe auf den ersten Blick gewesen, sagt sie, sondern mehr so etwas wie eine Zwangsehe. „Im ersten Moment sieht man nur das Vordergründige, den Ballermann-Trash auf der Reeperbahn, und ich fand Hamburg und St. Pauli total schrecklich“, sagt sie. „Nach und nach lernte ich die Stadt und ihre Menschen kennen und lieben, vor allem die auf St. Pauli.“ Mittlerweile habe sie in St. Pauli das Zuhause gefunden, das sie nie hatte. Als Paul noch in der Hopfenstraße wohnte, kam sie täglich an den Esso-Häusern vorbei und hatte eines Tages die Idee, die Menschen, die dort lebten, zu fotografieren. Sie wollte deren Kampf für den Erhalt der Häuser dokumentieren und unterstützen. „Es dauerte ein Jahr, um Zugang zu den Menschen zu finden, weil ich damals noch sehr schüchtern war und nicht wusste, wie ich zu fremden Menschen Kontakt aufnehmen sollte. Das musste ich erst im Laufe meiner Arbeit lernen.“ Paul tastete sich heran, kam schließlich mit den Menschen ins Gespräch und gewann deren Vertrauen. Sie sagt: „Ich muss in meiner Arbeit nicht objektiv sein, ich bin keine Journalistin, sondern Künstlerin. Und ich zeige den Menschen die Welt, so

wie ich sie sehe." Dann kam die Räumung der Esso-Häuser. Plötzlich, unerwartet und brutal. Das habe sie aus der Bahn geworfen. „Es war ein Schock, zu erleben, wie die Menschen, die ich ins Herz geschlossen hatte, von einem Moment auf den anderen auf der Straße standen und wie schnell etwas zu Ende gehen kann." Ihre Fotos der Esso-Häuser und ihrer Bewohner zeigte sie in der Ausstellung „Buy Buy – St. Pauli", für die sie viel Aufmerksamkeit bekam. „Danach habe ich beschlossen, alles das zu fotografieren, was mir am Herzen liegt, was ich an St. Pauli mag." Buy Buy – St. Pauli ging also weiter. „Ich wollte den Mikrokosmos St. Pauli in seiner Komplexität erfassen", sagt Paul, „Mensch und Architektur verbinden. Für das Esso-Haus-Projekt hatte ich die Bewohner in ihren Türeingängen fotografiert. Das wollte ich mit meiner Kiez-Porträt-Serie fortsetzen: Die Menschen vor den Orten fotografieren, an denen sie arbeiten. Das Innere nach außen holen. Auf einmal bekam der Stadtteil ein Gesicht. Daniel ist eines dieser Gesichter." Monatelang hat Paul die Gäste im Elbschlosskeller fotografiert. Dabei, sagte sie, hatte sie lange Zeit Angst davor, den Elbschlosskeller überhaupt zu betreten. „Ich hatte einen Menschen, der mir unglaublich viel bedeutet, an das Drogenmilieu verloren, und es tut noch immer weh. Ich hatte große Angst damit konfrontiert zu werden." Eines Tages habe sie tief Luft geholt und sei die vier Stufen runtergegangen, in diesen Mikrokosmos Elbschlosskeller. „Wenn ich den Elbschlosskeller mit einem Satz beschreiben müsste", sagt Paul, „dann würde ich sagen: Es ist der eigensinnigste und eigenwilligste Ort, den ich je kennengelernt habe – Zeit und Raum bekommen dort eine andere Bedeutung."

Das Beste zum Schluss

Mein Sohn Lennox ist das Beste, was mir im Leben passiert ist. Weil Susanna und ich uns beim Whisky-Trinken kennengelernt haben, haben wir ihn nach der schottischen Whisky-Region Lennox benannt. Dean ist sein zweiter Vorname, nach James Dean, dem Rebellen, und nach Dean Martin, dem King of Cool. Lennox' dritter Vorname ist Lothar, wie mein Vater. Mein Sohn hat all das, was an Susanna und mir positiv ist, er hat alle unsere guten Eigenschaften abbekommen. Wir sehen es als unsere Lebensaufgabe als Eltern an, all das, was schlecht an uns ist, von ihm fernzuhalten. Natürlich wäre ich stolz, wenn er ein ganzer Kerl wird und ein besserer Fighter, als ich es bin. Aber wenn er Ballerina werden möchte, dann soll er eben Ballerina werden. Hauptsache, er ist glücklich. Jedes Kind, egal wie alt, hat sein eigenes Herz und seinen eigenen Kopf. Und trotzdem müssen die Eltern ihm etwas vorleben. Ich glaube, Lennox hat von mir gelernt, seine Empathie auszuleben. Er hat genau so ein großes Herz wie ich. Er liebt bedingungslos. Mit fünf Jahren hat er mal aus Versehen eine Nacktschnecke im Garten platt getreten. Am nächsten Tag haben wir gemeinsam eine Blume eingebuddelt. Wenn du etwas nimmst, dann musst du etwas geben. Das ist eine indianische Sitte. Ich sage zu Lennox: „Unser Leben ist nicht mehr wert als ein anderes, auch nicht als das einer Schnecke. Auch die hat eine Mama und einen Papa. Jedes Leben gilt es zu respektieren.“ So lernt mein Sohn, was es bedeutet, Mitgefühl zu zeigen. Das ist für mich das Wichtigste überhaupt.

Wenn wir Vater-Sohn-Tage verbringen, verteile ich die Aufgaben im Haushalt. Ich mache die Wäsche, Lennox staubsaugt. Muss ich anschließend natürlich noch mal selbst machen, er ist ja erst sieben. Aber er hat großen Spaß, wenn wir gemeinsam Dinge schaffen. Einmal hörte ich ihn plötzlich im Wohnzimmer schreien und weinen und rannte zu ihm, weil ich dachte, dass er sich verletzt hatte. Was war passiert? Er hatte eine Spinne eingesaugt. Die Tränen liefen ihm nur so übers Gesicht. Ich müsse die Spinne da rausholen, bettelte er, „sie kann nicht atmen, sie stirbt!“ In dem Moment ging mir das Herz auf, weil ich erkannt habe, dass es Früchte trägt, was ich ihm vorlebe. Nur weil etwas klein ist und auf dem Boden krabbelt, ist es nicht weniger wert. Das hat Lennox kapiert.

Mein Sohn, mein „Mini-Me“, wie ich ihn gerne nenne. Er hat meine Ohren, meinen runden Po, mein Herz. Und von Susanna die Augen und die Körpergröße, Schuhgröße 37 mit sieben. Lennox geht jetzt in die Schule, nachdem er die Vorschule gut geschafft hat. Schon als er vier war, sagten uns die Erzieher, dass er eine starke soziale Ader habe. Neulich stand ich mit ihm bei Penny und er bettelte darum, dass ich ihm was zum Naschen kaufe. Weil er nicht so viel Süßes essen soll, sagte ich Nein. Am Ende hat er mich klein bekommen, als er sagte, er wolle eine große Bonbontüte, um sie am nächsten Tag in der Schule zu verteilen. Damit auch die Schüler etwas abbekommen, die nicht genügend Geld für Bonbons haben. Zusätzlich achtete er darauf, dass die Gummibärchen ohne Schweinegelatine waren, damit seine muslimische Schulfreundin auch etwas davon essen kann. Eine alte Frau hinter uns in der Schlange tippte mich an und sagte: „Toll, wie Sie Ihren Sohn erzogen haben." In dem Moment war ich stolz, dass unsere Erziehung Früchte trägt und darauf, dass er so weit denken kann.

Lennox macht mich selbst ein bisschen besser. Auch ich habe Tage, an denen ich schlecht drauf bin, ungeduldig, zornig, weil Dinge nicht so laufen, wie ich sie mir vorstelle. Vor ein paar Jahren holte ich Lennox vom Kindergarten ab und hatte unsere Hunde Maja und Toffee dabei. Ich war zu spät und genervt, hetzte zum Kindergarten, nahm Lennox in Empfang und musste mir von der Kindergartenleiterin eine Moralpredigt anhören, was mich noch mehr nervte. Wir gingen vors Haus und Toffee parierte nicht. All der angestaute Frust des Tages kam hoch und ich wollte gerade mit Toffee meckern. Lennox, den ich im Moment der Rage vergessen hatte, drückte meine Hand so doll, dass ich ihn anschaute. Und er erinnerte mich daran, dass Toffee ja von bösen Männern gehauen wurde und ich deswegen nicht mit ihm meckern dürfe. Dass unser Hund das Recht habe, mal nicht zu parieren. Und das sagte er zu mir, bevor ich etwas gesagt hatte. Lennox spürte, was mit mir los war, und er holte mich sofort runter. Bis dahin war meine verstorbene Schwester der einzige Mensch gewesen, der es geschafft hatte, mich emotional innerhalb von Sekunden runterzuholen. Ein einziger Satz von ihr hatte gereicht. Und das schafft Lennox auch. Ich sehe sie täglich in ihm.

Wenn man mich fragt, warum ich so viel von mir preisgebe und ob es mich nicht stört, wenn mein Sohn all das eines Tages lesen wird, dann antworte ich: Absolut nicht. Ich will, dass mein Sohn die Wahrheit kennt. Dass er weiß, wer ich bin und warum ich so bin, wie ich bin. Ich bin immer noch ein extremer Mensch, nur dass es nicht mehr rauf und runter geht. Ich habe gelernt, die Neune mal grade sein zu lassen oder – wie mein Vater sagte – nicht alles so verbissen zu sehen. Heute bin ich, auch dank Susanna, extrem in meiner Mitte. Ausgeglichen. Und wenn mal etwas nicht so klappt, wie ich es mir vorstelle, dann ist das halt so. Laissez-faire. Mit meiner Geschichte will ich auch den Menschen, denen ich nicht hautnah begegne wie jenen im Elbschlosskeller, Mut machen. Mut, sich nicht zu verstecken. Sondern sich so zu akzeptieren, wie man ist. Und glücklich zu sein. Gerne können wir darauf gemeinsam anstoßen. Ich kenne da eine ganz gute Kneipe.

Dank

Ich widme dieses Buch meiner Schwester Jana-Joy.

Ich bedanke mich bei meiner Freundin Susanna und meinem Sohn Lennox. Bei meinem Onkel Kolja und meiner Mutter Katja. Bei meinen Freunden Björn, David, Hase und Paul.

Bei Astrid, Hannelore, Angelo, Marvin, Chrischi und Vanessa, dem Klempner, Familie Hase, Familie Hentze und bei allen anderen in meiner Familie und meinem Freundeskreis, die mich unterstützt, an mich geglaubt und so manches Mal ertragen haben.

Hier nutze ich die Gelegenheit, einem ehemaligem Lehrer, Kai Klimmek, zu danken, der mir die ersten wichtigen Denkanstöße gegeben hat, und meiner Familie Novotney aus den USA, die mich sofort in ihr Herz schlossen.

Auch bedanke ich mich bei unseren Elbschlosskeller-Mitarbeitern Annegret, Arno, Bine, Dirk, Kevin, Shauna, Tamara, Tina und Thorsten, die den Elbschlosskeller mit ausmachen.

Bei allen Gästen des Elbschlosskellers für eure Unterstützung und die Möglichkeit, ein Teil eures Lebens sein zu dürfen.

Und natürlich bei Peter Käfferlein und Olaf Köhne. Und dem tollen Team von Edel Books.

Ohne euch ALLE würde es dieses Buch nicht geben und ich wäre nicht der, der ich heute bin…!

Danke

Inhalt

Edel Books
Ein Verlag der Edel Verlagsgruppe GmbH

Neumühlen 17, 22763 Hamburg
www.edel.com
www.edelverlagsgruppe.de/kontakt
10. Auflage 2025

Projektkoordination: Dr. Marten Brandt
Konzept und Idee: Käfferlein & Köhne GmbH & Co.KG
Lektorat: Alex Raack, Dr. Marten Brandt
Umschlagfotos: CP Krenkler |
www.krenkler.eu
Layout und Satz: Datagrafix GSP GmbH, Berlin | www.datagrafix.com
Umschlaggestaltung: Felix Schlüter, TYPEHOLICS
Lithografie: Frische Grafik, Hamburg

Druck und Bindung: GGP Media GmbH, Pößneck

MIX
Papier | Fördert gute Waldnutzung
FSC® C014496

Printed in Germany

ISBN 978-3-8419-0612-0